深阅读

趣读
品读经典
乐在其中

U0643474

趣讲
古诗词

蔡林秋 著

上

崔颢

在有趣的历史故事中
轻松拿下古诗词

济南出版社

图书在版编目（CIP）数据

趣讲古诗词 / 蔡林秋著 . —— 济南：济南出版社，
2024.1
ISBN 978-7-5488-5884-3

Ⅰ.①趣… Ⅱ.①蔡… Ⅲ.①古典诗歌 – 中国 – 初中
– 教学参考资料 Ⅳ.① G634.303

中国国家版本馆 CIP 数据核字（2023）第 192651 号

趣讲古诗词

QV JIANG GUSHICI

蔡林秋　著

选题统筹　秦　天
责任编辑　张若薇
插画设计　杨云凯
装帧设计　胡大伟

出版发行　济南出版社
地　　址　山东省济南市二环南路 1 号（250002）
总 编 室　0531-86131715
印　　刷　济南新科印务有限公司
版　　次　2024 年 1 月第 1 版
印　　次　2024 年 1 月第 1 次印刷
开　　本　170mm×240mm 1/16
印　　张　26.5
字　　数　320 千
书　　号　ISBN 978-7-5488-5884-3
定　　价　78.00 元（全两册）

如有印装质量问题 请与出版社出版部联系调换
电话：0531-86131736

我是怎么写起古诗词赏析来的

　　说来惭愧，我写不来古诗词，虽然我的师友中多有擅长此道者。非但古诗词，就是现代诗我也不会写啊！但就是这样一个不会写诗的人，居然就写起古诗词赏析来了，是不是有点胆大包天？

　　是谁给了我这么大胆子呢？

　　以前看过的一则笑话或许能回答这个问题。说是一国前国家游泳队主教练，带领队员夺得某次比赛的冠军后，队员为表庆祝，兴奋之余把这位教练抬起来扔进了游泳池，没想到这位教练差点被淹死，因为他压根就不会游泳！一个游泳教练居然不会游泳，那一个不会写诗的老师当然也可以写古诗词赏析咯。

　　如你所知，我是一名初中语文老师。当老师就免不了要上课，其中就包括古诗词赏析课。但就我了解，目前不少中学的古诗词赏析课教学现状是比较令人泄气的。许多老师在课堂上要么照本宣科，学生除了收获一堆如"托物言志""借古讽今""融情于景""以小见大"等术语之外，其他收获实在有限；要么放任自流，不做任何讲解，让学生死记硬背，理由是"熟读唐诗三百首，不会作诗也会吟""读书百遍，其义自见""举三反一"，等等。可以想象，对于这样的古诗词赏析课，学生是缺少兴趣的。

　　有没有学生喜欢的、更好的方式呢？我想尝试一下。

　　我想起我曾经换了一种方式讲解文言文《庄子与惠子游于濠梁之上》，还给它重拟了一个名字，叫《当文艺男遇上理工科直男，会发生什么》。学生在欢乐之余，消除了与古人、古文之间的隔阂，一下就理解、接受了文章的内容。

　　能不能将这种方式用到古诗词赏析课上呢？就在这时，网络写手、前新华社重庆分社记者、网名"六神磊磊"的王晓磊先生的一篇妙趣横生的网络雄文——《盛唐，那个伟大的诗人朋友圈》横空出世，我举着手机在班上给孩子们朗读了全文，他们听得乐不可支，教室里充满了快活的空气。

　　我立马想到，六神磊磊这种讲唐诗的方式不就是我正在寻找的方式吗？六神磊磊后来将他讲唐诗的系列文章汇编成一本书——《六神磊磊读唐诗》，我前后买了好几本送给学生当奖品，但这本书里的文章以介绍诗人为主，虽然也涉及一些对诗人代表作的讲解，但都非常简略，跟我理想中的古诗赏析还有一些差距。既然这样，我想，那就自己写吧。

　　主意一旦打定，我以前读过的那些书立马开始在脑子里打转。梳理一番才发现，我虽然不会写诗，但读过的诗评诗论类的书还不少呢！

　　比如我很早就读过散文作家周涛先生写的《读＜古诗源＞记》，记得当时读得津津有味，如饮美酒，好长时间沉浸其中不能自拔。我还读过来自湖南的青年作家曾冬以散文形式再现古诗词意境和韵味的《唐诗素描》一书，对其独特的写作方式印象深刻。

　　流连于当代教育家朱永新先生发起创建的"新教育实验"网站时，在著名网友"干干"（干国祥老师的网名）、"铁皮鼓"（魏智渊老师的网名）的带领下，我研读过清代学者王国维先生的《人间词话》，虽然一知半解，但也有不少收益。

后来又读过王富仁先生的《古老的回声：阅读中国古代文学经典》，里面有先生对名篇的很多创见，读来既觉新鲜又深受启发。还有闻一多先生的《唐诗杂论》，先生的考证功夫实在令人敬佩，我就是通过后面的杜甫年谱，捋清了与杜甫同时代诗人的大致履历，以及杜甫与他们之间的交往关系。《杜甫》一篇中，论杜甫和李白相遇重大意义的名句"四千年的历史里，除了孔子见老子，没有比这两人的会面，更重大，更神圣，更可纪念的"也一再为后来的论者引用。

再就是叶嘉莹先生的《古诗词课》《唐宋词十七讲》。叶先生的古诗词课自有一种女性的细腻，往往体贴入微。其中，我读《唐宋词十七讲》用时最多，读的过程中写下了几万字的阅读笔记。

前北京师范大学教授史杰鹏的《悠悠我心：梁惠王古诗词二十讲》《古诗课》，学者冉云飞先生的《像唐诗一样生活》，古代文学与传统文化研究专家康震教授的《康震评说苏东坡》，复旦大学中文系教授朱刚先生的《苏轼十讲》等书也带给我很多阅读的快乐。《像唐诗一样生活》一书我读了不下十遍，里面一些精彩文字至今仍能脱口而出。

孙绍振教授的《名作细读》里有不少对古诗词的品读，他通过读出诗词里的矛盾之处来赏析诗词的方法，也给了我很大启示。

要说我写作诗词赏析的真正底气，还是来自上面这些读过的大家的书吧。

一旦开始动手写，我才知道这是一件苦事。

首先，写作都是在我教学工作之余完成的。我在一所民办学校担任班主任和语文教学工作，同时兼做一点学校的行政工作。要想写东西，必须等到放假或下晚自习回家后才行。如果假期有其他事，写作只能被打断。思路一旦被打断，再接续起来，又增加了困难。

其次，因为学识有限，写作涉及一些史实或专业内容时，往往要查阅大量资料。尽管现在有网络，查阅资料比以前方便很多，但网上的资料鱼龙混杂，错讹之处甚多，有时同一个事件，查到的说法居然截然相反。为弄清这些问题，就要花更多时间、看更多资料。饶是如此，仍有网友在我发在公众号的赏析文章下留言，指出其中一些硬伤。

再次，前面讲过，我写这些文字是希望它能以一种学生更容易接受的方式呈现古诗词，所以我要把一些专业赏析文字转化为学生能懂的语言，尽量生动活泼、接地气一点，又不能失原意。这就需要反复斟酌，有时为一句话、一个词反复修改，前一天觉得换一个说法可能好些，过了一天又觉得没改之前的说法更好，翻来覆去，这样的情况非常多。而且我在写赏析时总是提醒自己，一定要给每一首诗词找到一个合适的切入点。为找到这个切入点，那真是寝食难安啊！有时脑中灵光一闪，想到一个好的切入点，就赶紧拿出手机记下来。

最后，最难的是，在写赏析时，我希望自己尽量不重复别人讲过的，其他老师在课堂上已讲过的内容，我就不讲或少讲。这就决定了这本书只能是对语文课堂的有机补充，而不能起替代作用。我要求自己，最好讲解每一首诗词时都能有自己的新发现。比如王维名作《使至塞上》颔联"征蓬出汉塞，归雁入胡天"，一般都被笼统地解说为——王维把自己比作"征蓬"和"归雁"。根据诗意，王维把自己比作无根飘飞的蓬草是非常贴切的，但说王维把自己比作"归雁"，我觉得就说不过去。这里的"归雁"，我认为是用来跟王维此去边塞时的孤独郁闷形成对比的：大雁正在归去，而"我"却离家越来越远。

要想篇篇都有新发现，谈何容易！好在写作过程中，我不断获得很多人的热情鼓励：我的同学、省级名师、课程专家如晓余、张桂梅们，以及我过去的学生如鲁浩们。还有我同事们那些溢美之词就不用说了。我们原"读写大队"队长、湖北省特级教师、正高级教师吴再柱校长（网名"柱子"），湖北省特级教师桂琼老师的积极支持肯定也不用说了。单是张桂梅同学的初中老师任九一先生（网名"拿度爷爷"，其实他才是真懂诗的人啊）在我的赏析文章下面留言就达几十次，让我倍感温暖。

我的初中语文老师程爱国、金序前（也是古诗词行家）两位先生，我的黄冈老乡、全国初中语文名师、"中国教育报2016年度推动读书十大人物提名奖"获得者殷国雄先生也经常留言鼓励我。江苏语文名师、"精致语文"首倡者徐杰先生，将我赏析文天祥《过零丁洋》的文章（原名《投降是不可能投降的，这辈子都不可能投降的》）转发在他的公众号"杰哥的精致语文"上，获得近万次的阅读量，对我是极大的激励。

当然，更多的留言和鼓励来自不认识的网友，他们中许多人还一直坚持给我打赏支持，让我非常感动。

如今，这本古诗词赏析书稿终于完成了。可以说，是大家的支持和鼓励让我终于将这本书稿的写作坚持了下来，谢谢你们！只是时间有点长，前后历时四年，惭愧！

希望我这本小书能让读到的人也和我一样，尽管不会写诗，却能领略到古诗词之美，进而体会到中国古典文学之美、感受到世界和人生之美就可以了。

毕竟，我们中的绝大多数并不是要去当诗人的。

目 录

《观沧海》
我的心就是星辰大海

观沧海

［东汉］曹操

东临碣石，以观沧海。

水何澹澹，山岛竦峙。

树木丛生，百草丰茂。

秋风萧瑟，洪波涌起。

日月之行，若出其中；

星汉灿烂，若出其里。

幸甚至哉，歌以咏志。

人教版部编初中语文教材中，选编的第一首古诗，就是曹操的这首《观沧海》。也不知是有意还是无意。

大多数中国人对曹操的印象来自一部小说——《三国演义》。《三国演义》的作者罗贯中，虽然承认曹操是一位英雄，但在"雄"之前却又特意加上一个"奸"字，以示区分。

受《三国演义》影响，戏曲舞台上的曹操，脸往往被涂成白色。意思是，曹操虽然是一个英雄，但属于阴险奸诈、喜欢耍弄手段、需要打折扣的英雄。

其实历史上真实的曹操，确实是一位伟大的政治家、军事家和文学家。而这"三家"中，政治和军事才是他的主业，文学对他来说，不过是空闲时用来打发时间的副业。但人家不玩则已，一玩居然就玩出一个"蓬莱文章建安骨"来。鲁迅先生一生在文学上佩服的人不多，而这不多的人中就有曹操。鲁迅先生说曹操是"改造文章的祖师"。连鲁迅都这么说，可见曹操的确是一个很厉害的人。

西方曾有过一种文学评论主张，说是在评论文学作品时，作者不重要，重要的是作品本身。一篇文学作品，它的结构，它的组织和质地，它的形象和结构等，才是决定它好坏的标准，而不需要去考虑作者的因素。这相当于说，我们吃鸡蛋时，只品尝鸡蛋的味道就好了，而不需要去了解下这个鸡蛋的鸡是什么样的鸡。这当然也有一定道理，但我还是有点疑问：要准确理解一篇文学作品，难道真的能不管作品写作的时代背景，不管作者的思想以及生平经历吗？

就拿这首《观沧海》来说吧，要想准确理解它，就不能不提到它的写作背景。

话说曹操还真是一个想干大事的人。

建安十二年（207年），曹操率大军北上，如秋风扫落叶一般消灭了袁尚和袁熙的残部，八月份接着北征乌桓，又大胜而归。征乌桓的胜利使得曹操巩固了后方，于是他心里那个统一中原的梦便在脑子里变得越来越清晰。嗯，每一个想干大事的中国人心里都有一个统一梦，所以伟人毛泽东才说："我的心与曹操是相通的。"

《观沧海》这首诗就是曹操在北征乌桓得胜回师，经过碣石山时写下的。

想当年秋风萧瑟之际，曹操的心情也一定像眼前这片海一样，汹涌澎湃，难以平静。

我发现许多大政治家写诗都有一个特点，就是不装神弄鬼。《观沧海》的第一句便是一句大白话："东临碣石，以观沧海。"说的是，他策马向东而行，登上高高的碣石山，以便观赏这大海。

然后他看到了什么呢？"水何澹澹，山岛竦峙。"眼前这片海是多么宽阔浩荡啊，而山岛则高高挺立在大海边。

山岛上又有些什么呢？"树木丛生，百草丰茂。"树木间夹杂着百草，长得十分繁茂。

"秋风萧瑟，洪波涌起。"秋风吹动树木，似乎发出有些悲凉的声音；大海涌动着巨大的波浪，动荡不安。

要说以上诗句，确实都没有什么出奇之处，所写都是眼前所见之景，似乎谁都能写得出来，并没有显出曹操有什么特别。

但接下来几句如奇峰突起，令人为之一振："日月之行，若出其中；星汉灿烂，若出其里。"看着眼前的大海，曹操仿佛灵魂出窍。他看到太阳和月亮，还有那银河，正从浩瀚无边的大海中翻涌出来，日夜不停。大海是它们共同的家，大海以它阔大无比的胸怀包孕着日月星辰。

这两句诗，并非曹操眼前真实所见，完全出于他的想象。这两句诗最能体现作者的胸襟和抱负，也只有像曹操这样胸中装着天下，心心念念想着统一中原的人，才会有这样奇特而又贴切的想象。

　　最近有一句流行语：我们的征途是星辰大海。我觉得把这句话拿过来稍微改一下，用在曹操身上正合适——我的心就是星辰大海。只求一日三餐饱，再无更多想法的人，即使和曹操看到的是一样的大海，也断不会有这样的想象，反而还会因海边风浪太大而胆战心惊，生出撤离之意。这，便是庸人和伟人的区别。

　　诗到这里就结束了，干脆利落，丝毫不拖泥带水，就像苏轼说的"行于所当行，止于不可不止"。至于那句"幸甚至哉，歌以咏志"，完全是合乐时的套语。因为这首诗是一首乐府诗，这一句是乐府诗的一种形式性的结尾，是配乐时人们加上去的，与这首诗的内容基本无关。

　　好了，读到这里，你还会认为曹操是一个奸雄吗？人家明明就是一个襟怀坦荡、光明磊落的大英雄好不好！

　　愿我们每个人都如曹操一样，拥有自己的星辰和大海。

《闻王昌龄左迁龙标遥有此寄》
月亮带去我的心

闻王昌龄左迁龙标遥有此寄

[唐]李白

杨花落尽子规啼，闻道龙标过五溪。

我寄愁心与明月，随君直到夜郎西。

如果说李白是天纵之才，大概没人反对。这么说吧，要是李白说他在唐诗写手中排第二的话，还真没人敢说自己排第一。

就拿唐诗普及读本《唐诗鉴赏辞典》来说，其一共收录唐诗一千一百多首，而其中李白的诗就有一百多首，占了将近十分之一！

有些诗人，比如王湾，因为留下"潮平两岸阔，风正一帆悬"和"海日生残夜，江春入旧年"两联诗句而名垂千古，但和李白比起来就根本算不了什么了。可以说，李白是唐代诗人里留下金句最多的人。

想家的夜晚，望着天上一轮圆月，你脑子里会自动蹦出"举头望明月，低头思故乡"的诗句。

失意的时候，你会念着"长风破浪会有时，直挂云帆济沧海"

来给自己打气。

实在过得不顺心了，"人生得意须尽欢，莫使金樽空对月"就是最好的安慰剂，读着它可以换得一夜好觉，让你第二天醒来又满血复活。

送别朋友时，你会挥一挥衣袖，道一声："挥手自兹去，萧萧班马鸣。"

是的，上面这些诗句都出自李白之手。这样看来，李白已成了中国人日常生活中无法忽视的一个存在，说"李白已经化成了一种基因，和每个华人的血脉一起流淌"，一点也不夸张。

李白生性豪爽，一生交友甚广，朋友中三教九流，无所不包。当然，这些朋友中占大头的还是诗人：孟浩然、高适、杜甫、王昌龄、贺知章……这些都有诗为证。

李白曾在黄鹤楼边送别孟浩然："故人西辞黄鹤楼，烟花三月下扬州。"并且毫不掩饰对他的喜爱："吾爱孟夫子，风流天下闻。"

李白和一些说不上来历的朋友也打得火热。

李白写自己和一个叫汪伦的朋友的友情："桃花潭水深千尺，不及汪伦送我情。"他和叫作岑夫子和丹丘生的两个人一起喝过酒："岑夫子，丹丘生，将进酒，杯莫停。"

而这些人，如果不是被李白写在诗里，后人根本就不会知道这世界上还有他们存在过。

李白有一个道士朋友叫吴筠，还有一个"白富美"女朋友——唐玄宗的妹妹，大唐著名文艺女青年玉真公主。李白沾过他们两人的光：因为他们举荐，他于天宝元年（742年）应召入京，诏供奉翰林。不过，因为他不太适应职场规则，很快便被唐玄宗礼送出京，"赐金还山"了。

有人说，朋友不需要太多，多了，再好的感情也就摊薄了。这话对大多数人来说可能是对的，但对李白来说就不适用了。可以说，李白对他的每一个朋友都用情至深，他的感情仿佛滔滔江水，取之不尽，用之不竭。这也是许多人喜欢李白的重要原因之一。

李白对朋友的感情之深，这里只说对王昌龄，说他写给王昌龄的一首诗。

话说王昌龄也是唐代诗坛牛人，七言绝句尤其写得好，人们夸他的七言绝句"超凡入圣"，谓为"神品"。

"黄沙百战穿金甲，不破楼兰终不还。"

"但使龙城飞将在，不教胡马度阴山。"

"忽见陌头杨柳色，悔教夫婿觅封侯。"

"洛阳亲友如相问，一片冰心在玉壶。"

这些诗句都出自王昌龄的七言绝句。

有才之人往往怀才不遇，王昌龄也不例外。王昌龄一生被贬的次数太多了，这一次，他被贬去的地方是湖南夜郎，在当时也算是比较偏僻的地方。

最可气的是，王昌龄这次被贬的原因居然是"不护细行"。也就是说，他既没有私下骂过皇帝，也没有贪污受贿，只不过是生活小节不够检点而已。这个理由也太离谱了，所以王昌龄在《芙蓉楼送辛渐》一诗中说："洛阳亲友如相问，一片冰心在玉壶。"表示自己是清白无辜的。

李白听到王昌龄被贬的消息后非常生气，连夜写了一首诗寄给他，表达了自己深切的关怀和同情，诗的题目有点长：《闻王昌龄左迁龙标遥有此寄》。

这首诗有两个突出的特点。

一是李白在这首诗里将借景抒情的写作手法运用到了极致，二是这首诗体现了李白一贯的特点，即通过奇特大胆而又贴切的想象来写景抒情，这是典型的浪漫主义风格。

下面我们先看首句："杨花落尽子规啼，闻道龙标过五溪。"在杨花落尽、子规鸟哀啼的时候，我听说你被贬为龙标尉，而且一路穷山恶水，已经过了五道溪（辰溪、酉溪、巫溪、武溪和沅溪）。

要说春天，哪怕是暮春，也有那么多好看好听的内容可写，但李白放着那"莺莺燕燕翠翠红红处处融融洽洽"不写，却偏偏选了"杨花"和"子规"来写。这有什么讲究吗？当然有！

这里的"杨花"就是柳絮，"子规"则是杜鹃的别名。杨花有什么特点？它随风而起，不能决定自己的命运，漂泊无定。子规的叫声又有什么特点？它不停唤着"不如归去，不如归去"，声音凄惨。这两者一是所见，一是所闻，既触目，又惊心。

杨花和子规中饱含着飘零之感、离别之恨，充分显示了李白对好友王昌龄遭受不公平待遇的气愤和同情。这就是渲染和烘托。

"我寄愁心与明月，随君直到夜郎西。"这两句诗写得太"李白"了！熟悉的腔调，熟悉的味道，仿佛一切都没变：大胆的想象，拟人化的写法，还有李白最喜欢的寄情对象——月亮。这些都带着鲜明的李白印记。

这两句诗说的什么呢？说的是，他和王昌龄虽然相隔两地，难以相从，但是好在月照中天，哪怕远隔千里也可以相随相伴。所以，他要将自己的愁心寄给明月，让它陪伴王昌龄一起去夜郎。

　　在李白眼中，天上那一轮明月分明就是一个通人性、有感情的人，它能够并且愿意接受他的要求，将他的怀念和同情带到辽远的夜郎，交给那个不幸的谪迁者。

　　月亮有没有将李白的一片深情成功带给王昌龄呢？那还用说吗，肯定是成功了，因为"月亮代表我的心"！在夜郎清冷孤寂的夜晚，抬头看到月亮，王昌龄一定能够读懂好友李白对自己的一片深情厚谊。

《次北固山下》
两联都已万古传，至今读来仍新鲜

次北固山下

[唐]王湾

客路青山外，行舟绿水前。

潮平两岸阔，风正一帆悬。

海日生残夜，江春入旧年。

乡书何处达？归雁洛阳边。

要问写总结时人们最喜欢引用的唐诗是哪句，我来告诉你，是王湾《次北固山下》一诗中的"潮平两岸阔，风正一帆悬"，因为它能给人一种气象万千、形势大好的感觉，读后令人精神振奋。

除"潮平两岸阔，风正一帆悬"，诗中"海日生残夜，江春入旧年"一联也很有名，在当时就得到宰相张说的高度赞赏。张说还亲自把这联诗挂在政事堂，当作"每示能文，令为楷式"的范本，让后来者学习。

直到唐朝末年，那个以写鹧鸪闻名，被称作"郑鹧鸪"的诗人

郑谷还在用"何如海日生残夜，一句能令万古传"表达对此句的极度膜拜。这么看来，郑谷可以算是王湾的"铁粉"了。

在唐朝这个高级写手辈出的朝代，诗歌产出数量浩如烟海，留下一联能让后世记住的诗句很不容易，而王湾居然在同一首诗中留下了两联流传千古的诗句，就凭这一点，我们便不得不在王湾的名字下面恭恭敬敬地写上两个大字：人才！

王湾其实还写过一首题为《江南意》的诗，放在下面供大家比较：

> 南国多新意，东行伺早天。
> 潮平两岸失，风正数帆悬。
> 海日生残夜，江春入旧年。
> 从来观气象，惟向此中偏。

大家可以看到，两个版本的第三联是相同的——其他部分可以不同，这联不能不同，说明这联确实是诗的精华部分啊！

有人说，从全诗的意境、内容和诗歌的内在逻辑来看，《江南意》这个版本更像是诗人的原作。但是，我们语文教材选用的版本是题目叫作《次北固山下》的这首诗，也是流传最广的一个版本。下面我就来讲一讲它。

先说"客路青山外，行舟绿水前"这一联。

书上记载，王湾是洛阳人，一生中"尝往来吴楚间"，也就是现在的长江中下游一带。可能对王湾来说，长期离家在外奔波是一种常态。而这次他所经之处是属于古吴地的镇江（今江苏镇江），北固山就在镇江以北，时间是冬季将尽、春天已在路上的时候。

虽然旅途劳顿，但王湾还是早早就醒了。一番梳洗过后，他信步来到船头，先眯着眼睛往远处望了一下，但见"客路青山外"——
"哦，我这次离船上岸后要走的客路就隐藏在那青山之外。"然后
他将目光收回，看到的是"行舟绿水前"——"我所乘坐的船正快
速航行在碧绿的江水中呢。"山那边的客路将通向何方，暂且不管，
因为诗人被眼前的景色惊呆了。

他看到了什么呢？他看到的是"潮平两岸阔，风正一帆悬"。

镇江一带的长江，江面本就非常宽阔，现在春潮涌涨，放眼望
去，只见江面几乎与江岸平齐，连成一片。这时，风似乎也善解人意，
只往一个方向吹，风力不大不小，船家正好将帆悬挂起来，船借风力，
在平静宽阔的江面上行得又快又稳。

这一联，尽显平野开阔、大江直流、波平浪静、船行平稳的好
景象。

再来看下一联，"海日生残夜，江春入旧年"。

虽说天已大亮，但太阳还未升起。等王湾在船头伸伸腿、弯弯
腰，再来看江面时，眼前的景象再次让他惊呆了：但见一轮又大又
圆的红日正挣脱黑夜的撕扯，奋力从远处的海平面上一跃而出，于是，
整个江面顿时被这轮红日染得一片通红，充满喜气。空气中虽还残
留着冬天留下的寒意，但拂到脸上的风已明显使人感到少了凌厉。
是的，春天快要到了。

这时，王湾心里不由咯噔一下：我在外漂泊，不觉又是一年了！
但转念一想，如果我还窝在洛阳老家的话，又怎么能欣赏到眼前的
这奇景呢？

据说，"海日生残夜，江春入旧年"表现出的壮阔高朗的景象，
对盛唐诗坛产生了重要影响。

这联诗还有一个妙处，就是它本来是写景，却偏偏有人能从中读出一种理趣。海日生于残夜，却将驱尽黑暗；江上春意出于旧年，却将赶走寒冬。里面是不是有一种积极、乐观的力量？这联诗句不就是雪莱那句"冬天来了，春天还会远吗"的中国唐朝版吗？

关键是，它里面透出的理不像宋诗里的理。宋诗也写景，但写景本就是奔着说理去的，甚至会有为说理而造出一个景的可能。"问渠那得清如许，为有源头活水来"是这样，"不识庐山真面目，只缘身在此山中""不畏浮云遮望眼，自缘身在最高层"也是这样。

"海日生残夜，江春入旧年"中的理，是一种无意为之却妙手偶得的理，读的人偶一联想，会有一种"只有我才能想得到"的窃喜。

漂泊在外的王湾难道真的不想家吗？当然想。诗的最后一联"乡书何处达？归雁洛阳边"便是证据。虽然他老是出差，但还是有一层淡淡的乡愁始终萦绕在他的心头。

最后，请一定记住王湾这个名字——这个在唐诗的汪洋大海中，仅凭一首诗而名垂千古，为自己赢得生前身后名的人才。

《天净沙·秋思》
漂泊是所有人的宿命吗

天净沙·秋思

[元]马致远

枯藤老树昏鸦，小桥流水人家，古道西风瘦马。夕阳西下，断肠人在天涯。

对浪迹天涯飘零之感的咏叹，似乎是中国古代文学的永恒主题。

在很多诗词中，我们都能看到一个或模糊或清晰的游子形象：他形销骨立，满面愁容；他或乘船，或骑马，从一个远方走向下一个更远的远方。

你要是问游子："游子啊，你为什么要漂泊？你要到哪里去？"游子的反应大概率是摇摇头，然后回答："我也不知道。如果不漂泊，那我还能做什么？我要到哪里去？没想过，也想不明白。"

诗词中的游子形象这么多，大概是因为许多人觉得，既然生命是一场旅行，那么每个人对这个世界来说都是流浪者吧！漂泊也许是所有人的宿命。

在这些游子的文字中，居排行榜首位的，应该就是元代马致远先生的这首散曲小令《天净沙·秋思》了。

它的名气这么大，当然不是无缘无故的。它的特点太鲜明了，只要稍微对语言有点感觉的人都可以看得出来。

它的前三句由一连串意象组成，这些意象之间没有任何连接词。但就是在这些看似简单随意的意象组合之中，一种关于语言的奇妙化学反应就产生了。这种极简的描写方法叫白描。白描这个说法是从中国画画法里借过来的，它是一种用简括、精练、质朴的笔墨抓住人和事物的主要特征进行描写的写作方法。

先看第一句，"枯藤老树昏鸦"。"枯藤"是枯寂的，"老树"是苍老的，"昏鸦"是昏沉的。这时，游子虽还没有出场，但我们已经可以想得到，这里的"枯藤""老树"和"昏鸦"，都是游子眼中看到的事物。

接着，一个面目苍老、形容憔悴、神情带着一点迷茫的游子形象在你的脑子里若隐若现。这个人经历着长久的孤独和寂寞，经历着困乏和饥饿，年轻时曾经有过的梦想和激情已经消退。当初离家时的那个白衣飘飘、意气风发的美少年，已经变成了苍老的中年大叔。

是的，没有什么意象能比"枯藤""老树""昏鸦"更能衬托游子形象了。

然后是第二句，"小桥流水人家"。这个苍老、阴沉、孤寂的流浪者面前出现了"小桥流水人家"。如果说"枯藤""老树""昏鸦"给人沉郁、阴暗的感觉，那么"小桥流水人家"给人的感觉却是那么亲切、宁静和温馨。

小桥玲珑优美，桥下流水淙淙，几户人家就散落在桥那边，他们的茅草屋顶上正升起袅袅炊烟。再走近一点，似乎还可以看到辛勤劳作一天的农人已回到自己简陋却温馨的家，正与家里的老人、孩子一起，在昏黄的油灯下围坐一桌，有说有笑。农人的妻子系着围裙，在厨下忙碌，准备着一家人的晚餐。

这一切让游子心头有一丝暖意拂过，但这种温暖的感觉只持续了几秒钟，接下来的是更剧烈的疼痛。因为游子突然意识到，这是别人的家，而不是自己的家！

第三句，"古道西风瘦马"。就像一个高明的摄影师，在"小桥流水人家"的画面过后，他把手中的镜头转向一条古道。古道上，秋风飒飒，透出阵阵凉意。路边的树上，一片又一片黄叶被西风吹落，落叶纷纷中，一匹瘦马缓缓走来，因为瘦，马脖子上的毛显得特别长。马是瘦马，马背上的那个人，因为长久的奔波，当然也是瘦的。他带着一身风尘与疲惫坐在马背上，随着马缓缓前行的脚步，他瘦瘦的身子也一耸一耸的。他甚至连缰绳也懒得牵，就让那匹瘦马信步走在这古道上。

一直到这里，虽然我们处处都能感觉到这个游子的存在，但实际上他仍然没有现身。直到最后一句，"夕阳西下，断肠人在天涯"，这位天涯游子才以夕阳为背景正式登场。

有人指出，"枯藤老树昏鸦，小桥流水人家，古道西风瘦马"三句与温庭筠《商山早行》一诗中的"鸡声茅店月，人迹板桥霜"写法相似。这个说法当然是对的，但是很显然，马致远曲中的这几句，意蕴要比温庭筠的两句诗丰富得多。

这首曲用字之简练，已经到了不能再简练的程度，真正做到了用最少的文字来表达最丰富的情感。

史书上记载，马致远年轻时也曾热衷功名，但由于元朝统治者对汉人实行高压政策，所以他一直都不得志，到后来心就冷了，贫穷潦倒一生。他几乎一生都过着漂泊无定的生活，简直是一名职业漂泊者。这首《天净沙·秋思》，就是他漂泊途中的作品。

话说马致远这首曲写成后，大家都说好，于是这首曲就一直被模仿，但从未被超越。

众多的模仿者中有一个人身份很特殊，他就是和马致远一起被列入"元曲四大家"的白朴。以下就是白朴以"天净沙"为曲牌，模仿马致远的《天净沙·秋思》写的两首曲：

天净沙·春

春山暖日和风，阑干楼阁帘栊，杨柳秋千院中。啼莺舞燕，小桥流水飞红。

天净沙·秋

孤村落日残霞，轻烟老树寒鸦，一点飞鸿影下。青山绿水，白草红叶黄花。

个人认为，白朴仿写的这两首曲，就是没有马致远原作的那种动人心魄的艺术感染力。其中的原因到底是什么呢？

《峨眉山月歌》
少年壮志不言愁

峨眉山月歌

［唐］李白

峨眉山月半轮秋，影入平羌江水流。

夜发清溪向三峡，思君不见下渝州。

725年，有一个年轻人开始了他人生的第一次远游，"仗剑去国，辞亲远游"，由此开启了他波澜壮阔、跌宕起伏的精彩人生。

这个年轻人名叫李白。

此前的二十四年人生，李白一直在四川度过，即使有时出游，也是在四川境内打转转，戴天山啊，峨眉山啊，成都啊，等等。

这个时期，他主要的任务是读书，偶尔也练练剑，以苦练内功为主。

他在一首诗中曾经透露过自己这一时期的情况："五岁诵六甲，十岁观百家。轩辕以来，颇得闻矣。"意思是，他从五岁就开始诵读六甲（即六十组天干地支），十岁开始阅读诸子百家的书。从始祖轩辕一直到现在的历史，他都十分了解。

他还说："十五观奇书，作赋凌相如。"意思是，他十五岁就读了许多奇书，作赋的水平比汉朝的司马相如还要高。如同许多天才少年一样，李白是一点也不懂得谦虚啊！

关于李白，这里还有一碗已经熬了一千多年的心灵鸡汤和他有关，这碗著名的励志鸡汤叫作"铁杵磨针汤"。据说李白小时候读书不用功，总想着逃学。有一天，他在上学路上碰见一位老大娘蹲在河边，正就着一块石头吭哧吭哧地磨一根铁棒，说要把它磨成一根绣花针。李白因此大受感动，从此发奋学习，终于取得了巨大成就。

虽然这个故事的真实性存疑，但好在并不妨碍它为广大学子提供了源源不断的正能量。

读万卷书，行万里路，这是中国古代每一个读书人的理想。在四川苦读了二十四年的李白，终于要出蜀去"行万里路"了。今天讲的这首《峨眉山月歌》，就是李白第一次离开四川时写下的。

想必每一个年轻人第一次离开家乡时，都是义无反顾、心里无比激动的，李白也不例外。想象一下：出游之前，李爸李妈和其他人的父母一样，也曾苦劝李白："孩子啊，在家千日好，出门万事难，有你爸和你妈留下的这份家业，不说让你大富大贵，但至少不会让你饿着。咱不走行吗？"

李白不说话，只默默拿出一张纸，然后研墨，提笔蘸了，在纸上写下两行大字：世界那么大，我想去看看！

李爸李妈看后只得摇摇头，互看一眼——儿大不由娘啊！

李白这次出游选在了一个秋天的晚上，这一点在"峨眉山月半轮秋"一句中写得很清楚。这个时间点选得极妙：秋高气爽之时，雨水稀少，不冷不热，正好出行。

出行当晚，但见青山吐月，半轮清辉映照着即将远行之人。叮嘱的话李爸李妈说过无数遍，李白已经觉得有点腻了，心早就飞到巴蜀大地之外的广阔天地里去了。

"影入平羌江水流"，船终于开动了，站立在江边的父母的身影渐渐模糊。月亮的影子映入平羌江，跟着李白一起离开家乡，顺水而下。

秋夜行船，速度很快，刚才还在清溪驿，转眼已进入岷江。但李白还嫌船行慢了，他只愿能"远一程，再远一程"。他觉得，远方有更精彩的世界正等着他去打开。

"夜发清溪向三峡"，如李白所愿，船很快就进入三峡境内。半夜时分，除了江流的声音，一切都是静悄悄的。抬头望天，三峡果然像郦道元在《水经注》中说的："两岸连山，略无阙处。""自非亭午夜分，不见曦月。"

"思君不见下渝州"，故乡的山川风物，故乡的小伙伴们，父母的身影，到这时都已消失不见，船正在快速驶向渝州（今重庆）。这时，李白心里才突然觉得有点空落落的，有一种想哭的冲动。年轻人，远没有自己想象得那般坚强。乡愁，就那样毫无准备地漫上李白的心头。

趁着这感情复杂、夜不能寐的时候，李白赶忙写下这首《峨眉山月歌》，大家纷纷或点赞或评论。

其中最有代表性的一条评论说，这首诗短短二十八个字中，光地名就出现了五处，共计十二字，这在现存的上万首唐人绝句中是独一份。

明朝的王世懋留言说，这首诗"四句入地名者五，古今目为绝唱，殊不厌重"。还说，这首诗诗境中无处不渗透着诗人的江行体验和思友之情，无处不贯穿着山月这一具有象征意义的艺术形象，把广阔的空间和长远的时间统一起来了。

还有人留言说，这首诗的地名处理也富于变化："峨眉山月""平羌江水"是地名附加在景物上，是虚用；"发清溪""向三峡""下渝州"则是实用，而且在句中的位置也有不同。这样处理，不露痕迹，非常巧妙。

王世懋他哥王世贞也点赞说："此是太白佳境，二十八字中有峨眉山、平羌江、清溪、三峡、渝州。使后人为之，不胜痕迹矣，益见此老炉锤之妙。"

还有其他留言，这里就不一一列举了。

这种几个地名连用的写法，让比李白年轻一些的杜甫非常佩服。杜甫就想啊，什么时候写诗时也一定要这样试一下，无奈一直没有合适的机会。

直到唐代宗广德元年（763 年）的春天，安史之乱的叛军首领之一史思明的儿子史朝义兵败自缢，其部将田承嗣、李怀仙等相继投降，持续八年之久的安史之乱终于结束了！

饱受安史之乱之苦的杜甫这时正流落在四川，听到这个好消息后，他欣喜若狂，提笔写下一首诗：

剑外忽传收蓟北，初闻涕泪满衣裳。
却看妻子愁何在，漫卷诗书喜欲狂。
白日放歌须纵酒，青春作伴好还乡。
即从巴峡穿巫峡，便下襄阳向洛阳。

这首诗的最后一联也连用四个地名，一气呵成，写出了杜甫返回家乡的欢快急切的心情。杜甫这下总算了却了一桩多年的心事。

而这时，李白已去世一年多了。

《江南逢李龟年》
我们也将像这些落花一样逝去

江南逢李龟年

［唐］杜甫

岐王宅里寻常见，崔九堂前几度闻。

正是江南好风景，落花时节又逢君。

今天讲的是唐朝另外一个天才——杜甫的诗。

历史就是这么奇妙，它在某个领域造出一个天才后，往往还要再造一个天才和他做伴，让他们不那么寂寞，能够互相辉映。

自从有了李白，上天便琢磨着再造一个人与他相对应，这个人就是杜甫。这两人一个浪漫，一个现实；一个热情狂放，一个深沉蕴藉；一个高唱"黄河之水天上来，奔流到海不复回"，一个低吟"迟日江山丽，春风花草香"；一个放言"仰天大笑出门去，我辈岂是蓬蒿人"，一个叹息"艰难苦恨繁霜鬓，潦倒新停浊酒杯"。

李白比杜甫大十一岁。

744年夏天，杜甫三十二岁，第一次在东都（今河南洛阳）见到李白。当时，李白因不适应体制内生活，被唐玄宗"赐金放还"，客游东都，而杜甫这时也恰好在东都。

闻一多先生曾把李白和杜甫的这次见面，称作是太阳和月亮的相会："譬如说，青天里太阳和月亮碰了头，那么，尘世上不知要焚起多少香案，不知有多少人要望天遥拜，说是皇天的祥瑞。"只是不知道在闻一多心里，他们俩哪个是太阳，哪个是月亮。

李白和杜甫见面后，再加上当时另外一位著名诗人高适，三人在一起度过了许多美好时光。他们一起游猎骑马，一起呼鹰逐兔，一起畅饮美酒，一起登高望远，一起纵论时事。

杜甫用了很多诗句来记述与李白和高适的这段交游经历，比如"忆与高李辈，论交入酒垆""昔者与高李，晚登单父台"等。

杜甫从来不吝啬对李白的赞美："笔落惊风雨，诗成泣鬼神""白也诗无敌，飘然思不群""敏捷诗千首，飘零酒一杯""世人皆欲杀，吾意独怜才""痛饮狂歌空度日，飞扬跋扈为谁雄""李白一斗诗百篇，长安市上酒家眠"……

说杜甫对李白的崇拜之情犹如滔滔江水，我觉得一点也不过分。只不过，那时的杜甫做梦都没想到，后世人在写唐朝文学史时，会将自己和李白放在同样重要的位置上。

说起来杜甫也算一个官二代，不，是官四代。

他的曾祖父杜依艺曾当过监察御史，后来又做过河南巩县县令。他的祖父杜审言当过尚书膳部员外郎，还是唐初著名诗人之一，和李峤、崔融、苏味道一起合称为"文章四友"。他的父亲杜闲，历任朝议大夫、兖州司马、奉天令等官职。

所以我们也就不难理解为什么杜甫七岁就能写诗了，他在《壮游》一诗中也说自己："七龄思即壮，开口咏凤凰。"

人家不但拼爹，还拼爷爷，拼祖爷爷。

三十五岁前的杜甫，日子过得潇洒任性，他忙着看书，忙着写诗，忙着会友，忙着喝酒，还忙着出游。这个时期的杜甫，远不是语文教材上留给我们的那个愁容满面的形象。

十九岁，杜甫游晋。二十岁，游吴越。直到二十四岁时，杜甫才第一次参加进士考试，结果没考上。

但杜甫对此也不在意，他对着首都长安潇洒地"挥一挥衣袖，不带走一片云彩"——没考上就没考上，走，正好旅游去！

杜甫先去的是齐赵（今河北、山东一带），他的父亲杜闲正好在兖州当司马。"忤下考功第，独辞京尹堂。放荡齐赵间，裘马颇清狂"，说的就是这件事。

这一游就是五年，直到三十岁时，杜甫才返回洛阳。

第一次"高考"失败是真的没有给杜甫留下什么心理阴影，你看他这期间写的《望岳》，人家登泰山时，心里想的是"会当凌绝顶，一览众山小"，充满豪迈之气。

三十四岁时，杜甫再次游齐鲁。不过这次只去了两年就回来了，因为他还想再参加一次"高考"。

三十六岁时，杜甫第二次参加进士考试，这次完全是为荣誉而战——"都说我杜甫有才，如果连个进士都考不上，那也太尴尬了。毕竟这些年来，比我年纪大的、小的那些小伙伴，像王昌龄、常建、贾至、李颀等，都先后考上了。"

也是杜甫倒霉，这一次的主考官是李林甫，就是那个"口蜜腹剑"的李林甫。

李林甫因为嫉恨读书人的才能，居然对皇帝谎称大唐已经"野无遗贤"了。他说："因为陛下您恩泽遍及四海，朝廷上下人才众多，所以民间再也没有人才了！"李林甫居然能把自己做坏事说得这么清新脱俗，也真算得上是一个"人才"。果然，唐玄宗听后哈哈大笑，大手一挥说："既然这样，那这事就算了吧。"所以最后，参加这次考试的人，一个都没有录取。

这次失败让杜甫的脸有点挂不住了，情急之下他想：能不能走破格录取这条路呢？当年王维不就是因为在玉真公主家唱了一首《郁轮袍》打动了公主的芳心，最后作为特长生而被破格录取了吗？

心动不如行动，说干就干。

从三十七岁起，杜甫先后上诗给汝阳王和一个叫韦济的人，希望得到他们的推荐。然而，送上去的诗都如石沉大海，毫无消息。

"朝扣富儿门，暮随肥马尘。残杯与冷炙，到处潜悲辛。"杜甫把这个阶段的窘状都写在了自己的诗里。

直到四十岁时，杜甫才因为进三大礼赋，引起唐玄宗注意。唐玄宗让杜甫待制集贤院，最后经宰相面试，四十四岁时，他终于当了一个叫作河西尉的芝麻绿豆小官。

河西尉的职责主要是司法捕盗、审理案件、判决文书、征收赋税等杂事，此外还要拜迎长官、催收租税。杜甫说："我不想干了。"

主事的说："河西尉不想干，还有个右卫率府胄曹参军（低阶官职，负责看守兵甲器杖、管理门禁锁钥）的职位你有兴趣吗？"

杜甫心想，那就再试试吧！

三十六岁那次考试的失利，成了杜甫人生的一道分水岭。

三十六岁后的杜甫，除了在成都过了一段短暂的舒心日子，其余时间都过得很狼狈。

尤其是四十五岁那一年，安禄山造反，杜甫竟然还被叛军捉住，当了一回俘虏。还好杜甫官不大，没什么名气，叛军对他看得不紧，让他抓住一个机会逃了出来。

"麻鞋见天子，衣袖露两肘。"逃出来的杜甫穿着破衣破鞋去见皇帝。皇帝看他这个狼狈样，不但没有怪罪他，还被他感动了，让他做了一个叫作左拾遗的官。拾遗拾遗，也就是皇帝有什么事遗漏忘记了，他就拾起来提醒一下，照样是个可有可无的小官。

这个左拾遗，杜甫也没当多长时间。因为他替宰相房琯鸣不平，唐肃宗很生气，于是把他贬为华州司功参军。因"时属关辅饥馑"，不久，杜甫便辞职了——饿着肚子，谁还有心思办公啊！

此后，杜甫到秦州（今甘肃天水），到成都，接着又先后到嘉州（今四川乐山）、戎州（今四川宜宾）、渝州（今重庆）、忠州（今重庆忠县）、云安（今重庆云阳），最后到了夔州（今重庆奉节）。除了成都，他在每一个地方都没有待多长时间。

杜甫生命的最后一段时光是在湖南度过的，主要是待在岳州（今湖南岳阳）、潭州（今湖南长沙）、衡州（今湖南衡阳），最后死在由潭州到岳州的一条小船上。

杜甫的后半生确实够倒霉，但有一句话叫作"诗人不幸诗家幸"，还有一句话叫作"没有在深夜痛哭的人，不足以语人生"。杜甫倒霉的后半生，给了他丰富的人生体验，为他成为一个伟大诗人打下了坚实的基础。

杜甫最重要的诗歌几乎都是写于这段颠沛流离的时期：《兵车行》《丽人行》《自京赴奉先县咏怀五百字》《春望》《茅屋为秋

风所破歌》《春夜喜雨》《蜀相》《登高》《登岳阳楼》，"三吏""三别"等。

还有这首《江南逢李龟年》。

大历五年（770年）四月，杜甫在潭州见到也流落到这里的李龟年，然后写下《江南逢李龟年》这首诗。这年十一月，杜甫死在湖南，所以这首诗也是杜甫的人生绝唱。

这个李龟年也是唐朝大名鼎鼎的人物。他是"大唐好声音"年度总冠军、流量艺人，还是唐玄宗的弟弟岐王李范以及宠臣崔九等人的座上宾。

李龟年走红时，杜甫正是少年，而大唐也正处于开元全盛时期。

史书为我们记载了开元盛世的盛况。那时的大唐，各方面都达到了极高的水平，国力空前强盛，经济空前繁荣。与大唐交往的国家达到两百多个，来自全世界的人在长安和睦相处，各种宗教信仰在长安并存。杜甫在诗中描写过大唐盛世的美好模样：

> 忆昔开元全盛日，小邑犹藏万家室。
> 稻米流脂粟米白，公私仓廪俱丰实。
> 九州道路无豺虎，远行不劳吉日出。

意思是当年开元盛世时，光四线、五线小城市就有一万户人家，百姓粮食充足，公家的粮仓也装得满满的。像长安这样的一线城市就更不用说了。

当时的杜甫，因为才情出众得以出入王公权臣家。"往昔十四五，出游翰墨场。斯文崔魏徒，以我似班扬。"崔九还夸奖杜甫的文学才能堪比班固和扬雄。

"岐王宅里寻常见，崔九堂前几度闻。"就是在岐王和崔九家，杜甫认识了李龟年。杜甫、李龟年和岐王、崔九家中的宴席，一起见证了大唐开元时的繁华。

然而，这一切都随着安史之乱成为过去，杜甫和李龟年此后很久没再见过面。多年以后，杜甫总是会忍不住想起在岐王和崔九家度过的那些快乐时光，想起自己曾经的美好年华。

"正是江南好风景，落花时节又逢君。"不料，几十年没见面的老朋友，竟然在这样不堪的情况下再次相见。两人心里虽有无限感慨，却也没有老泪纵横、抱头痛哭。杜甫更是只用一句"正是江南好风景，落花时节又逢君"就将过往轻轻带过了。

懂诗的人知道，这是一种举重若轻的写法。看似轻描淡写，实则包含着很深的感慨，尤其是最后一句，看似无意，又像在有意暗示国家和个人的命运："世运之治乱，华年之盛衰，彼此之凄凉流落，俱在其中。"

和李龟年分手后不久，杜甫的生命之花也像诗中的落花一样凋零了，享年五十七岁。而安史之乱后的唐朝，国力再也没有恢复到盛唐时期的水平。

《行军九日思长安故园》
战地黄花别样情

行军九日思长安故园

[唐]岑参

强欲登高去，无人送酒来。

遥怜故园菊，应傍战场开。

在人教版部编初中语文教材里，除李白、杜甫外，岑参的诗算是入选较多的，共有《行军九日思长安故园》《逢入京使》《白雪歌送武判官归京》三首。

诗歌能入选语文教材本身就是一件很了不得的事。入选教材，说明作者和他的作品获得了官方的肯定。岑参的诗歌之所以能享受这样的高待遇，我想了一下，觉得应该是沾了他"边塞诗人"身份的光。

边塞诗很容易让人联想到热血、雄心、壮志、杀敌、报国这些内容，充满了正能量，但要说完全是这个原因，那也冤枉了岑参。

岑参确实是实力派诗人，他的诗写得真好，尤其是边塞诗。

关于这一点，连"诗圣"杜甫先生都是心服口服，高度认同的。杜甫曾说过："谢朓每篇堪讽诵，冯唐已老听吹嘘。"意思是，我杜甫就好比汉代那个冯唐一样，遇到汉武帝时已经老了，再也写不出什么动人的新东西了。但我的朋友岑参不一样，他就像被南朝著名诗人谢朓附体了一样，写出的诗又好又多。

岑参尤其了不得的一点是，他以一己之力，在关键时刻挽救了边塞诗。

因为在此之前，边塞诗的写作者，主要招数就是在诗中喊打喊杀，强充硬汉，以表爱国。这样的诗，初接触可能感觉还不错，但是多了就让人觉得有点流于口号，产生审美疲劳了。

就在这时，岑参横空出世。

岑参的边塞诗既有民俗风情，又有异域风光；既有征戍生活，又有思乡之愁；有友情、将军、美人、音乐、好酒，当然也有——爱国。

所以，当岑参的边塞诗最初亮相的时候，人们先是都惊得张大了嘴——原来除了喊打喊杀外，边塞诗还可以这样写啊！然后半天才回过神来，轰然叫好。

最厉害的时候，岑参的诗"每一篇绝笔，则人人传写。虽闾里士庶，戎夷蛮貊，莫不吟习焉"，活脱脱一个雅俗共赏的诗坛"万人迷"。

岑参的边塞诗写得这么好，首先是因为他的遗传基因强大。只说一点，他们家三代人中就出了三位宰相，他的曾爷爷岑文本、伯祖父岑长倩、堂伯父岑羲都当过宰相。厉害吧？

其次是因为他勤奋好学。他家祖上虽然出了三位宰相，但他却没享受到什么实际好处。因为在他还没出生时，他当宰相的伯父就因为得罪武家（武则天家），不但自己被杀，连五个儿子也都一起被杀了。

而且岑参十五岁时，他的父亲就死了，岑参只好跟着哥哥读书。

家道如此，岑参除了勤奋读书外，还能有什么别的选择呢？

都说上天会眷顾勤奋的孩子，确实如此。

尽管之前许多次上书求仕的努力，都因为朝中无人而被强大的官场"潜规则"打败了，但岑参终于在二十六岁那年（天宝三年，744 年），以第二名的好成绩考取进士。

接着岑参被委以"重任"，当了一个正九品上的小官——右卫率府胄曹参军，在太子府为太子掌管库房钥匙、看守器杖甲胄。（如果你记性好，就应该记得杜甫也曾当过这个官。）

这叫什么重用啊？考上了进士也还是逃不了被潜的命运。

最后，岑参的边塞诗之所以写得好，关键一点是，人家有生活。岑参的边塞诗，绝对不是坐在屋子里闭门造车造出来的。

岑参曾长期在节度使高仙芝、封常清的幕府任书记（这里的书记和现在的书记意思完全不一样，这里的书记是指秘书一类的工作）等职，所以对边塞地区的风光和边关生活有着深刻的观察和深切的体验。

比如那句著名的"忽如一夜春风来，千树万树梨花开"，如果不是有亲身体验，他岑参再有天赋，能写得出来吗？不能。

岑参和杜甫一样，也赶上了安史之乱。天宝十四年（755 年），安禄山起兵叛乱，第二年首都长安失陷。至德二年（757 年）二月，唐肃宗由彭原行军至凤翔，岑参随行。

这首《行军九日思长安故园》写于这次行军途中，题目里的"故园"就是指长安。

这首诗有两个比较突出的特点。

一是用典。

诗中"无人送酒来"一句就用了陶渊明的典故，说的是陶渊明有一次过重阳节，没有酒喝，所以就在宅边的菊花丛中独自闷坐了很久。后来是江州刺史王弘给他送酒来了，他才得以醉饮而归。这里岑参的意思是说，自己虽然也想勉强按照重阳的习俗去登高饮酒，却没有像王弘那样的人来送酒助兴，所以心情郁闷着呢。

据说用典的最高境界是"用事不使人觉，若胸臆语也"。岑参这里的用典就达到了这种境界：借别人的故事浇自己心中块垒，二者浑然天成，读者完全没有意识到作者是在用典。

二是境界。

九月九日重阳节，说岑参不想家那是假的，所以岑参自然而然就想起家里的老婆孩子，想起自家院子里自己亲手种下的菊花。

岑参与其他诗人的不同之处就在于，他想起家里的菊花时，想到的是它"应傍战场开"。长安城中战火纷飞、血染长街，到处都是断壁残垣，一丛丛菊花正寂寞地开放其间，而不是陶渊明"采菊东篱下，悠然见南山"那般悠然。

这里写到的菊花已突破了单纯的惜花和思乡之情，还寄托了诗人对饱经战争忧患的百姓的同情,对早日平定安史之乱的强烈渴望。这就是岑参的大心胸、大境界，带给人强烈的感情冲击。

相信广大爱国将士看后，应该也对早日平定安史之乱充满着强烈的渴望，从而奋勇杀敌吧！

果然，岑参写下这首诗七个月后，长安城被收复。

《夜上受降城闻笛》
在笛声中集体失眠

夜上受降城闻笛

[唐]李益

回乐烽前沙似雪，受降城外月如霜。
不知何处吹芦管，一夜征人尽望乡。

人们常说"诗穷而后工"，意思是一个文人，越是穷困不得志，他的诗文就写得越好。

那有没有哪个诗人的人生之路平坦顺利，但诗照样写得好呢？有，这个诗人就是唐代的李益。

史书上说，李益读书做官都比较顺利。他考进士时没费多大周折，一考就中，并没有像别人那样一而再再而三地复读。而且他最后官至礼部尚书，老了还能平平安安地死在自家床上，真是羡煞李白、气死杜甫啊！

但要说李益一生中一点苦都没吃也不是事实，因为李益未发达前，为谋生曾多次担任幕僚（相当于秘书），四处辗转于边塞地区。

与繁华都市长安城灯红酒绿的生活相比,边塞生活当然要艰苦得多。

李益的诗中数七言绝句写得最好。明代胡应麟称赞说:"七言绝,开元之下,便当以李益为第一。"

因为久居边塞的经历,李益写了不少边塞诗。这首《夜上受降城闻笛》就是一首七绝边塞诗,值得拿出来好好说一说。

唐朝的边塞诗跟其他题材的诗一样,也经历了初唐、盛唐和中晚唐几个阶段。初唐和盛唐时期的边塞诗充满了阳刚豪迈之气,比如杨炯的《从军行》:

> 烽火照西京,心中自不平。
> 牙璋辞凤阙,铁骑绕龙城。
> 雪暗凋旗画,风多杂鼓声。
> 宁为百夫长,胜作一书生。

"宁为百夫长,胜作一书生。"面对来犯之敌,人家一个文弱书生都忍不住热血沸腾、摩拳擦掌——只要能让我上战场杀敌,哪怕让我当个小班长(百夫长)也行啊!

还有王翰的《凉州词》:

> 葡萄美酒夜光杯,欲饮琵琶马上催。
> 醉卧沙场君莫笑,古来征战几人回?

诗中即将出征的战士,个个酒杯斟满,人人豪情满怀,大家都有一个共同心愿,就是此次出征为国效力,就应当"不破楼兰终不还"。"古来征战几人回",我们都做好了牺牲的准备,根本就没打算活着回来。

如有人所言，初唐和盛唐时的边塞诗，哪怕是写到思乡之愁，里面也都有一股不可征服的高迈苍凉之气。

比如王昌龄的"琵琶起舞换新声，总是关山旧别情。撩乱边愁听不尽，高高秋月照长城"。这种气概是装不出来的，什么叫大唐气象，这就是。

但到了中晚唐就不行了，这个时期的诗人们留下的边塞诗中，厌战的情绪慢慢起来了，不管怎么写，字里行间都透着一种悲苦之气。诗人们都知道，口号喊得再响再漂亮都没用，他们背后并没有一个强大的大唐。

李益的这首《夜上受降城闻笛》可以算是其中的一个代表。

"回乐烽前沙似雪，受降城外月如霜。"这两句是写景，其中"沙似雪"是俯视所见：蜿蜒的丘陵上耸立着高大的烽火台，烽火台下是一望无垠的沙漠，在月光的映照下如同积雪一般，白茫茫一片。第二句中的"月如霜"则为仰望：高高的城墙之外月光皎洁，就像那深秋的寒霜，寒气逼人。"白雪"也好，"寒霜"也好，都给人一种凄神寒骨之感。

"不知何处吹芦管，一夜征人尽望乡。"本来就睡不着，偏偏此时不知从哪处的军帐外响起一阵笛声，吹的是《梅花落》，还是《折杨柳》？听得不很分明，但能听得出的是笛声缠绵悱恻，如怨如诉。

笛声一起，大家都别想再睡了。

虽然刚才有士兵因睡不着而站在受降城上望月，也有士兵躺在营帐里假寐，还有几个士兵聚在帐内打牌，因为输赢而响起阵阵喧闹。

但这时大家全被这笛声招惹得跑到帐外，一起站立在清冷的月地里，忧郁的目光掠过城墙、掠过群山，望向那遥远的家乡的方向……

这一夜，笛声让大家集体失眠。

据说这首诗写成后立即被人谱成曲子，天下传唱。这首诗对后世的影响也非常大，别的不说，宋代范仲淹的《渔家傲·秋思》中"羌管悠悠霜满地，人不寐，将军白发征夫泪"一句，明显就脱胎于李益的这首诗。

明代王世贞评价这首诗说："'回乐烽前'一宁，何必王龙标、李供奉？"意思是，既然有李益"回乐烽前沙似雪"这样的诗句，又何必有王龙标、李供奉这两个人呢？

王龙标指的是王昌龄，他曾经因不受皇帝待见，而被贬为龙标尉；李供奉就是李白，唐玄宗曾令李白供奉翰林，负责草拟文告，陪侍皇帝左右。这两人一个被称为"七绝圣手"，一个被称为"诗仙"，但在王世贞看来，他们都写不出《夜上受降城闻笛》这样的诗来。

这个评价有点高，不过反正王昌龄也好，李白也罢，都已成古人，他们都没有机会来反驳王世贞了。

作为后世的我们只需要知道一点就可以了：《夜上受降城闻笛》的确是一首值得一读再读的好诗，尤其是在维护和平、反对战争已成为全世界人民共同心愿的今天。

《秋词》（其一）
你在我心中是最美

秋词（其一）

[唐]刘禹锡

自古逢秋悲寂寥，我言秋日胜春朝。

晴空一鹤排云上，便引诗情到碧霄。

我喜欢的唐朝诗人中，排在第一位的就是刘禹锡。

我喜欢他永不屈服的战斗精神，喜欢他乐观洒脱中所带的一种幽默感——中国古人中有幽默感的人不多，所以有幽默感的刘禹锡便显得尤其珍贵。

想起他，心里就会感到温暖；想起他，脸上就会不由自主地露出微笑。

讲一个刘禹锡的故事吧。

这个故事里有两首和桃花有关的诗，一首是《元和十年自朗州至京戏赠看花诸君子》：

紫陌红尘拂面来，无人不道看花回。

玄都观里桃千树，尽是刘郎去后栽。

想当年刘禹锡因参加永贞革新而被贬为朗州（今湖南常德）司马，苦熬十年后，终于回到都城长安。但他并没有因此就变得精明，反而还在游览了玄都观后，写了上面这首诗来讽刺仍在朝廷掌权的保守派官员们。

诗里的"桃千树"，指的就是那些靠投机而春风得意的新贵们；"看花"的人，则是指那些趋炎附势、攀高结贵之徒。他们成天奔走于权门，就像在紫陌红尘中赶着热闹看桃花的人们一样。

"关键是，这些人都是我老刘离开朝廷后出现的，要是我老刘还在朝廷的话……"

这首诗写得通俗易懂，那些被讽刺的对象当然也都看懂了。本来嘛，刘禹锡就是故意让他们看懂的，否则这诗不是白写了吗？

所以，不出意外，刘禹锡在长安连口气都没来得及喘匀，又被贬了。

然后太和二年，他再次蒙皇帝恩典回到长安，这次他总该有所改变了吧？并没有！从他重游玄都观，写下的这首《再游玄都观绝句》就可以知道：

百亩庭中半是苔，桃花净尽菜花开。
种桃道士归何处？前度刘郎今又来。

玄都观偌大的庭院有一半长满了青苔，原来盛开的桃花已经荡然无存，只有菜花还在开放。

"先前那些辛勤种桃的道士们，如今都到哪里去了呢？告诉你们，上次因在这里题诗而被贬出长安的老刘我，今天又回来了！"

跟前一首诗一样，"种桃道士"指那些打击革新运动的当权者们，他们经过二十多年政治风雨的洗礼，有的失势了，有的去世了，被他们提拔的新贵们也跟着改变了他们原有的煊赫声势，让位于另外一批人了。正如"桃花净尽菜花开"一样，桃花之所以"净尽"，正是"种桃道士归何处"的结果。真是"眼见他起高楼，眼见他宴宾客，眼见他楼塌了"，看你横行到几时。

刘禹锡在这里是一点也不掩饰自己的得意之情啊，对"种桃道士"们和已经凋残的"桃花"们极尽挖苦讽刺之能事！

遭受了不间断的打击后，刘禹锡并没有作失意灰心之语，反而愈挫愈勇，屡败屡战。

这样的刘禹锡来写秋天，当然会有与其他诗人不一样的感觉。下面我们就一起来看看这首《秋词》。

按常理，进入秋天后的亚热带地区，万物都开始进入衰老期，离蓬蓬勃勃的春天和盛大热烈的夏天越来越远。也难怪从写《九辩》的宋玉开始，后世的文人们一遇到秋天，就早早为它定下了悲秋伤怀的基调。

但刘禹锡偏偏不信这个邪，以一己之力跟强大的悲秋派文人唱起了反调。

你看他在《秋词》的一、二句"自古逢秋悲寂寥，我言秋日胜春朝"中，便鲜明地表达了自己对秋天的态度：不管自古以来的那些文人墨客怎么看，秋天你在我的心中才是最美，比春天还美！

为什么？诗人并没有直接回答，而是在诗的三、四句，以画面感极强的描写，从侧面巧妙地给出了答案："晴空一鹤排云上，便引诗情到碧霄。"

秋高气爽，晴空中有几片白云飘浮，就在这样的背景下，一只白鹤穿云而上，直冲蓝天。这画面是不是特别美？

看到这一壮美景象，诗人内心那激荡澎湃的诗情，那永不服输的豪情壮志瞬时勃发出来，也像白鹤凌空一样，直冲云霄了。

"晴空一鹤排云上，便引诗情到碧霄"一句里所展现的，绝不仅仅是秋天的生机，更多的是一种高昂的气概和高尚的情操。诗人的洒脱，诗人身上那种自然散发出来的俊朗之气，通过这曲秋歌，体现得淋漓尽致。

为了这一天啊，中国的秋天，已等了一千多年！

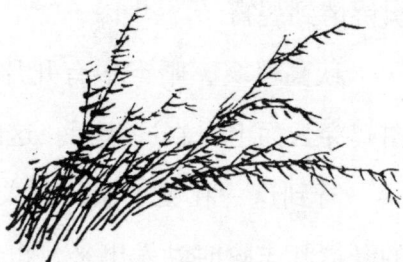

《夜雨寄北》
看我如何用想象把思念填满

夜雨寄北

[唐]李商隐

君问归期未有期，巴山夜雨涨秋池。

何当共剪西窗烛，却话巴山夜雨时。

唐代诗人中，活得最憋屈、最纠结的莫过于李商隐。

李商隐从小就被人称作天才。

他记忆力超强，十岁时，别的孩子还在父母怀里撒娇，李商隐就写出《才论》《圣论》两篇论文，"以古文出诸公间"，把它们送给当时的文坛大佬看。他们看后都说写得好。

李商隐的父亲只是一个小官，最大也就当过获嘉（今河南境内）县令，而且在李商隐出生不久就去世了。所以李商隐早早就知道，如果没有强大的家庭背景，靠才华吃饭的想法是极其不靠谱的。

于是李商隐早早就开始想办法，建立自己的朋友圈。

其中的主要办法是，尽量多结识当时的著名知识分子。每当完

李商隐

成一篇新作品时，李商隐总是第一时间送给他们读。

功夫不负有心人，终于，一个叫令狐楚的人注意到了这个孩子。令狐楚非常赏识李商隐的才华，让他跟随自己学习"四六文"（骈体文）。

在这之前，李商隐参加过两次贡举考试，都名落孙山，但自从结识令狐楚后，机会很快就来了。由于令狐楚的儿子令狐绹的推荐，李商隐终于登进士第，中了！李商隐由此进入唐朝上流社会。你以为他从此就过上了幸福生活？李商隐非但没有，反而还由此开始了他长达几十年憋屈、纠结的人生。

这是为什么呢？这还得从李商隐的感情生活说起。

李商隐曾经在令狐楚的幕府中当过几年幕僚，令狐楚去世后，他另寻出路，来到了封疆大吏王茂元帐下。

初次见到李商隐，王茂元大喜过望，连声夸奖："小伙子不错！要颜值有颜值，要才华有才华。哦，对了，我们家那二丫头正好还没有男朋友呢！"

要是你以为王家的二丫头一定又丑又顽劣，是个嫁不出去的老姑娘，你就大错特错了。事实正相反，这个王家二小姐王晏媄，不但温柔贤淑，还貌美如花，绝对是秀外慧中。

也是"美满姻缘天作伐"，李商隐和王晏媄两人一见倾心，各自在第一次见到对方时，就已经在心里说："这辈子，就他（她）了。"

在王茂元的操持下，两人很快结了婚，建立起了自己的甜蜜小家庭。

李商隐和王二小姐这一结婚不要紧，有一个人正在心里狠骂李商隐："真是个没良心的白眼狼啊！"这个人就是上文提到的令狐绹。

其实要论私人关系，令狐绹和李商隐关系很不错，两人就差没结拜成兄弟了。为什么令狐绹要骂李商隐呢？因为令狐绹和李商隐的岳父王茂元的政治立场不同。

李商隐生活的晚唐，朝廷内的朋党斗争非常严重，各派系之间经常不是你死就是我活，其中势力最大的两派就是"牛党"和"李党"。"牛党"的带头大哥叫牛僧孺，"李党"的领头人叫李德裕。令狐家属于"牛党"，李商隐的老丈人王茂元则属于"李党"。既然李商隐娶了王茂元的二女儿，在别人看来，李商隐当然就和王茂元一样同属"李党"了。

要说当初入王茂元幕府，乃至后来娶王晏媄小姐，以李商隐那么高的智商，说他一点犹豫都没有，也不是事实。李商隐的想法是，虽然我的职场恩人令狐家族属于"牛党"，而我的岳丈属于"李党"，但我可以什么党都不是啊！我做一个"无党派人士"总可以吧？

后来的事实证明，李商隐还是太天真了！"李党"认为他是"牛党"的人，而"牛党"又认为他是"李党"的人。更糟糕的是，还有人认为他根本就是个投机分子，是一个可耻的"骑墙派"，根本就没有什么人格可言！

被认为人格破产的李商隐，想要在仕途上有所作为，比较难。这样一说，你应该可以理解李商隐憋屈、纠结一生的原因了吧？

好在还有诗歌，还有爱情。再怎么憋屈，再怎么纠结，都不影响李商隐写诗，不影响李商隐享受美好的感情生活。

李商隐流传下来的诗有六百多首，关键是，这些诗的质量还都很高。

著名唐诗选本《唐诗三百首》中，李商隐的诗入选数量你猜排第几？排第四！排前三的分别是杜甫、王维和李白。

李商隐留下的这些诗中，理所当然地包括数量不菲的爱情诗，比如著名的《锦瑟》和《无题》，还有今天要讲的这首《夜雨寄北》。

有人说这首诗题目里的"北"应该是指朋友，朋友就住在北边的长安城，所以这是一首写给朋友的诗。但我觉得这种说法有点扯，难道诗人的妻子就不可以留在都城长安？什么逻辑！这首诗写得情思委曲、悱恻缠绵，分明就是李商隐写给妻子王晏媄的情书嘛！翻译成白话就是——

　　爱妻晏媄：

　　见字如面！

　　算起来我们分别已经快一年了（其实谁也不知道他们到底分别了多长时间）！你写信来，问我什么时候才能回到长安和你们团聚。这可愁死我了，因为到底什么时候才能回去，我还真不好说。

　　我能告诉你的是，就在我于灯下给你写这封信的时候，窗外正淅淅沥沥地下着秋雨。我刚伸出头去看了一下，这绵绵不尽的巴山夜雨［有人考证说，这首诗是作者于大中五年（851年）七月至九月间，入东川节度使柳仲郢梓州幕府时所作。梓州属于现在的四川，四川古称巴蜀之地，所以才有诗中"巴山夜雨"的说法］已经把屋外的秋池涨满了。

　　你问我想不想家、想不想孩子，我当然想啊！比如这会儿我就在想，某日后的一天，当我回到家的时候，我一定要和你一起坐在家里的西窗下，说很多很多的话。对了，到那时我一定要和你说起今夜的情景，说起我对你如这秋雨一样绵绵不绝的思念之情。那蜡烛一次又一次结出灯花，我们再一次又一次剪掉那灯花。就让我们一起等待着重逢的那一天吧！

祝你和孩子都好！

爱你的义山（李商隐字义山）
大中五年秋夜字

这首诗乍一读，似乎非常浅显易懂，并没有什么出奇之处。但细读起来，你就会发现事情没有那么简单。

"巴山夜雨涨秋池"一句，算是环境描写。绵绵不绝、牵扯不断的秋雨，最能牵动人的情思。何况此时诗人正一个人留滞于巴蜀地区，秋雨自然会引发诗人对妻子的思念之情。

这首诗的出奇之处在于后两句："何当共剪西窗烛，却话巴山夜雨时。"

写完"君问归期未有期，巴山夜雨涨秋池"两句后，诗人并没有沿着刚才的思路继续去说我是多么地愁苦，多么思念你。也是，如果李商隐继续以这样的话风和妻子聊下去的话，多半会把天聊死。

我们看李商隐是怎么做的。

李商隐的做法是，看着眼前的景充分发挥自己的想象，去设想未来两人相逢时的欢乐情景。他对妻子说："到那时，我一定会将今夜是如何思念你的情形详细告诉你。至于现在，还是不说了吧！"

其实，在巴山夜雨声中，一个人展读妻子询问归期的信，而归期具体是哪一天自己却不知道，他的内心根本就是"风不平，浪不静"，其郁闷、孤寂可想而知。

但作者却跳脱眼前这一切去幻想未来的情景，盼望在重聚的欢乐中追话今夜的情景。于是，未来的欢乐反衬出今夜的愁苦，而今夜的愁苦又成了未来剪烛夜话的材料，会增添重聚时的欢乐。

用想象来慰藉自己，也慰藉妻子。这样一来，苦也就显得不是那么苦了，夫妻分居两地的漫长时间，似乎也变得容易打发了。

你看，李商隐此诗高明之处就在这里——明明特别想念，却偏偏不说。

《十一月四日风雨大作》（其二）
梦中杀敌亦堪哀

十一月四日风雨大作（其二）

[宋] 陆游

僵卧孤村不自哀，尚思为国戍轮台。

夜阑卧听风吹雨，铁马冰河入梦来。

嘉定二年（1210 年）元月的一个夜晚，寒气逼人。在一盏昏黄的油灯映照下，一位八十五岁、面色蜡黄的老人静卧病榻之上，看样子将不久于世。

这位老人就是南宋著名诗人陆游。八十五岁，寿命足够长了，但他还没有等到他要的结果，实在是不甘心啊！

突然，他使劲挣扎着想要起来，喘着气对守在床边的儿孙们说："快，快拿纸拿笔，我要写遗嘱！"儿孙们慌忙奉上纸笔。

似乎用尽了全身的力气，陆游用颤抖的手在纸上歪歪扭扭地写下一首诗，这首诗就是我们在小学语文教材中学过的《示儿》：

死去元知万事空，但悲不见九州同。

王师北定中原日，家祭无忘告乃翁。

这首诗的意思是——我知道，人一死，这世间的一切就都和我无关了。但临死之前，有一件事我还是放不下，就是没能活着看到国家的统一。我死不瞑目啊！如果有一天，大宋军队收复了中原失地，你们一定不要忘了把这好消息写在纸钱上在我坟前烧了，让我也高兴高兴。切记切记！

临死还惦记着国家的统一大业，一腔爱国之情着实让人感动。

也正是因为这首诗，陆游给我们留下了一个牢不可破的印象：这是一位可敬的爱国诗人。

事实上，陆游确实是一位难得的爱国主义诗人，他一生念兹在兹的就是收复中原失地，实现大宋统一。

陆游本来在孝宗时就已被赐进士出身，但他却不像其他人似的，好好花心思在朝廷谋一个有钱有闲的大官当当，反而自讨苦吃，向皇帝反复写申请书，要求到四川去，到大宋最艰苦的地方去，到抗金的第一线去。

他的申请终于在乾道九年（1173年）得到了皇帝的批准，他得以顺利进入四川宣抚使王炎幕府，开始了他的军旅生活。

任王炎幕僚时，陆游积极向王炎建言献策，为的就是能早一天收复失地。但是，由于朝中投降派的阻挠破坏，再加上皇帝自己的立场也不坚定，总是在打还是不打之间摇摆不定。于是，王炎先被召回朝廷，接着幕府又被撤散，在这样的情况下，陆游的作战主张自然也就无法实现了。不久，他就被调到了成都府安抚司任参议官。

在无所事事中，绍熙元年（1190年），陆游直接被皇帝罢了官，回到浙江老家山阴（今浙江绍兴）闲居，这一住就是二十年，直住到他去世。其间，他只在嘉泰二年（1202 年）短暂回归朝廷，兼同修国史、实录院同修撰，主持编修孝宗、光宗《两朝实录》和《三朝史》。

嘉泰三年（1203 年）四月，国史编撰完成，宁宗升陆游为宝章阁待制，看起来，陆游似乎重新回到官场了，但这时的陆游已经七十八岁了。你说，一个七十八岁的老人还能干什么呢？于是，这年五月，陆游又回老家了。

在闲居山阴期间，陆游也没有真正闲着，他一边闲居，一边写下了大量诗歌。这些诗歌中，数量最多的当然是寄托对国家前途命运的担忧，以及表达自己空抱一腔报国热情的愁闷心情的作品。

他是身闲心不闲啊！

今天要讲的这首《十一月四日风雨大作》就是陆游在这期间写就的，当时他六十七岁。

这是陆游回到山阴后第三年的冬天，陆游觉得这个冬天特别漫长，也特别冷。每到夜晚躺在床上，尽管已经盖了两床厚厚的被子，但他仍然冷得直发抖。

其实，这年的冬天并没有比往年更冷一些，陆游之所以感到冷，更多的是因为现实的冰冷——大宋山河破碎，半壁江山尽陷金人铁蹄之下的局面，并没有什么根本改变。

然而，陆游仍然说："僵卧孤村不自哀，尚思为国戍轮台。"什么叫知其不可为而为之？这就是！虽然如今的我只能僵直地躺在这孤寂的乡村里，但我并不为自己感到悲哀。非但不悲哀，我甚至还时刻准备着为国家去戍守边塞呢——只要皇帝一挥手，我马上就可以披挂上阵！

当然，这些只能是幻想，陆游此刻能做的，只有继续躺在床上瑟瑟发抖。

"夜阑卧听风吹雨，铁马冰河入梦来。"正所谓日有所思，夜有所梦。夜半时分，疲惫不堪的陆游好不容易在风雨声中昏昏睡去，但是风吹雨打之声却在他的梦中幻化成了金戈铁马之声。梦中的陆游仿佛又回到了杀敌前线，率领着将士们骑着身披铁甲的战马，踏过结了冰的河面，冲向敌阵。马蹄声和喊杀声震耳欲聋，让人热血沸腾。

一位老人有心报国，却遭排斥而无法上前线杀敌，一腔爱国热情只能形诸梦境。这是陆游的悲哀呢，还是大宋的悲哀？

人们常道"念念不忘，必有回响"，但正如前文所说，陆游至死也没等到他希望的结果，因而只能把传递捷报的任务交给后辈子孙。

后来的事情是这样的。他的孙子陆元廷，因听说宋军兵败崖山，忧愤而死；他的曾孙陆传义，在崖山兵败后，绝食而亡；他的玄孙陆天骐，在崖山战斗中不屈于元，最后投海自尽。陆游一家，可谓满门忠烈。

所以，陆游希望子孙能给他汇报北定中原喜讯的愿望，最终也成了泡影。

《潼关》
一个少年英雄的人生宣言

潼关

[清]谭嗣同

终古高云簇此城，秋风吹散马蹄声。
河流大野犹嫌束，山入潼关不解平。

读晚清历史，戊戌变法无疑是一个绕不过去的重要事件，今天要讲的这首诗和戊戌变法多少有点关系。我们先来一起看看戊戌变法是怎么回事：

戊戌变法，指1898年（农历戊戌年）以康有为为首的改良主义者通过光绪皇帝所进行的资产阶级政治改革，主要内容是，学习西方，提倡科学文化，改革政治、教育制度，发展农、工、商业等。

所以，所谓戊戌变法，一言以蔽之，就是腐朽没落的晚清政府，为了避免灭亡的命运所进行的一场社会变革运动。

戊戌变法运动的"男一号"是当时的大清帝国皇帝光绪，其余的主要参与者还有康有为、梁启超、谭嗣同等。

学过初中历史课的同学都知道，这次变法运动最后彻底失败了，不但失败了，还死了人。

除了光绪皇帝在变法失败十年之后（1908年）被他姨妈，也就是慈禧太后毒死了（有关光绪皇帝的死因说法不一，被慈禧毒死是流传最广的一种说法）以外，还有六个人在变法失败当年就被慈禧太后杀死在著名的北京菜市口刑场。

这六个人是谭嗣同、杨锐、刘光第、林旭、杨深秀、康广仁，史称"戊戌六君子"。

六君子中，谭嗣同本来是有机会逃跑的，但他却对劝他逃跑的人说："各国变法无不从流血而成，今日中国未闻有因变法而流血者，此国之所以不昌也。有之，请自嗣同始。"真是傻得可爱，也傻得可敬。

其实，谭嗣同是一个货真价实的官二代，他的父亲谭继洵在他出生时就已经担任湖北巡抚，相当于现在的湖北省委书记。

良好的家庭背景，再加上天资聪颖、虚心好学、勤于历练、广泛交友，谭嗣同很早就"学成文武艺"了。我觉得，只要他愿意"货与帝王家"，迟早会成为清政府的高级官员。

实际上，光绪二十二年（1896年），谭嗣同就曾经奉父命，入赀为江苏候补知府。也就是说，只要江苏知府的职位一出现空缺，他马上就可以补上去。多么高的让许多人眼红的仕途起点啊！

可惜，这几乎可以预料得到的大好前程，都因为谭嗣同参与戊戌变法而变为泡影，他甚至最后把命都搭上了。谭嗣同就义时才三十三岁，正是风华正茂的年纪。

其实，谭嗣同的人生选择，在他少年时所写的一首诗里就可以看出端倪，这首诗就是今天要讲的《潼关》。

写这首诗的时候，谭嗣同才十七岁。

这年（1882年）秋天，少年谭嗣同从湖南故乡到他父亲就任的甘肃兰州去，途中经过位于陕西的潼关。在这里饱览了一番北国山河的壮丽景色后，他挥笔写下了这首诗。

从表面上看，这首诗的四句全是在写景：远处的高云簇拥着潼关古城，猎猎的秋风吹散了清脆的马蹄声。奔腾的黄河流入大平原后还是显得有点拘束，而进入潼关以西，满眼看到的都是山山相连、峰峦起伏的景象，让人都快忘记什么叫平地了。

但是，如果我们套用王国维那句常被人引用的话——一切景语皆情语，再来看这首诗，你就会看到，诗中有一个英气勃发的少年，正骑马登上位于半山间的潼关古道，傍山临河，乘兴前进，任清脆的马蹄声被猎猎西风吹散、吹远，飞入滚滚的云涛里。

少年立马城关，眼见黄河从北面高原峡谷奔腾怒吼而来，到了悬崖脚下突然猛一转弯，再奔向那平坦广阔的原野，但气势却不见丝毫缓和，而且好像还在嫌河床把它箍得太紧一样；而那连绵不断的山峰，在关东并不怎样惹眼，刚入潼关便突兀而起、耸入云天，一座座争奇斗险，唯恐自己显得平庸！这写的哪里是黄河，写的分明是少年谭嗣同自己。

是的，所谓大河"犹嫌束"、群山"不解平"，完全是自然景观在诗人心理上引起的感应，反映的是少年谭嗣同豪迈奔放的激情和冲决封建束缚、追求思想解放的愿望。这样的谭嗣同后来积极参与戊戌变法，就是一件很自然的事了。

所以，这首诗，我们完全可以看作少年谭嗣同的人生宣言。

而谭嗣同，最后也以他的鲜血实践了他的人生宣言。

《木兰诗》
不是英雄更可爱

木兰诗

《乐府诗集》

唧唧复唧唧，木兰当户织。不闻机杼声，唯闻女叹息。

问女何所思，问女何所忆。女亦无所思，女亦无所忆。昨夜见军帖，可汗大点兵，军书十二卷，卷卷有爷名。阿爷无大儿，木兰无长兄，愿为市鞍马，从此替爷征。

东市买骏马，西市买鞍鞯，南市买辔头，北市买长鞭。旦辞爷娘去，暮宿黄河边，不闻爷娘唤女声，但闻黄河流水鸣溅溅。旦辞黄河去，暮至黑山头，不闻爷娘唤女声，但闻燕山胡骑鸣啾啾。

万里赴戎机，关山度若飞。朔气传金柝，寒光照铁衣。将军百战死，壮士十年归。

归来见天子，天子坐明堂。策勋十二转，赏赐百千强。可汗问所欲，木兰不用尚书郎，愿驰千里足，送儿还故乡。

爷娘闻女来，出郭相扶将；阿姊闻妹来，当户理红妆；小弟闻姊来，磨刀霍霍向猪羊。开我东阁门，坐我西阁床。脱我战时袍，著我旧时裳。当窗理云鬓，对镜帖花黄。出门看火伴，火伴皆惊忙：同行十二年，不知木兰是女郎。

雄兔脚扑朔，雌兔眼迷离；双兔傍地走，安能辨我是雄雌？

人们常说高手在民间，这话当然不错，而且这话放在诗歌领域照样有效。之所以这样说，是因为今天要讲的这首《木兰诗》就是一首民歌。

诗歌本来就起源于民间，不说别的，大家所熟知的中国最早的诗歌总集《诗经》，里面的许多诗就是从民歌改编整理而来的。后世许多著名诗人也不断从民歌里汲取营养，把民歌当成一个取之不尽、用之不竭的创作源泉。

比如唐朝大诗人刘禹锡的那首《竹枝词》，就是在学习民歌的基础上写出来的：

杨柳青青江水平，闻郎江上唱歌声。
东边日出西边雨，道是无晴却有晴。

是不是满满的民歌风？

接着来说《木兰诗》。

这首诗自诞生之日起，就体现出一种神奇的魅力，千百年来被广为传播。内容不断被改编成戏曲、电影等多种艺术形式，其中比较著名的当属豫剧《花木兰》和美国好莱坞拍摄的动画片《花木兰》

了。这首诗的内容很简单，就是讲了一个叫木兰的女孩子女扮男装，代父从军，在战场上建立功勋，回朝后却不愿做官，只求回家与家人团聚的故事。

这样一首诗居然有这么大的魔力，要问原因到底是什么，我想了好长一段时间，最后得出的结论是：无论是主题、内容还是表现手法，这首诗都不按常理出牌。

下面听我一一道来。

表面看起来，这首诗涉及的主题似乎挺重大，并且处处充满矛盾与冲突：战争与和平、生存与死亡、家国情怀与个人的小日子等。

其实并没有，所以我们读起来也就自然没有丝毫的沉重感。

虽然诗的开头，木兰也因为"阿爷无大儿，木兰无长兄"而叹息，而感到为难，但她很快就做出决断："愿为市鞍马，从此替爷征。"在木兰看来，这是一种再自然不过的选择。

木兰的从军，既不是为了什么建功立业，也不是为了什么忠君报国，仅仅是因为"阿爷无大儿，木兰无长兄"而已。

所以你也就不难理解，为什么尽管后来木兰立下了赫赫战功，但她却一点也不贪恋尚书郎的职位，只是提出"愿驰千里足，送儿还故乡"的要求——仗打完了，而且我还侥幸活着，那就放我回家吧！家里的父母、姐弟还等着我回去呢！

至于尚书郎，尚书郎是什么啊？！跟我无关，我要它干吗？

所以，你如果想从《木兰诗》里读出什么高大上的主题，乃至什么阶级仇、民族恨等，这个真没有。

我们从诗里看到的木兰，不像个大英雄，反倒像我们的邻家小妹。

诗歌里作为重点内容来写的是：做出代父从军的决定后，木兰出征前采购军用品时的忙碌，"东市买骏马，西市买鞍鞯，南市买辔头，北市买长鞭"，让人感觉不到紧张与害怕，还觉得有点兴奋。

身经百战、战功赫赫的木兰，面对高官之位时，拒绝得干脆利落，"木兰不用尚书郎"。

木兰回到家乡时的场景也是诗歌里浓墨重彩、反复渲染的："爷娘闻女来，出郭相扶将；阿姊闻妹来，当户理红妆；小弟闻姊来，磨刀霍霍向猪羊。"爹娘听说女儿回来了，不顾年迈，互相扶持着迎到城外；姐姐为了迎接妹妹归来，特意打扮得漂漂亮亮；当然，还是那个已经长成大小伙子的傻弟弟最实在。大家没有把木兰当成一个英雄迎接，大家之所以做这一切，只是因为木兰是他们的亲人。在父母的眼里，她是乖女儿；在姐姐的眼里，她是可爱的妹妹；在弟弟的眼里，她是有担当的姐姐。如此而已。

木兰也没闲着。

"开我东阁门，坐我西阁床。脱我战时袍，著我旧时裳。当窗理云鬓，对镜帖花黄。"回到家里的木兰，东屋坐坐，西屋看看。她卸下男装，换上女装，梳出最好看的发型——云鬓，贴上最好看的饰品——花黄。

做完这一切，木兰还不忘和小伙伴们开一个玩笑，吓他们一大跳："出门看火伴，火伴皆惊忙：同行十二年，不知木兰是女郎。"很欢乐，也很有喜剧色彩。

只是，如果真细究起来，这首诗的故事情节其实是不符合常理的。

你想想看，一个女孩子整天和一群大男人混在一起，十几年同吃同住同打仗。这么长的时间里，木兰再怎么掩饰，也不可能不露出一点破绽吧？

事实的真相到底是怎样的呢？

在我的印象中，文艺作品中还有一位著名的女扮男装成功的大师，她就是《梁山伯与祝英台》中的祝英台。

祝英台与梁山伯同窗共读整整三载，梁山伯硬是没看出祝英台是个美丽女子。祝英台屡次借景物向梁山伯暗示，可是梁山伯依然没明白，甚至还取笑祝英台。

所以我猜测，木兰的那些战友们也是在配合木兰演戏呢，演得还那么逼真，简直个个都是戏精——"出门看火伴，火伴皆惊忙：同行十二年，不知木兰是女郎"。木兰真的信了，还不忘调皮地用一个比喻来回答小伙伴们的疑惑："雄兔脚扑朔，雌兔眼迷离；双兔傍地走，安能辨我是雄雌？"嗯，我就是那只和你们跑得一般快的雌兔，你们当然认不出我是一个女孩子啦！

小伙伴们又马上作恍然大悟状。

也许这正是木兰、木兰的战友，还有这首民歌的作者合起来给大家开的一个玩笑。

有什么关系呢？大家高兴就好。

《竹里馆》
在竹林里，给自己的精神放一个假

竹里馆

[唐]王维

独坐幽篁里，弹琴复长啸。

深林人不知，明月来相照。

终于轮到王维上场了。对大多数中国读书人来说，王维的一生，就是他们心中理想人生的样子。

与其他命运多舛的诗人相比，王维一生可谓顺风顺水，命运之神对他似乎特别眷顾。

不信请看。

约二十岁时，王维就以面试第一名的好成绩进士及第。

那时的他，一袭白衣一柄剑，春风得意，骑在高头大马上，是许多女孩梦中的白马王子。

后来他虽然也遇到安史之乱这样的大变故，还不幸被俘，好在最后有惊无险，平安过关。

人们对王维虽然羡慕嫉妒，却一点也不恨，因为他的才气配得上他的好运气。

在众多唐代诗人中，王维是一个全能型写手，无论是边塞诗、送别诗还是山水田园诗，什么题材都能写，而且写出来的诗还都代表了他那个时代的最高水平。

先看他的边塞诗。

"大漠孤烟直，长河落日圆。"这样雄奇壮阔的句子你写得出来吗？连《红楼梦》中的香菱姑娘都被这两句诗惊到了，并对这两句诗赞不绝口："想来烟如何直？日自然是圆的。这'直'字似无理，'圆'字似太俗。合上书一想，倒象是见了这景的。要说再找两个字换这两个，竟再找不出两个字来。"

再看他的送别诗。

"劝君更尽一杯酒，西出阳关无故人。"朋友你今天要远走，干了这杯酒！西出阳关道路无尽头，就再也没有了我这样的老朋友！男人之间的友谊，照样婉转缠绵，柔肠百结！

难怪王维无论生前还是死后，都粉丝成群。

《新唐书》中生动记载了王维在当时的受欢迎程度："名盛于开元、天宝间，豪英贵人虚左以迎，宁、薛诸王待若师友。"要是放现在，王维随便写一首诗发在公众号上，肯定每篇的阅读量都是十万加。

那些富商，那些官二代，都愿意结交王维。有些人甚至恨不得和王维结为拜把子兄弟，仿佛和他结交了，自己也能一下子变成他那样的雅士。

王维的粉丝中，著名的有两位。

一位是当时的皇帝唐代宗。

唐代宗在王维死后不久，亲自写文章称赞他是"天下文宗"，这是多高的赞誉啊！

另一位则是大名鼎鼎的苏轼。

"诗中有画，画中有诗"这个著名评价，就是苏轼送给王维的诗和画的。苏东坡本就是一个不世出的天才，唐宋间少有的诗文大家之一，他的评价当然具有不同寻常的分量，这也是目前为止对王维的诗和画最准确的评价。王维如果和苏轼生在同一时代，他一定乐于接受这样的评价，说不定还会和苏轼成为好朋友。

给王维带来最大声誉的是他的山水田园诗，因为写山水田园诗，他还赢得了"诗佛"的美称。说起来，王维才是"佛系中年"的老祖宗呢！

王维写田园诗是从他隐居终南山开始的。

在终南山，王维承接了他的前辈宋之问在这里修建的一座别墅——辋川别业。

在辋川期间，他和他的好朋友裴迪一起游历了那里的孟城坳、华子岗、木兰柴、竹里馆、辛夷坞等二十多个地方，并且去一个地方写一首诗，一口气写了二十首。后来他把这二十首诗编成一本集子，名字就叫《辋川集》。

今天要讲的这首《竹里馆》就出自这本《辋川集》。

虽然此时王维还在朝廷为官，但没事时，他更愿意跑到辋川别墅过一种与大自然亲密接触的日子。

这天，处理完琐碎的公务后，他驱车来到辋川的竹里馆。

"独坐幽篁里，弹琴复长啸。"用罢简单的晚餐，王维信步踱到屋外，独坐在房子旁边那片茂密幽深的篁竹之中。静坐片刻，他开始拨动面前那架古琴的琴弦，清幽淡远的声音弥散在竹林间，琴音中透出一种寂寞的情怀。

几曲弹罢，诗人站起身来，向前走几步，对着远处幽深的山林长啸起来。清越的啸声在山林间久久回荡，最后终于消失在群山之间。

至于什么叫"啸"，著名作家余秋雨在他的散文名篇《遥远的绝响》中曾有生动的描述："一种沉郁的气流涌向喉头，涌向口腔，他长长一吐，音调浑厚而悠扬。喉音、鼻音翻卷了几圈，最后把音收在唇齿间，变成一种口哨声飘洒在山风暮霭之间，这口哨声并不尖利，而是婉转而高亢。这也算一种歌吟方式吧，阮籍以前也从别人嘴里听到过，好像称之为'啸'。啸不承担切实的内容，不遵循既定的格式，只随心所欲地吐露出一派风致、一腔心曲，因此特别适合乱世名士。尽情一啸，什么也抓不住，但什么都在里边了。"

这样连续长啸了几次后，王维觉得胸间的郁闷之气消减了不少。"深林人不知，明月来相照。"他又回到刚才弹琴的地方，但见一片澄明的月光静静地洒在竹林之间，他的心里也一下子变得像这月色一样澄澈起来。这是一种物我两忘、人月一体的美好境界，这是人与自然和谐相处的最高体现。

借着一抹绿意和一片空幽寂静，让我们和王维一起，在大自然间，在竹林里，给自己的精神放一个小假吧！

《春夜洛城闻笛》
那些从唐诗中穿越而来的笛声

春夜洛城闻笛

［唐］李白

谁家玉笛暗飞声，散入春风满洛城。

此夜曲中闻折柳，何人不起故园情。

我曾经为自己购置过一种乐器：笛子。

我觉得笛子至少有三大优点：一是声音悠扬悦耳，好听；二是容易吹奏，噘起嘴唇对准笛孔送气，就可以吹响；而它最重要的一个优点，应该是它的价格亲民。

因此，笛子便成了我眼中最可爱的乐器。读师范时，教我们音乐的吴老师发动我们这些音乐爱好者购买乐器时，我的同学大多选择了小提琴，而我则毫不犹豫地选择了笛子。

后来通过自学，我能吹奏几支半生不熟的曲子，如《姑苏行》《跃马扬鞭催粮忙》等。

说这么多，你可千万别误会，以为我是要在这里专门吹嘘自己的笛子演奏水平有多么高超——余虽不敏，但这点自知之明还是有的——说这些其实是因为我们今天谈的这首诗跟笛子有关。

这首诗就是李白的《春夜洛城闻笛》。

"谁家玉笛暗飞声，散入春风满洛城。"说的是在一个春风沉醉的晚上，喧闹了一天的东都洛阳终于静下来了，客居于此的诗人李白正在城墙上看着城内的万家灯火思考人生呢！这时候，不知从哪传来一阵笛声。婉转悠扬的笛声乘着春风，迅速弥散在整个洛阳城的大街小巷。

"此夜曲中闻折柳，何人不起故园情。"李白立马被这笛声吸引住了，仔细一听，笛子吹奏的居然还是那首自己最熟悉的《折杨柳》。李白心里咯噔一下，这首《折杨柳》触动他心里那根想家的弦了。

《折杨柳》专门抒写离别行旅之苦。古人送别朋友的时候，往往从路边折柳枝相送。杨柳依依，正好借以表达恋恋不舍的心情。在这样一个春天的晚上，听着这样一支饱含离愁别绪的曲子，有谁能不被勾起思乡之情呢？

在这首诗里，笛声无疑是绝对的主角。

前面跟大家讲过李益的《夜上受降城闻笛》一诗，其中也写到了笛声。我们现在看到的唐诗中，能找到多少跟笛子有关的诗句呢？

早有人做了统计，据说光是《全唐诗》中，和笛子有关的诗作就有二百四十首之多。原来在唐诗中，笛子绝非偶尔被谈论的存在，而是"网红意象"。

我还发现，有两位诗人对笛子有一种近乎偏执的热爱，他们就是前面提到的李白和李益。唐诗中有关笛子的较有名的诗句，很多都出自他们两人之手。

先看李白，他提到笛子或笛曲的诗太多了，不信请看：

与史郎中钦听黄鹤楼上吹笛

一为迁客去长沙，西望长安不见家。

黄鹤楼中吹玉笛，江城五月落梅花。

诗中提到的《落梅花》是当时和《折杨柳》一样著名的笛曲，它的名字在其他诗人的诗中也频繁出现。

还有这首：

从军行（其一）

从军玉门道，逐虏金微山。

笛奏梅花曲，刀开明月环。

鼓声鸣海上，兵气拥云间。

愿斩单于首，长驱静铁关。

还有：

观胡人吹笛

胡人吹玉笛，一半是秦声。

十月吴山晓，梅花落敬亭。

愁闻出塞曲，泪满逐臣缨。

却望长安道，空怀恋主情。

塞下曲六首（其一）

五月天山雪，无花只有寒。

笛中闻折柳，春色未曾看。

晓战随金鼓，宵眠抱玉鞍。

愿将腰下剑，直为斩楼兰。

再看李益。李益写的与笛子有关的诗，除《夜上受降城闻笛》外，至少还有以下这些：

夜宴观石将军舞

微月东南上戍楼，琵琶起舞锦缠头。

更闻横笛关山远，白草胡沙西塞秋。

春夜闻笛

寒山吹笛唤春归，迁客相看泪满衣。

洞庭一夜无穷雁，不待天明尽北飞。

从军北征

天山雪后海风寒，横笛偏吹行路难。

碛里征人三十万，一时回向月明看。

笛子如有知，当会以二人为知己吧。

为什么唐代诗人这么热爱笛子这种乐器呢？有一个叫刘孝孙的唐代诗人，用一首《咏笛》做了回答：

凉秋夜笛鸣，流风韵九成。

调高时慷慨，曲变或凄清。

征客怀离绪，邻人思旧情。

幸以知音顾，千载有奇声。

什么意思呢?

说是在寒冷的秋夜,传来笛子的声音,婉转悦耳,像流风一般有韵味。笛声有时高亢,慷慨激昂;有时曲调一变,凄惨悲凉。

作客他乡的人听着笛声,会触发离愁别绪;而身边的同伴听了笛声,也会想起昔日的那份情感。不要怕笛声没有知音,奇妙的乐声会流传千载。

也就是说,笛子之所以有这么大的魔力,最根本的原因还是笛子的表现力非常强。不管你想表达什么样的思想感情,笛子都可以派上用场。

你表示不服?别激动,一大波唐代诗坛名宿和新秀正赶来为笛子站台。

首先上场的是"诗佛"王维。王维轻捻自己颌下的几茎胡须,慢条斯理地说:"刚才的'二李'我就不说了,我只说我自己。虽然在乐器中,我最爱的是作为隐士标配的古琴,但这并不妨碍我在诗中用笛声替在边塞服役的老兵们表达思乡之情。"说罢,王维清了清嗓子吟道:

> 陇头明月迥临关,陇上行人夜吹笛。
> 关西老将不胜愁,驻马听之双泪流。

王维吟诵结束,与王维关系甚密的李颀热烈鼓掌后,一脸神秘地笑着说,这个,其实他也会:

> 军书发上郡,春色度河阳。
> 袅袅汉宫柳,青青胡地桑。
> 琵琶出塞曲,横笛断君肠。

意思是，军书急迫啊，发至上郡；春色青青啊，越过中州河阳。长安宫中的柳条啊，已经婀娜多姿；塞北地区的桑条啊，依然颜色青青。琵琶呜咽，弹出令人泪垂的出塞曲；横笛声声，奏出令人伤心的断肠音。

"你看，我不但有笛子，还有琵琶。"

这时，不知什么时候已经站立一旁的韦庄微微一笑说："两位说完了？下面该我了。你们大概都以为我只会填词吧？其实我也会写诗，我还会在诗中用笛声感时伤世呢！"没等两位回应，韦庄便迫不及待吟诵起来：

> 满庭松桂雨余天，宋玉秋声韵蜀弦。
> 乌兔不知多事世，星辰长似太平年。
> 谁家一笛吹残暑，何处双砧捣暮烟。
> 欲把伤心问明月，素娥无语泪娟娟。

是的，虽然韦庄在诗中并没有说明自己因何而伤感，但句句都透着一种无言的、难以消解的惆怅之意。尤其是诗中的笛声，无人知晓它到底从何而来，但它却让听者心中更添一种迷惘和伤感。

接着走上来的是赵嘏，他说他可以用笛声悲秋。赵嘏说：

> 云物凄凉拂曙流，汉家宫阙动高秋。
> 残星几点雁横塞，长笛一声人倚楼。

"现在知道人们为什么叫我'赵倚楼'了吧？"吟罢上面两句诗，赵嘏满脸得意之色。

"我也会！"写过"采得百花成蜜后，为谁辛苦为谁甜"名句的罗隐，听罢赵嘏的诗句紧跟着吟道：

> 偶因雁足思闲事，拟棹孤舟访旧游。
> 风急几闻江上笛，月高谁共酒家楼。

"换个话题，换个话题！"当过苏州刺史，人称"韦苏州"的韦应物大声嚷嚷道，说他可以用笛声来送别：

> 远听江上笛，临觞一送君。
> 还愁独宿夜，更向郡斋闻。

"我也送。"一脸倦容的杜甫哑着嗓子说：

> 泪逐劝杯下，愁连吹笛生。

"我还送。"因为在进士考试中写出"曲终人不见，江上数峰青"这样的神句，因而名声大噪的钱起跟着说：

> 横笛声转悲，羽觞酣欲别。

"写个笛子搞得心情这么沉重。看我的，我来个轻松的。"曾经受过李商隐表扬的年轻诗人韩偓小声嘀咕。

"年轻人，你说啥？"钱起表示没听清，问韩偓。

韩偓挺了挺胸脯，大声说："前辈好！我可以用笛子做素材，写点轻松的内容。"于是他吟道：

> 沙头有庙青林合，驿步无人白鸟飞。
> 牧笛自由随草远，渔歌得意扣舷归。

"嗯，不错，牧笛、渔歌都出来了，果然够轻松、够闲适！"钱起点点头。

"我也来几句吧！"看到钱起点头，来自江西的才子廖匡图说：

> 草接寺桥牛笛近，日衔村树鸟行分。
> 每来共忆曾游处，万壑泉声绝顶闻。

"这都不算啥，我还可以用笛声写女子呢！"曾是杭州第一位状元的施肩吾说。

"快说快说！"一听说有人还可以用笛声写女子，众人都来了兴致，一起催施状元。

见众人胃口被吊起来了，施肩吾这才不紧不慢、一字一句地吟道：

> 皎洁西楼月未斜，笛声寥亮入东家。
> 却令灯下裁衣妇，误剪同心一半花。

这首诗说的是，一个有着美丽月色的夜晚，一位安静漂亮的女子正在柔和温馨的灯光下，专心致志地裁剪着同心花。

这时，一阵嘹亮的笛声传来，让女子不由自主地停下手中的活计。女子觉得，这笛声中有一种很熟悉的感觉。对，笛声中有那个人憨憨的笑脸，有两个人在一起度过的那些美好时光。女子的脸上不由得浮出浅浅的笑容。

"果然好美，好浪漫哦！"众人拍手赞道。

说了这么多，大家可能还是有点不满足。刚才这些和笛子有关的诗是不错，但都偏于阴柔、偏于纤弱。能不能来点豪迈洒脱的呢？

比如表现渴望建功立业的豪情和英雄气概的？

当然能！

照例，这类诗应该去盛唐找，去边塞诗里找：

> 上将拥旄西出征，平明吹笛大军行。
> 四边伐鼓雪海涌，三军大呼阴山动。

晨光初露，笛声中，上将手持符节，率兵西征。战鼓四起，犹如雪海浪涌。三军的呐喊声，让阴山也发出共鸣。

岑参这首《轮台歌奉送封大夫出师西征》中写到的笛声，应该不会让你失望吧？

好了，到这里，看到有这么多大诗人为我喜欢的笛子代言，我也就放心了。读着这些诗句，你是否也如我一样，耳边响起一阵阵从遥远的唐朝穿越而来的笛声呢？这笛声虽然遥远，却依然新鲜，直达人心。

《逢入京使》
给家人捎口信的正确姿势

逢入京使

［唐］岑参

故园东望路漫漫，双袖龙钟泪不干。

马上相逢无纸笔，凭君传语报平安。

我读小学时，家父在老家一所高中教书，兼一个班的班主任。那时的学校有一个优良传统，就是给每个班主任订一份《中国青年报》。我喜欢读《中国青年报》，尤其喜欢一个叫作"一诗一画"的专栏，就是一首古诗旁配着一幅根据古诗内容作的画。

以我当时的欣赏水平看，这些诗选得好，画配得也好。这些配画以白描手法画成，线条简洁准确，刻画的人物和事物都十分生动传神。诗画相得益彰，给人以极大的美的享受，令人印象深刻。

记得给这些诗配画的画家名叫杨兆三，我当时特别崇拜他。

这些配画诗里，我印象很深的有两首，一首是唐代张旭的《桃花溪》：

隐隐飞桥隔野烟，石矶西畔问渔船。

桃花尽日随流水，洞在清溪何处边。

　　另外一首便是今天要说的岑参的《逢入京使》。

　　之所以对这两首诗印象特别深，大概因为一是这两首诗浅显易懂，二是它们的画面感特别强，因而画家并不需要特别的想象和发挥就可以作画。

　　又因为这层关系，所以当我在初中语文教材里看到《逢入京使》这首诗时，心里感到特别亲切，有一种老友重逢的感觉。

　　上面说了，《逢入京使》这首诗很好懂。这首诗写的是岑参在行军途中恰好遇见从边地返回京城的使者时的情景。具体说就是唐天宝八年（749年），岑参第一次远赴西戎，充任安西节度使高仙芝的幕府书记时，在途中发生的事情。

　　虽然在天宝三年（744年），岑参就以第二名的优异成绩考上了进士，但没有什么背景的他，也仅仅是被朝廷授予兵曹参军这样一个芝麻绿豆大的小官。这让本来雄心勃勃的岑参感到一阵透心凉——说好的出将入相，说好的光宗耀祖呢？

　　此后几年，虽然岑参一直待在长安，也买了房安了家，但仕途却一直没什么起色，所以他酒也懒得喝，诗也懒得写，基本处于一种半颓废的状态。时间长了，原来的那些老朋友也渐渐失去了联系，我们是凭着他写给颜真卿的一首《胡笳歌送颜真卿使赴河陇》才知道，原来这几年他什么地方都没去，就待在长安。

　　俗话说得好，树挪死，人挪活。要不换个地方待一下吧？岑参想。当知道有一个熟人高仙芝在安西任节度使时，岑参觉得这也许是一个改变命运的机会，于是主动向皇帝请缨，要求去高仙芝幕府当他的秘书。高仙芝当然热烈欢迎岑参这个唐朝著名笔杆子加盟自己的团队——俗话说：做得好，不如写得好。以后自己在边疆干得怎么样，就靠岑参手中的那支笔了。

说去就去，岑参连夜收拾好行李，第二天一大早就告别家人出发了。

"故园东望路漫漫，双袖龙钟泪不干。"也不知走了多少天，走了多远，只知道沿途的景物越来越荒凉。走到最后，连绿色也看不到了，向东望去，只剩下一片漫漫黄沙。这时的岑参开始无可救药地想家了，想家里的老婆孩子，想门前的那棵古柳和院角的那丛菊花。于是，他一个大男人竟然流下了眼泪，而且这眼泪的闸门一旦打开，就再也关不住了，以至于稀里哗啦流下来的泪水把两只衣袖都打湿了。

"马上相逢无纸笔，凭君传语报平安。"就在岑参痛痛快快流泪的时候，前面来了一队人马。岑参赶忙收住眼泪，定睛一看，领头的那匹马上居然还是一个老熟人，人家正赶着从边疆回京城述职呢！

岑参想，巧了，正好让他帮忙给家里带个信！他下意识地想去掏纸和笔，但马上便哑然失笑——这可不比自己在长安的家里，行军途中哪来的纸笔呢？

算了，信写不成，那就让他给捎个口信吧！但岑参又一次犯难了：说点什么好呢？说自己非常非常想家？说自己这一路跋涉，体重已由原来的近两百斤瘦得不到一百斤了？

不行，如果真这样说，家里那个本就娇滴滴的小娘子还不知道担心成什么样，不得哭得花容失色啊！

关键时刻，岑参尽显大唐好男人的本色，打定主意后，他是这样跟那个即将进京的熟人说的：

"你就跟我家娘子说，我一切都好——吃得好，睡得香，面色红润，身体棒棒的。你见到我时，我正吃着火锅唱着歌，快乐着呢！让她放心吧！"

嗯，如何正确地给家人捎口信，也是一门学问啊！

有人说，这首诗一方面有对故园相思眷恋的柔情，另一方面也表现了诗人开阔豪迈的胸襟。依我说，这首诗的好处，恰恰就在于"细入毫芒，得人心事"，而不去"硬充好汉，作大语"。简而言之就是：说人话，说正常人的话。

这正是岑参的边塞诗能长久流传的重要原因。

《晚春》
一个文坛大佬的春天情结

晚春

[唐]韩愈

草树知春不久归，百般红紫斗芳菲。

杨花榆荚无才思，惟解漫天作雪飞。

唐朝第三届全国作家代表大会正在首都长安举行。

会议最后一天，议程是选举新一届作协主席，文坛大佬韩愈毫无悬念地以全票当选（前两届主席分别是李白和杜甫）。

新当选的韩主席在随后的讲话中，就文学创作谈了两点意见，后人把它称为"韩两点"。韩主席的话说得很谦虚："啊！我说得也不一定对。啊！这仅是兄弟我个人在文学创作中的一点浅见，说出来供大家参考，不对的地方，还请大家批评指正！"

下面就是"韩两点"的具体内容。

一，为陈言之务去。也就是说，我们写文章也好，写诗也好，一定不能用陈词滥调。

二，能自树立。意思是，我们搞文学创作，一定要有自己独创的风格。

韩主席讲完，大家热烈鼓掌，许多人巴掌都拍红了。应该说，韩主席的讲话确实有水平，高屋建瓴。对于文艺创作来说，"韩两点"的确具有极强的指导意义。

尽管大会开得很成功，但散会之后还是出现了不和谐的声音。在长安城一个小酒馆里，有两个诗人边喝酒边说一些不利于团结的话。

诗人甲说："他韩某人说得好听，可是他自己写的诗有一首是符合这两条标准的吗？别的不说，单看这首《南山诗》：

> 延延离又属，夬夬叛还遘。
> 喁喁鱼闯萍，落落月经宿。
> 闿闿树墙垣，巘巘驾库厩。
> 参参削剑戟，焕焕衔莹琇。
> 敷敷花披萼，闟闟屋摧霤。
> 悠悠舒而安，兀兀狂以狃。
> 超超出犹奔，蠢蠢骇不懋。

"你看看这上面的十四句诗，每一句都是用叠声词起句，看起来似乎很厉害的样子，但实际上完全是哗众取宠！他就是想通过这种标新立异的方式来吸引大家的眼球嘛！而且，这里面的许多字，也就你我多少算个读书人，才能认得下来，其他人认得是什么字吗？字都不让人认识，还算什么好诗！"

"就是就是！"诗人乙喷着酒气，红着眼睛说，"而且，他还有一个臭毛病：写诗就好好写诗吧，他偏不，最喜欢在诗中加入大量的叙事和议论。这样一来，诗还叫诗吗？真是不讲规矩！"

两人发完牢骚后，互相搀扶着，迈着歪歪斜斜的步子离开了酒馆。

刚才两个小诗人说得对不对呢？对，但也不全对。

说对，是因为韩愈确实喜欢在诗中用叠句和险句。他的诗语奇句怪，语硬韵险，看起来"语不惊人死不休"。但他也有为独创而独创的嫌疑——用力太猛，反而给人以一种不近人情的感觉。从这个角度说，他的诗歌创作离"韩两条"的确有距离。

说不对，是因为韩愈还有一些诗是真正符合这两条标准的，不知刚才那两个诗人是故意视而不见，还是真的没读过这些诗。

这里单说他写的三首与春天有关的诗：《春雪》《早春呈水部张十八员外（其一）》《晚春》。

春雪

新年都未有芳华，二月初惊见草芽。
白雪却嫌春色晚，故穿庭树作飞花。

早春呈水部张十八员外（其一）

天街小雨润如酥，草色遥看近却无。
最是一年春好处，绝胜烟柳满皇都。

晚春

草树知春不久归，百般红紫斗芳菲。
杨花榆荚无才思，惟解漫天作雪飞。

这三首诗，在韩愈的诗中算是例外。而且我发现，韩愈只要一遇到春天，思维的触角马上就变得敏感起来，他的诗歌语言也马上变得鲜活生动起来，他整个人的形象也立即变得不那么板滞，生动可爱起来。

"白雪却嫌春色晚，故穿庭树作飞花。"这两句简直是神来之笔，只有神之手才能写下这样神奇的诗句。这两句诗的意思是，白雪因为嫌春天来得太晚，于是按捺不住急切的心情，亲自出场，纷纷扬扬，穿树化作飞花，从而幻化出一片春色来。

"草色遥看近却无"，这样的诗句，不是有切身的体会，不是有独具的诗心，不是有高超的笔法，也是写不出来的。它早已成了写早春小草的绝唱了，前无古人，后无来者。

我们这里要讲的是其中的第三首诗：《晚春》。

这首诗也堪称奇诗一首。

先看诗中描写的奇景。"百般红紫斗芳菲"，百花争艳，万紫千红，繁花似锦。就如朱自清在《春》中所写，"红的像火，粉的像霞，白的像雪"，简直让人眼花缭乱。"惟解漫天作雪飞"，更有那漫天飞舞的杨花也来凑热闹，让人心生疑惑，到底是雪化作了杨花，还是杨花化作了雪。

仅仅是景奇也就罢了，让人拍案称奇的还有诗人的奇思。

"草树知春不久归"，你道花儿为什么都争先恐后地在那儿怒放吗？原来是因为它们知道春天快要走了，所以才尽情地绽放自己的美丽——春天一过，就没有机会了。还有那杨柳也一样，只不过它能拿得出来的只有如雪花一样漫天飞舞的杨花了。

明明是诗人自己舍不得春天离去，他却偏偏不明说，而是借拟人化了的草、树、杨花、榆荚来表达这种感情。

如果你能再细读一下，应该还能体会到诗中的一种奇趣。

本来草、树也好，杨花、榆荚也好，并没有什么高下之分，你管他是"百般红紫斗芳菲"，还是"惟解漫天作雪飞"，不都是晚春的美景吗？

诗人却偏偏不，他在那里挑拨是非呢！

他先是指着那些红红紫紫的花儿们说："依我说啊，还是你们这些能开出娇艳美丽的花儿来的树更可爱，百般红紫、争奇斗艳，这才是春天应有的景象嘛！"听了韩愈的话，花儿们心花怒放，绽放得更加热烈了。

转过脸，韩愈又对着杨花榆荚说："你说你们这些杨花和榆荚啊，你们来瞎凑什么热闹呢？你们又没有那些好看的花儿们的才思，只知道一味地白，一味地飞，没劲！"听得杨花榆荚们一脸茫然。

这时，我们仿佛能看到韩愈那紧绷着的脸下面，拼命憋住的笑。

看了以上韩愈写的关于春天的诗歌，我们可以这么说，韩愈身上确实有一种春天情结。至于他为什么会这样，恐怕就是一个永远解不开的谜了。

《登幽州台歌》
在一个小土台上吊古伤己

登幽州台歌

[唐]陈子昂

前不见古人，后不见来者。
念天地之悠悠，独怆然而涕下！

估计陈子昂在初中语文教材里也就只有这一次亮相机会，所以我们在这里不妨对他多说几句话。

关于陈子昂，他自己在以《感遇》为总题目的一组诗的第三十五首里，用几句诗给自己写了一个小传：

本为贵公子，平生实爱才。
感时思报国，拔剑起蒿莱。

从这几句诗中，我们至少可以知道以下两点。

第一，生在初唐的陈子昂，家底很是殷实，因为他说自己"本为贵公子"嘛。

陈子昂没有吹牛，他的父亲就是他家乡梓州射洪县的一个富豪，所以陈子昂是个不折不扣的富二代。他们家的富有，还可以从另外一个故事中得到印证。说是陈子昂曾经在长安城豪掷千金，买下了一把名琴，然后又当众把这把琴摔得粉碎。他这样做，居然只是为了给自己新写的一首诗打广告。

陈子昂，有钱就是任性。

别人家的孩子，只要家庭条件允许，从小就要参加各种兴趣班，学琴棋书画，然后参加各种比赛。陈子昂却完全不理会这一切，一味轻财好义，击剑行侠，就这样一直玩到十八岁。"年十八，尚未知书"，用现在的眼光看，陈子昂妥妥是一个不求上进的熊孩子。

直到有一次，陈子昂因为打架斗殴闹出人命，这才幡然悔悟。他跑到家乡附近的金华山上，闭门谢客，发奋读书，写文作诗。

第二，陈子昂的志向是"感时思报国，拔剑起蒿莱"，也就是投身国事，从军报国。所以从骨子里看，陈子昂根本就不是一个诗人，他压根就没想成为一个诗人。但造化就是这样弄人，陈子昂的才华太满了，于是才华开始横溢，他虽无意成为一个诗人，却一不小心就成了一代"文宗"。

而且，他这个"文宗"的封号绝对不是浪得虚名。

白居易曾把陈子昂跟杜甫相提并论，说"杜甫陈子昂，才名括天地"。当然，这样的评价也许稍微有点夸张，但陈子昂在唐代诗坛的地位由此可见一斑。

杜甫也对陈子昂赞不绝口："有才继骚雅，哲匠不比肩。公生扬马后，名与日月悬。……终古立忠义，感遇有遗编。"这是说陈子昂直接继承了《离骚》和《诗经·大雅》中的优秀风格和传统。

　　夸过陈子昂的大咖还有韩愈，他是这么说的："国朝盛文章，子昂始高蹈。"

　　韩愈的说法，很能说明陈子昂获得如此多尊敬的原因。

　　因为在唐朝初期，文坛上占主导地位的还是南朝时期的绮丽之风，所以当时的诗坛，宫廷俏艳之作非常多，甚至包括"初唐四杰"在内，都写了很多这样风格的诗。这不能不说是一种悲哀。

　　而陈子昂恰好就在这时横空出世，以一种卓然不群的姿态，一种雄健俊朗的诗风出现在大唐诗坛上，使得许多人的精神为之一振："哦，原来诗歌还可以这样写啊！"可以说，陈子昂开创了一种与以前那种绮丽浮艳的诗完全不同的风格。他的诗作大多"风骨峥嵘，寓意深远，苍劲有力"，所以韩愈才称赞他"国朝盛文章，子昂始高蹈"。

　　有了以上介绍，相信大家不会再小看这个在初中语文教材中只出现过一次的诗人了。

　　话说陈子昂"感时思报国"的雄心壮志在心里憋了几十年后，他终于有了一次跟随女皇武则天的侄子武攸宜出征的机会。

　　自古以来，不少文人都有一个共同特点，就是觉得自己有经天纬地的军事和治国之才。在和武攸宜出征的日子里，陈子昂觉得武攸宜这也不行，那也不对。他逮住武攸宜，今天一个"我以为"，明天一个"我觉得"，让武攸宜听得烦不胜烦。最后，武攸宜实在受不了，直接把陈子昂由管记贬为军曹——眼不见为净。

　　可以想见，这时的陈子昂心里是多么失落，多么不平！

　　就是在这样的状态下，陈子昂登上了中国历史上最有名气的小土台，写下了一首让他名垂千古的诗——《登幽州台歌》。这个小土台就是当年燕昭王所筑的黄金台，也就是诗歌题目里的"幽州台"。

先用白话把它翻译一下。

我站在幽州台上，往前，看不见那些曾经在这片土地上生活过的人，不管他是庸众还是伟人；往后，也看不见那些将要在这片土地上出现的人，哪怕他将会在这片土地上创立自己的文功武业。我能看到的，只是充满失落感的自己。

我站在幽州台上，感觉时空是如此广阔无边，而自己只是茫茫宇宙和历史长河中一个孤独、渺小又短暂的存在。此情此景，怎能不叫人怆然涕下！

是的，诗人在这时这地，突然一下彻悟了生命的本质。人就是这样，在失意彷徨时，往往更能悟透生命；在得意时，是没时间想这些的。

安史之乱后，流离失所、愁思满腹的杜甫在《登楼》中写到的"锦江春色来天地，玉垒浮云变古今"是这样；经历过乌台诗案，劫后余生被贬黄州的苏轼，在《赤壁赋》中写到的"寄蜉蝣于天地，渺沧海之一粟。哀吾生之须臾，羡长江之无穷"也是这样。

这几个人，在倒霉的时候，都一下成了哲学家。

是的，作为一个有独立生命意识的人，迟早都会遇到三个问题：我是谁？我从哪里来？我要向哪里去？而追问的结果，往往如陈子昂一样，"独怆然而涕下"。

如此，陈子昂的这几句诗才有了普遍的意义，才会在千百年来引起那么多人思想感情上的强烈共鸣。

《望岳》
杜甫年轻时的模样

望岳

[唐]杜甫

岱宗夫如何？齐鲁青未了。

造化钟神秀，阴阳割昏晓。

荡胸生曾云，决眦入归鸟。

会当凌绝顶，一览众山小。

老杜一生留下一千四百多首诗，可谓诗人中的"劳模"。读杜甫的诗，我们会发现他给我们留下了三副不同的面孔。

第一副面孔是忧国忧民的杜甫，这也是杜甫最为人所知，最为人津津乐道的一副面孔，都快成为他的标准像了。

"感时花溅泪，恨别鸟惊心。"

"朱门酒肉臭，路有冻死骨。"

"致君尧舜上，再使风俗淳。"

"安得广厦千万间，大庇天下寒士俱欢颜！"

诗里的杜甫头发稀疏，两鬓繁霜，满面愁苦之色。

第二副面孔是亲切可喜的杜甫，这副面孔许多人没有注意到。

就我个人而言，我最喜欢的就是他的这副面孔，因为忧国忧民的杜甫固然可敬可佩，但会让人觉得高不可攀，自惭形秽。读他那些忧国忧民的诗，你会觉得哪怕痛快笑一回都是罪过，让你憋得难受。

但这种亲切可喜的诗就不一样。读这类诗，你会发现杜甫忧国忧民也有忧累的时候，他心里除了装着国家大事，也有想家、想朋友的时候。

"昔别君未婚，儿女忽成行。怡然敬父执，问我来何方。"

"肯与邻翁相对饮，隔篱呼取尽馀杯。"

"黄四娘家花满蹊，千朵万朵压枝低。"

"老妻画纸为棋局，稚子敲针作钓钩。"

他的这些诗句，呈现的就是他的第二副面孔，亲切可喜，充满人间烟火气。

杜甫还有第三副面孔，这就是作为一名积极要求进步、奋发向上的好青年的面孔。

前面讲过，杜甫生在一个钟鸣鼎食之家，诗书簪缨之族。他的曾祖父、祖父和父亲都当过朝廷官员，祖父更是唐初知名诗人，是著名诗歌天团"文章四友"中的一员。

可以说，杜甫是含着金汤匙出生的，是带着强烈的修身齐家治国平天下的使命感出生的。

三十五岁以前，杜甫过的是一种优哉游哉的贵公子生活。不说别的，光是齐鲁，人家就游过两次！而且他不跟团，完全是自驾游！即使两次参加进士考试都没有考上，杜甫也没有显得多失意，反而

心中豪情不减——没考上就没考上，我正好借此出游去了，反正读万卷书和行万里路的效果是一样的，都能增加自己的阅历，都是在为以后治国平天下积累资本。

唐玄宗开元二十三年（735年），杜甫第一次到东都洛阳参加进士考试，结果落榜了。于是第二年，二十四岁的他开始了自己的第一次齐鲁游，这一游就是五年。之所以时间这么长，是因为杜甫的老爸就在山东兖州当司马，这使得杜甫的出游有着强有力的后勤物资保障。

就在这次出游途中，杜甫写下了今天要讲的这首《望岳》。

大凡有点想法的游历者，都不会放过泰山，不仅因为它是国家5A级景区，也因为它在中国一众名山中的地位太特殊了。泰山是五岳之首，历代帝王在打下江山后，都要不辞辛劳，亲自跑到泰山来封禅，以表明自己的皇权是上天授予的。

所以，杜甫游齐鲁，泰山是必到之地。

话说这天早晨起床后，杜甫继续向东走。就在杜甫停下脚步，准备稍微歇息一下时，他抬头一看，泰山居然已经远远地出现在眼前了。他立马被泰山的范围之广阔惊到了："岱宗夫如何？齐鲁青未了。"泰山太大、太长了！它绵延几百里，横亘在齐鲁大地上，是一个谁也无法忽视的巨大存在。

来到泰山脚下，杜甫抬头再看，这时一道奇观出现了："阴阳割昏晓。"在太阳的映照下，以泰山山脊为界，就像有一把锋利的刀，从中间那么一割，把山南山北一分为二。山南一片光明灿烂，山北则一片幽深昏暗，南北明暗对比分明。眼前的奇景让杜甫不由深深叹服"造化钟神秀"：这老天真是偏心眼啊！居然把几乎所有的神奇和秀丽都聚于泰山一身，不给其他山留一点点。

沿着屈曲盘旋的山路继续往上走，终于到了半山腰。杜甫喘着粗气，停下来稍事休息。这时，但见山中云气缭绕，杜甫的心胸也为之一荡。一群鸟儿扑棱着翅膀从杜甫身边飞过，杜甫赶紧睁大眼睛捕捉它们的身影。眼见鸟儿越飞越远，越飞越高，他的眼睛也越睁越大，想看得更清楚一点，以至眼眶像要裂开似的。可是没用，鸟儿的身影渐渐消失在大山深处。

带着一点遗憾和惆怅，杜甫收回追逐鸟儿身影的眼光，接着向泰山极顶望去，顿时生出一股豪情来："会当凌绝顶，一览众山小。"杜甫心想，一定要登上泰山顶峰，俯瞰群山。到那时就会发现，其他山和泰山比起来，是那么地矮小。

一时间，杜甫被自己的想法激得满脸通红，一颗心在胸腔里有力地跳着。他仿佛看到在不远的将来，自己站在朝堂之上，面对皇帝和群臣滔滔不绝，发表着自己的治国良策。在皇帝和群臣纷纷点头表示赞许之时，他不但登上了泰山之巅，也登上了自己人生的顶峰。

后来的事情大家都知道了，因为各种各样的原因，杜甫一直到死都没有获得辅佐皇帝治国的机会，他当过最大的官叫左拾遗。什么意思呢？就是日常给皇帝提个醒，看有没有什么事忘记了。当了左拾遗的杜甫，对皇帝来说，作用就相当于现在手机里的记事本功能。

但是，知道了故事结尾的我们，从不会去嘲笑写《望岳》时的青年杜甫。谁没有年轻过呢？谁没有满腔热血、豪情万丈的时候呢？

杜甫年轻时积极向上的模样，很可爱。

《登飞来峰》
早在登飞来峰时，一切已有预兆

登飞来峰

［宋］王安石

飞来山上千寻塔，闻说鸡鸣见日升。
不畏浮云遮望眼，自缘身在最高层。

王安石位居"唐宋八大家"之列，可见他在文学史上地位之崇高。但就气质而言，他其实更接近于一个政治家，而不是文学家。他的志趣也不在诗文创作上，而在政治上。

王安石是那种有胆有识、心胸坦荡、雷厉风行的政治家。

他这种铁腕政治家的气质，在诗文创作上就表现出一种雄健峭拔、遒劲清新的风格。

中国古代的绝大多数文人，一生的志向就是参与政治，学而优则仕嘛！他们觉得，只有在参与政治的过程中，才能体现自己的人生价值。但偏偏大多数文人没有这样的机会，所以他们留下来的很多诗文，表达的都是一种生不逢时的抑郁不满之情。

　　王安石是文人中的幸运儿，他的幸运之处体现在：

　　一，他的才华与能力配得上他的志向。王安石天资聪慧，酷爱读书，能过目不忘，下笔成文，二十一岁（庆历二年，1042 年）时就以第四名的好成绩考中进士。

　　二，他碰上了好时候。他想干事、能干事时，恰好遇到了刚登基的皇帝宋神宗。年轻的皇帝上台后急欲通过一系列变革，来摆脱宋王朝面临的政治、经济等方面的危机，从而证明自己的能力，关键是当他需要一个人来帮他实现这个计划时，他遇到了在各个方面已经过历练、变得非常成熟的王安石。

　　下面来看今天要讲的王安石《登飞来峰》这首诗。

　　宋仁宗皇祐二年（1050 年）夏天，离神宗即位还有十七年，离王安石正式登上权力顶峰和神宗一起开启变法大业还有十九年。这时的王安石还不到三十岁，正是"指点江山，激扬文字，粪土当年万户侯"的时候。

　　刚刚在浙江鄞县知县任上小试了一把牛刀的王安石，任期结束，准备途经绍兴（一说杭州）回到江西临川老家。绍兴是历史文化名城，王安石当然要在这里逗留一下。

　　且说绍兴城外有座山，叫飞来峰。飞来峰上有座塔，据说高达千寻。有此好山好塔，怎能不登？意气风发的王安石一口气登上"飞来峰上千寻塔"的最高层，看着眼前一望无垠的景象，豪情满怀，诗兴大发，于是写下《登飞来峰》这首诗。

　　这首诗延续了刚才所说王安石诗文的雄健峭拔、遒劲清新的风格，所以意思并不难懂。

　　说是飞来峰顶有一座高耸入云的塔，登上这座塔，在鸡鸣时分就可以望见旭日东升。之所以不担心层层浮云遮挡住我的视线，只因为我身在塔的最高层。

一般来说，宋诗的特点是体现出议论化、散文化倾向，所谓"以文为诗"是也。所以，宋诗讲究理趣。所谓理趣，就是在诗歌形象中寄寓人生哲理。王安石是宋朝人，所以他的这首诗在这方面也不例外，尤其是诗的三、四句，说了一个大家都明白的道理：站得高才能望得远。

这样看来，这首诗也没有什么出奇之处。

但是，我们都被王安石骗了。这首诗的真相是，表面上王安石是在依循宋诗的传统写景说理，实际上却是在抒情。诗的三、四句在说理的表象下，包裹的是诗人怎么也掩饰不住的雄心壮志。

据吴小如教授考证，"不畏浮云遮望眼"一句中的"浮云"，其实是用来比喻奸邪小人。也就是说，王安石要表达的是："我王安石之所以不会被奸邪小人扰乱眼目，是因为我有高瞻远瞩的气概啊！"在那个时候，王安石仿佛已经预知，他的改革大计一定会遭到很多人强有力的反对。虽然从后来的情况来看，这些反对者未必都是奸邪小人，比如司马光和苏轼等，他们之所以反对变法，更多的是因为政见不同。但有什么呢，虽千万人吾往矣！

所以，诗的三、四句，可以看作王安石在借登飞来峰一抒胸臆，表达自己的壮阔情怀；这首《登飞来峰》，可以看作王安石为自己后来施行的变法运动吹起的前奏曲。也就是说，早在王安石登飞来峰时，变法这件事就已经在酝酿中了。

嘉祐三年（1058年），王安石利用进京述职的机会，写了一篇长达万言的《上仁宗皇帝言事书》，系统地提出了自己的变法主张。

没有任何悬念，宋仁宗拒绝了王安石的建言，因为那时的宋朝，危机还不是很明显。

及至仁宗驾崩，继任者英宗在他在位的短暂四年（1063年—1067年）间，曾多次征召王安石赴京任职，但王安石都以服母丧和自己身体不适为理由拒绝了，他在等一个最恰当的时机。

这个时机被王安石等到了。

治平四年（1067年），宋神宗即位，起用王安石为江宁知府，旋即诏为翰林学士兼侍讲。

熙宁元年（1068年）四月，神宗召见王安石，要求其尽心辅佐自己完成变法大业。

熙宁二年（1069年），神宗任命王安石为参知政事，跻身执政之列。

熙宁三年（1070年），王安石任同中书门下平章事，位同宰相。由此，王安石当仁不让地开启了他规模宏大的变法大业，进入他人生的高光时刻，一颗耀眼的政治明星在大宋天空冉冉升起。

得益于王安石的新法，大宋的国力得以迅速强盛，国库里的粮食一度多得装不下。

《游山西村》
做一个山翁又何妨

游山西村

[宋]陆游

莫笑农家腊酒浑，丰年留客足鸡豚。

山重水复疑无路，柳暗花明又一村。

箫鼓追随春社近，衣冠简朴古风存。

从今若许闲乘月，拄杖无时夜叩门。

先让我们来做一道抢答题。

问，谁是中国古代留下诗歌最多的人？

陆游？

恭喜你，答对了！

陆游一生留下近万首诗，算起来，他平均不到三天就写出一首诗。

有人说，不对，写诗最多的是清朝的乾隆皇帝。据说乾隆一生写诗超过十万首，远超陆游。

且不说乾隆的这些诗中有多少是下面的大臣代笔的——皇上让你帮他写一首诗，你敢不写吗？虽然你没有署名权——就算其中有些诗真是乾隆自己写的，也有很多称不上是真正意义上的诗。所以中国古代留下诗歌最多的人，应该还是陆游。

陆游活到了八十五岁，临死的时候还留下一首著名的《示儿》。

可见，一个诗人要想高产，至少需要具备两个条件。

一是足够长寿。我们知道，"诗仙"李白活了六十一岁，"诗圣"杜甫只活了五十八岁，他们在创作生命正旺盛时，就被死神召唤去了。不过，在那个时代，李白和杜甫已经算高寿了，因为王勃才活了二十六岁，李贺也只活了二十七岁。这样一来，任你再有才，如果活得不够长，写出来的诗歌数量也不会太多。

二是足够勤奋。这个就不用多说了吧？一个每天睡到自然醒的人，是不可能创作出很多诗作来的。

陆游从十二岁开始作诗，几乎用诗歌记录自己的全部生活，一直坚持到临死时，可谓勤奋。

得意时作诗，失意时也作诗；用诗歌来表达自己的抗金之志，用诗歌来勾画自己治国理政的蓝图。诗歌中有他慷慨激昂的报国热情，也有他壮志未酬的悲愤；有他闲居乡间的闲情逸趣，也有与前妻分离时的伤心泣血。诗歌真正成了陆游生活中不可或缺的一部分：生活即诗歌，诗歌即生活。

今天要讲的《游山西村》，是陆游在宋孝宗乾道三年（1167 年）写下的一首诗。

写这首诗时的陆游，正被罢官闲居在家。

这次被罢官之前，陆游任的是隆兴府（今江西南昌）通判。被罢官是因为在隆兴二年（1164年）时，陆游积极支持抗金将帅张浚的北伐主张。符离之战失败后，陆游遭到朝中主和投降派的排挤打击，以"交结台谏，鼓唱是非，力说张浚用兵"的罪名，被从隆兴府通判任上罢免，回到老家山阴。

好在陆游一生中被罢官的次数多了去，他早就习惯了。回到家乡的陆游，虽然也郁闷了一小段时间，但他马上就释然了，然后迅速调整状态，全身心投入美丽的乡村建设中去了。

难怪人家能活到八十五岁，心态好嘛！

下面我们且跟随陆游的《游山西村》，来一次快乐的"乡村一日游"。

"莫笑农家腊酒浑"，是的，我们农家腊月里酿的酒是有一点浑浊，可我们的酒是纯天然无污染的米酒啊，绝不含任何添加剂，其味道之甘醇，绝不是那种勾兑而成的假酒所能比的。

"丰年留客足鸡豚"，今年又是一个丰收年，酒席上猪肉鸡肉管够，尽管放开肚皮吃！

"山重水复疑无路，柳暗花明又一村。"吃饱了，喝足了，且往邻村一游。行走在山间小路上，耳边是河水汩汩流淌的声音，鼻尖是草木散发出的浓郁香气，隐没在草木间的蜿蜒山路渐渐变得难以辨认。迈着歪歪斜斜的步伐，微醺状态的陆游以为路已走到尽头，正在犯迷糊的当儿，穿过几树柳枝，忽觉眼前一亮。只见前面闪出一丛开得正艳的花，跟着花同时出现的，还有几间茅舍。

继续往前走。

"箫鼓追随春社近，衣冠简朴古风存。"伴随着时断时续的箫声和咚咚的鼓声，一群打扮朴素的村民从小路那边迎面走来。陆游猛然想起，原来是春社日已近，村民们正在排练节目呢！

有人说，陆游就算再豁达，平白无故被罢归故里的愤愤不平和不甘总还是有的。所以诗中才有"山重水复疑无路，柳暗花明又一村"一联，这说的分明是——我虽然现在暂时处于好像看不到出路的困境，但再坚持一段时间，说不定就会迎来"柳暗花明又一村"的佳境。

也有人说，这句诗富有宋诗特有的理趣，我们很容易联想到，人们在探讨学问、研究问题时，往往会有这样的情况：山回路转、扑朔迷离，出路何在？于是顿生茫茫之感。但是如果锲而不舍，继续前行，眼前忽然出现一线亮光，再往前行便豁然开朗，发现了一个前所未见的新天地。

上面这些说法有道理没？当然有。

但我要说的是，也许诗人真的只是写了自己当时的所见所闻，只是写了自己心里忽然之间出现的那么一丝恍惚和欣喜呢？

"从今若许闲乘月，拄杖无时夜叩门。"面对如此好山好水，我只愿从今以后，能不时乘着月色，拄着拐杖，随意敲开村里任何一家的柴门，然后进去与老农就着一壶粗茶，尽兴地谈上半宿。

人生如此，夫复何求！

今夜，就做一个纯粹的山翁吧！

《己亥杂诗》（其五）
写给即将逝去的朝代的挽歌

己亥杂诗（其五）

[清] 龚自珍

浩荡离愁白日斜，吟鞭东指即天涯。

落红不是无情物，化作春泥更护花。

一般来说，每个王朝的末世总会有一些先知先觉的人出现，比如明末的黄宗羲、顾炎武、王夫之，清末的龚自珍、康有为等。

龚自珍非常清醒地看到，清王朝已经进入"衰世"，就像西边的太阳一样，快要落山了。所以他想通过自己的诗作和著述来惊醒世人的沉梦，呼唤改革，以挽救清王朝。梁启超说龚自珍："举国方沉酣太平，而彼辈若不胜其忧危，恒相与指天画地，规天下大计。"然而这并没有什么用，因为俗话说得好，你永远也叫不醒一个装睡的人，大清朝的统治集团就是那个装睡的人！

这样一来，龚自珍就不可避免地陷入痛苦了。

尽管龚自珍天纵奇才，少有大志，但仕途一直不怎么顺，一直到道光九年（1829 年）才终于考中进士。

在殿试对策中，他学宋朝王安石"上仁宗皇帝言事书"，将"高考作文"写成一篇《御试安边绥远疏》。在文中，他议论平定准噶尔叛乱后的善后治理，从施政、用人、治水、治边等方面提出改革主张。"胪举时事，洒洒千余言，直陈无隐，阅卷诸公皆大惊"，他的大胆言论把阅卷的考官吓到了。

从质量来看，这篇作文本来应该是一篇满分作文，但当时的考官曹振镛是个有名的"多磕头、少说话"的官场老滑头，遇事不作为或者少作为，尽最大可能减少犯错机会。他以龚自珍的作文"楷法不中程"，也就是作文的字迹很潦草、不美观这样一个荒唐的理由，将龚自珍的作文置于三甲第十九名，导致龚自珍没机会入翰林，只当了一个内阁中书的闲差。

有才又不被重用的人，牢骚当然比较多。

终于，在道光十九年（1839 年）春天，龚自珍因为不断写作政治不正确的文章，遭到当权派的排挤和打击。更重要的是，他还得罪了他的直接领导，所以龚自珍决定，辞官不干了。

孰料这一辞职，倒辞出龚自珍诗歌创作生涯的一个高潮，我觉得这跟俄国文学巨匠普希金的"波尔金诺之秋"有点类似。

1830 年秋天，因求婚成功而喜悦万分的普希金赴波尔金诺办理财产过户手续，不料该地暴发霍乱，他不得不在当地滞留三个月。尽管诗人正常的行程被打乱，但他却在金色的秋天文思泉涌，创作出《别尔金小说集》，完成了《叶甫盖尼·奥涅金》以及一系列长诗和戏剧。

1833 年秋天，普希金又来到波尔金诺。美好的秋日再次令他妙笔生花，在一个半月的时间内，他创作了包括小说、诗歌在内的大量作品。"波尔金诺之秋"也就此成为作家创作丰收时节的代名词。

我们回头来讲龚自珍。

龚自珍于道光十九年四月二十三（1839 年 6 月 4 日）离京，九月又自杭州北上接还眷属。两次往返途中，龚自珍一共写下了三百一十五首以《己亥杂诗》为名的诗，占龚自珍留存下来的八百多首诗作中的一小半。

这组《己亥杂诗》中，有两首诗较为大家所知，一首是小学语文教材中已经出现过的《己亥杂诗》（其一百二十五）：

> 九州生气恃风雷，万马齐喑究可哀。
> 我劝天公重抖擞，不拘一格降人材。

另一首就是今天要跟大家讲的《己亥杂诗》（其五）。

"浩荡离愁白日斜，吟鞭东指即天涯。"浩浩荡荡的离愁别绪啊，随着西斜的落日向远处延伸。离开了北京，马鞭向东一挥，感觉人仿佛已经在天边一般。

"落红不是无情物，化作春泥更护花。"我辞官归乡，就像那从枝头掉下的落花，但它却并不是无情之物，即使化入春天的泥土，也还能起着培育下一代的作用。

诗的前两句写出了诗人矛盾的心理：他毕竟在这里工作生活了几十年，而且许多可以交心的朋友还都留在这里，因此，对京城，龚自珍心里还是有点不舍的；另一方面，一想到马上就可以逃离如樊笼一样的官场，诗人的心情又是愉快的。

诗人就是这么忧伤着，不舍着，同时又快乐着，一路纠结不已，所谓"既有白日西斜，又有广阔天涯"是也。

诗的后两句，诗人更是把自己比作落花，表明自己的心志。这既是对亲朋故友的交代，也是对自己内心的交代：我虽然脱离了官场，但是你们放心，我仍然关心着国家的命运。如果国家有需要，只要一声召唤，我立马就会贡献出自己的一切，包括生命，保证眼都不带眨一下的。

在中国，爱国之情是最易激起人们共鸣的一种感情，因此这两句诗也就成了传世名句，经常被人们在自己的文章或演讲中引用。

可惜，离开京城后不久的道光二十一年（1841年）九月，龚自珍突患急病，暴卒于江苏丹阳。他那"化作春泥更护花"的愿望终究成空，而大清也在他死后，没有任何悬念地，一步步走向灭亡。

如今看来，龚自珍的《己亥杂诗》组诗，更像是他写给即将逝去的大清朝的一曲挽歌。

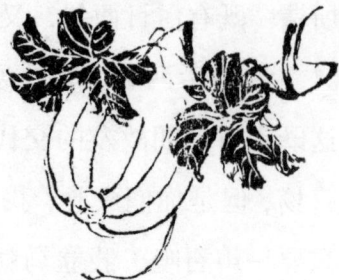

《泊秦淮》
我骂的是谁，其实你们都懂的

泊秦淮

〔唐〕杜牧

烟笼寒水月笼沙，夜泊秦淮近酒家。

商女不知亡国恨，隔江犹唱后庭花。

有人不怕麻烦，弄了一个有关唐诗的排行榜。说是唐代诗人中，在七言绝句创作上，排前三名的分别是：李白、王昌龄、杜牧。

对于前两位，相信大家都没什么异议，毕竟李白和王昌龄，一位被称为"诗仙"，一位则号称"七绝圣手"，名气太大了。

但对于杜牧能排到第三，大家都说确实没想到。

不过，只要你静下心来想一想就会发现，杜牧排在第三，还真不是故意拔高他。我们日常生活中随口那么一说的很多诗句，说不定就是出自杜牧的七绝。下面我举一些例子。

"一骑红尘妃子笑，无人知是荔枝来。"

"二十四桥明月夜，玉人何处教吹箫。"

"十年一觉扬州梦，赢得青楼薄幸名。"

"停车坐爱枫林晚，霜叶红于二月花。"

"江东子弟多才俊，卷土重来未可知。"

"清明时节雨纷纷，路上行人欲断魂。"

不错，这些你经常听说，或者在不知不觉中熟练运用的诗句，都出自杜牧的七言绝句。

说起来，杜牧也算是名门之后，他曾写诗说自己："旧第开朱门，长安城中央。第中无一物，万卷书满堂。家集二百编，上下驰皇王。"

客观地说，杜牧在这里并没有吹牛，他的祖上不但在都城有房产，而且他的远祖杜预还是西晋著名政治家和学者。杜牧的曾祖父杜希望是唐玄宗时的边塞名将，同时还是个文学爱好者；祖父杜佑是中唐著名政治家、史学家，先后当过德宗、顺宗、宪宗三朝的宰相，一生好学，博古通今，著有《通典》二百卷；父亲杜从郁也曾官至驾部员外郎，可惜很早就去世了。

杜牧祖上虽然出了这么多名人，但加起来都没有杜牧一个人名气大，他可是给杜家祖宗们大大长脸了。

杜牧和李商隐同为晚唐诗人，又都喜欢作近体诗，所以人们把他们俩放在一起，合称为"小李杜"，以与"大李杜"李白、杜甫区分。

李商隐比杜牧小十岁，他很敬重杜牧的才华，曾写诗夸杜牧："高楼风雨感斯文，短翼差池不及群。刻意伤春复伤别，人间惟有杜司勋。"这里的杜司勋就是指杜牧，因为他曾当过司勋员外郎，所以人们就用他的姓加上官名来称呼他。

杜牧为人正直，非常有气节，立朝刚正。和其他不少诗人一样，杜牧喜欢谈兵论武，觉得自己在这方面一定会有所作为。哦，对了，他还写过一篇名噪一时的赋文，名叫《阿房宫赋》，总结历史经验，很有洞察力。

杜牧虽然有才华，但官方一直没有给他提供机会让他一展宏图，以致他一生大部分时间处于怀才不遇、报国无门，从而牢落不羁的状态。不过，这反而成就了他不凡的诗作。

其实，我觉得，就杜牧的气质而言，他还是当一个诗人更合适，没有当上更大的官，对他来说未尝不是一件好事。如果他仕途顺利的话，说不定唐朝历史上只是多了一个庸吏，却因此少了一个杰出的诗人。

杜牧是个多面手，律诗绝句俱佳，而且还写过长篇叙事诗《感怀诗》，但他最擅长、为他赢得最大声誉的还是他的七言绝句。

在七言绝句中，他或体味世俗，或伤春悲秋，或感慨历史，无往而不胜。下面就来跟大家讲一下杜牧的这首《泊秦淮》，它是杜牧的七绝代表作之一。

诗题里的秦淮河，位于六朝古都金陵。这是一条有故事的著名河流，它的两岸历来是达官贵人们享乐游宴的场所，所以"秦淮"也渐渐成为奢靡生活的代名词了。想当年我第一次游秦淮河时，看着五颜六色的灯光映照下的秦淮河水，老是觉得河水里荡漾着一层厚厚的浓腻脂粉呢。

那么杜牧当初泊船在这里，他又看到了什么，听到了什么呢？

先说看到的。

"烟笼寒水月笼沙，夜泊秦淮近酒家。"这两句诗其实是倒装关系，"烟笼寒水月笼沙"是杜牧"夜泊秦淮近酒家"时看到的景象，所以正常的句序应该是"夜泊"一句在前，"烟笼"一句在后。

话说傍晚时分，杜牧乘坐的船停泊在秦淮河靠近岸上酒家的地方，他看到被月色和轻烟笼罩的寒水和白沙。

这样的倒装句式自有它的好处，它一上来就把极具特色的环境、气氛展示在读者面前，有一种先声夺人的效果。"烟"和"水"是青的，"月"和"沙"是白的，是不是有一股苍凉之气扑面而来的感觉？让人一下子就和作者一同沉浸其中了。

再说听到的。

"商女不知亡国恨，隔江犹唱后庭花。"杜牧坐在船上，隔着江水，满耳听到的是岸边酒楼上的卖唱歌女在那里起劲地唱着《玉树后庭花》。她们这些歌女啊，还真是不懂什么叫亡国之恨啊！《玉树后庭花》是什么歌？是当年的亡国之君陈叔宝所作的亡国之音啊！当年隋兵陈师江北，一江之隔的南朝危在旦夕，但陈后主依然沉湎声色，竟然还有心思作出这首《玉树后庭花》。

为什么《玉树后庭花》在此时的杜牧听来那么刺耳，那么令他痛心疾首？因为他担心啊！他担心亡国的历史悲剧会在当朝重演。

你可能要问，杜牧是不是想多了？绝对不是。杜牧没有他的前辈李白、杜甫幸运，没赶上唐朝最好、最繁盛的时候。到他出生时，唐朝已是边患频繁、危机四伏，又加上当权者昏庸荒淫，整日里只知道贪图享乐，如果再不警醒，国运堪忧，保不住这《玉树后庭花》会把大唐唱没了。

有人看了杜牧这首诗后说："不对呀！杜老师，你担心国运没问题，但你不应该指责这些歌女啊！她们也是为生活所逼才唱这首《玉树后庭花》的。再说了，她们又哪里懂得《玉树后庭花》意味着什么呢？"

杜牧听后一笑说："你这样说就对了，我真正骂的是谁，其实你们都懂的。"

《贾生》
我将贾谊比自己

贾生

[唐]李商隐

宣室求贤访逐臣，贾生才调更无伦。
可怜夜半虚前席，不问苍生问鬼神。

前面讲过，李商隐悲剧的一生，是从他被动卷入牛李两党之争开始的。在两党之争中，他站错了队，他所站的"李党"在党争中处于下风，这直接决定了他在仕途上基本无甚可观处，只能在一种憋憋屈屈的状态中艰难度日。

其实这个队也不是李商隐自己想站的——谁叫他才华横溢，被属于"李党"的王茂元看中，然后选他当自己的女婿呢？

虽然王小姐温柔贤惠、知书达理，李商隐心里稍感安慰，但一个男人，如果空有一身才华却得不到施展，在那个以学而优则仕为最高人生理想的时代，总归是一件让人不痛快的事。和王小姐你侬我侬、恩恩爱爱的感情生活当然是甜蜜的，但当初的那些宏大理想，就像藏在李商隐体内的病灶，只要一到阴雨天，就会准时发作，让他隐隐作痛。

李商隐对付疼痛的妙法是写诗。文人嘛，除了写诗，还能怎样？所以李商隐一疼痛，就写一首诗；一疼痛，就写一首诗。我们现在看到的李商隐的许多诗，都是他疼痛后的结晶。

这不，这块病灶今天又开始疼了。这次，李商隐留下的是《贾生》这首诗。

诗题里的贾生，就是汉代的著名儒生贾谊先生。贾先生有经国济世之才，曾写过《过秦论》《论积贮疏》等著名政论文章，但他遭到当时的宠臣周勃和灌婴的嫉恨和排挤，被贬为长沙王太傅，所以后人又称他为"贾长沙"。

也许有人会说："长沙好啊！有著名小吃臭豆腐，有丰富多彩的文化生活，房价还不高，让贾谊到长沙怎么能说他被贬呢？"你说的是现在的长沙，现在的长沙当然不错，但在汉唐两代乃至宋代，湖南还属于蛮荒之地。非但湖南，就是现在的广东、海南等经济发达地区，在以前也是偏僻之地。所以皇帝老儿要是不喜欢哪个大臣了，就让他去湖南，让他去广东，让他去海南岛。大家熟悉的大名鼎鼎的柳宗元、韩愈、苏轼等，都曾享受过这样的"待遇"。柳宗元去了湖南，韩愈去了广东，而苏轼去了海南岛。

还好三年后，汉文帝忽然又想起远在长沙的贾谊，于是火速把他召回宫。但这次进宫，汉文帝依然没有重用他，只是让他当了自己小儿子梁怀王刘胜的老师。

不料贾谊在汉文帝十一年（前169年）随梁怀王入朝时，梁怀王从马上掉下来摔死了。贾谊认为自己是这次重大事故的主要责任人，一直处于深深的自责当中，经常因此哭泣。一年后，贾谊在忧郁中死去，年仅三十三岁。

史学家司马迁很欣赏贾谊的才华，更同情他的遭遇，于是把他和历史上另一位著名的逐臣屈原放在一起，写进自己的《史记》中。这就是《史记》中《屈原贾生列传》一篇。

《贾生》这首诗中提到的贾谊的事迹就来自《屈原贾生列传》：

> 贾生征见。孝文帝方受釐（刚举行过祭祀，接受神的福佑），坐宣室（未央宫前殿正室）。上因感鬼神事，而问鬼神之本。贾生因具道所以然之状。至夜半，文帝前席（在坐席上移膝靠近对方）。既罢，曰："吾久不见贾生，自以为过之，今不及也。"

"宣室求贤访逐臣"一句，说的是汉文帝把贾谊从长沙召回后，特意在未央宫前殿正室召见他，和他彻夜长谈。好温馨感人的一幅君臣夜谈图哦！

当然，贾谊的表现也没有让汉文帝失望，汉文帝也丝毫不吝惜把最高级的赞扬之语送给他："贾生才调更无伦。"意思是说，贾谊的才华和格调果然还是那样无与伦比，超出了我的想象。

这样看来，汉文帝倒还真像求贤若渴的好皇帝呢！你如果这样想的话，就上当了。上谁的当？既上了汉文帝的当，也上了李商隐的当。

你以为汉文帝和贾谊彻夜长谈的，是如何为大汉人民谋幸福，如何早日实现美好的"大汉梦"？错，人家和贾谊谈的是鬼神之事。"可怜夜半虚前席，不问苍生问鬼神。"看到没有，到了深夜时分，汉文帝依然谈兴正浓，以至挪动双膝去靠近贾谊——今天要一次说个够！可惜他向贾谊垂询的不是民生，而是鬼神。

一个皇帝，不关心百姓疾苦，却对鬼神之事和长寿良方那么感兴趣，这不是不务正业吗？估计谈到后半夜，贾谊的心是越来越冷——之前因为汉文帝要召见而准备的那些治国良策，还是烂在肚子里吧！

再说为什么上了李商隐的当。

诗的前两句，李商隐写汉文帝对贾谊又是重新召回，又是连夜接见，又是不吝夸奖，如果不看下文，你几乎会认为这是一首李商隐隆重表扬汉文帝尊重知识、尊重人才的颂圣马屁诗。

其实，这是李商隐故意要的一个小花招。

就在你因为前两句诗而对汉文帝的期待达到高点的时候，李商隐突然用后两句诗让你的美好期待瞬间落空。没错，这正是一种欲抑先扬的写法。

诗的后两句，诗人对汉文帝的极尽讽刺，对贾生的无限同情，尽在其中。

而且，这首诗表面上是在讽刺汉文帝，实际上讽刺的是当朝的皇帝；表面上写的是对贾生的同情，实际上写的是同情自己。

晚唐许多皇帝和汉文帝一样，只顾崇佛媚道、服药求仙，一味想着如何长生不老，想着在皇帝的位置上尽可能长地赖着不下去，丝毫不把百姓的死活放在心里。

既然如此，李商隐就只好经常借贾生这杯酒，来浇自己心中的块垒。在这首诗中，李商隐说得很明白："其实我就是贾生啊！我比贾生还憋屈啊！"我们会发觉，李商隐在其他诗作中也多次提到贾谊，比如"贾生年少虚垂涕""贾生兼事鬼"等。

像《贾生》这样的诗，我们把它叫作咏史诗。咏史诗的用意不在写史，而在讽今。为什么要这样写，我想一方面是出于艺术表现手法的考虑，另一方面也是出于安全需要。比如这首诗，按其性质来说，基本上属于妄议朝政了，如果不用借古讽今的写法，皇帝要是追究下来，后果是很严重的。

《过松源晨炊漆公店》（其五）
快来呀！这里有一个有趣的灵魂

过松源晨炊漆公店（其五）

[宋]杨万里

莫言下岭便无难，赚得行人错喜欢。

政入万山围子里，一山放出一山拦。

曾经有一句话流行一时："漂亮的皮囊千篇一律，有趣的灵魂万里挑一。"是的，这个世界长得漂亮的人多了去了，而有趣的人才是稀缺的。

我所理解的具有有趣灵魂的人，一定是热爱生活、懂得生活情趣的人。他能从一朵无名小花里看见美，也能把每一个普通的日子都过得精彩。

具有有趣灵魂的人，他的精神是明朗的。不偏狭，能宽容，怀悲悯，知进退。他也指斥时事，但绝对是光明正大，对事不对人。

最重要的一点，他应该内心强大而有幽默感。

有这样的人存在，会让你对这个世界抱有希望，会让你觉得人生有一定的价值。

如果硬要在宋朝众多诗人中给灵魂有趣的人找一个代言人，苏轼毫无疑问是第一个，除他之外，杨万里也绝对可以算一个。

苏轼的事迹大家都比较熟悉，这里就不说他了。对杨万里，可能有人心里还有点小嘀咕："就他？没搞错吧？"

请相信我，真的没搞错。如果我们对杨万里做一点深入了解，就会发现，刚才说的有趣灵魂的几条标准，简直就是为他量身定做的。

我们用事实来说话。

先说精神明朗。

杨万里一生视仕宦富贵如草履，既然是破鞋子，那就可以随时把它脱下来扔掉，没有丝毫犹豫和不舍。杨万里做京官时就准备好了由杭州回家的路费——他为官清廉，手上没有什么余积，所以必须提早打算——他把路费锁在一只箱子里，然后郑重地藏在自己的卧室中。同时他还反复叮嘱家人，不准置办贵重物品——话说以他的清廉程度，他的家人就算想置办这些东西也没钱啊——以免离职回乡时东西多。他就这样"日日若促装"地待发着，也就是说，他是时刻准备着辞官回家的。

正因为对官位持这样的态度，所以杨万里在朝时，遇事敢言，指摘时弊，无所顾忌，充分履行了自己作为人臣的职责。在野时，他也能平淡自适，寄情于山水之间，而不会因为丢了官就整天唉声叹气。

其实杨万里也曾深得皇帝信任，比如他曾被孝宗皇帝钦点为东宫侍读，也就是给太子授书讲学。太子是什么人？就是以后要接替皇位的人。孝宗这是多信任杨万里啊！

但我们也没看到杨万里因此耀武扬威，张牙舞爪。

再说热爱生活，懂得生活情趣。

泉眼无声惜细流，树阴照水爱晴柔。
小荷才露尖尖角，早有蜻蜓立上头。

上面这首题为《小池》的诗熟悉吧？杨万里写的。

泉眼、细流、树阴、小荷、蜻蜓，本是一些寻常物，但是在诗人笔下，这些都变得有感情了。泉眼因为舍不得细细的水流，所以悄悄地涌出；绿树也知道臭美，所以要把池水当作镜子来照一照自己；新荷刚刚露出水面，睡眼都没有睁开，一只蜻蜓就已经发现了，早早飞过去站在上面搔首弄姿。想一想，这个画面是不是美极了？

如果不是因为杨万里的这首诗，即使你千百次经过同样的地方，见过同样的情景，你敢保证你也有同样的兴致？你敢保证你能发现这稍纵即逝的美吗？

我还真不敢保证，因为要有杨万里那样一颗热爱生活的心，才能懂得这寻常景物中隐藏的情趣。

像这样能够体现杨万里热爱生活、善于寻找美的诗歌，还有很多。比如这首《晓出净慈寺送林子方》：

毕竟西湖六月中，风光不与四时同。
接天莲叶无穷碧，映日荷花别样红。

大红大绿、色彩明丽的画面带给你强烈的视觉冲击，一如杨万里爽利的性格。

还比如《宿新市徐公店》：

> 篱落疏疏一径深，树头新绿未成阴。
> 儿童急走追黄蝶，飞入菜花无处寻。

诗的后两句，一只小小的蝴蝶飞入一片金黄的菜花中，追逐它的儿童只好驻足东张西望，一脸焦急。这是不是一幅生动活泼、充满情趣的画面？

钱锺书夸杨万里的这些诗说："如摄影之快镜，兔起鹘落，鸢飞鱼跃，稍纵即逝而及其未逝，转瞬即改而当其未改，眼明手捷，踪矢蹑风，此诚斋之所独也。"在钱锺书眼里，杨万里不但是一位善于发现美的高手，还是一位抓拍高手。

最后说幽默。

一个真正有幽默感的人，一定是从容、超脱的人，一定是一个彻悟人生智慧、内心强大的人，所以他遇事总能气定神闲、游刃有余。

这一点，杨万里也具有。我们仍然以一首诗为例来说明，这首诗就是我们今天要讲的《过松源晨炊漆公店》（其五）。

这首诗以浅近明白的语言写成，关于这首诗的内容，你可以想象一下这样的场景：杨万里带着你一起穿行在万山丛中，此刻你们正走在下山的路上，他和你边走边聊。

聊了些什么呢？"莫言下岭便无难"，不要说从山上下来就没有困难。这时候你心里说，我正是这样想的啊。杨万里微微一笑，接着说，"赚得行人错喜欢"，你要是真这样想的话，你就会白白空欢喜一场。

"为什么呢？"气喘如牛、汗出如浆的你赶忙问。

杨万里看了你一眼，然后指着远处的山说："政入万山围子里，一山放出一山拦。"你看，当你进入崇山峻岭的圈子里以后，你刚攀过一座山，就会发现，另一座山又将你拦住了。

你若有所思地点点头，杨万里虽然脸上还带着笑，却再也不说什么了。

过了好久，你才突然明白过来，杨万里这是以一种生动幽默的方式给你上了一课啊！

表面上他是在说山路，实际上他是在说人生啊！人生在世，不就是不断与"难"作斗争的过程吗？没有"难"的生活，在现实中是不存在的。一个人，无论做什么事，都要对前进道路上的困难做好充分估计，更不要被一时的成功迷醉了双眼。

杨万里的这种幽默，和他同时代的人早已发觉并纷纷膜拜，还把他这种以幽默诙谐、平易浅近的语言写出来的诗称作"诚斋体"（杨万里号诚斋）。

为了让大家对诚斋体有更深刻的印象，我们再来看一首他的《晓行望云山》：

> 霁天欲晓未明间，满目奇峰总可观。
> 却有一峰忽然长，方知不动是真山。

在这首诗中，杨万里说："我看了半天，那么多'山'中，原来不动的那座才是真山！差点被骗了。"

然后你又说："我知道了，老杨头，你其实真正要说的是：在生活中，常有以假乱真的现象发生，但假象终究不能掩盖真象，我们想要不被假象所迷惑，就应该全面深入地观察事物，以明辨真伪。我说得对吧？"

　　听了你的话，杨万里眨着眼睛快活地问："是吗？我说的是这个意思吗？"

　　你要寻找有趣的灵魂，找杨万里就对了！

　　你想拥有有趣的灵魂，多读读杨万里的诗吧！

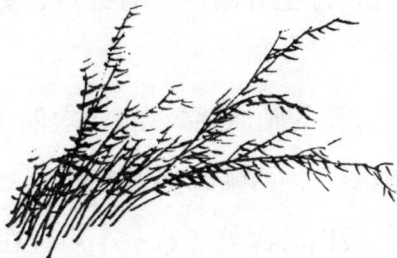

《约客》
且和我一起慢慢消受这良夜

约客

[宋]赵师秀

黄梅时节家家雨，青草池塘处处蛙。

有约不来过夜半，闲敲棋子落灯花。

赵师秀的《约客》，是一首很奇妙的诗。

当年我还是小学生时，第一次读到它就被它迷住了，几乎没费什么力气就背了下来——那时，小学和初中语文教材里还没有这首诗，我应该是通过其他途径看到它的。我当老师后，这首诗被选入了初中语文教材，我发现，几首诗放在一起教，学生最快背熟的也是这首。

这让我不得不认真思考一下其中的原因。这一思考不要紧，我还真总结出了下面几条理由：

一，它的一、二句诗是对仗句，而且在相同位置各有一个叠声词，这让它有一种音韵节奏之美，读起来朗朗上口。

二，诗里有雨声，有蛙声，更有闲敲棋子声，声声入耳，也声声入心。

三，诗的画面感极强。短短四句诗，既有"青草池塘图"，又有"枯灯独坐图"，两幅画都形象鲜明，很有感染力。

但我内心深处还有一个声音在不断嘀咕："这首诗的真正好处，绝对不是以上几条！"但到底是什么，我一时说不上来。

直到人到中年，我好像才慢慢悟出一点道道来，下面我来说一说。

宋朝是一个很特别的朝代，它的特别之处在于，它把"崇文抑武"作为自己的基本国策，哪怕是到了偏居于江南一隅的南宋时代，也照样不改。

所以在宋朝，文人享有极高的政治待遇和生活待遇。

不像在魏晋时期，文人们要想生存，就必须依附于强权，否则不知道什么时候就丢掉了性命。魏晋时著名的嵇康先生想走钢丝：既想活得久，又不想依附权贵。于是他假装热爱打铁事业，成天躲在乡下叮叮当当打铁不止，结果到最后还是被司马昭杀了。

也不像明清时期，你写下的诗和文章，要是里面含有敏感词，就会招来血光之灾——朝廷专门建了一座"文字狱"在等着你呢！清朝雍正时，翰林院庶吉士徐骏，因为写的一首诗里有"清风不识字，何故乱翻书"的句子，被莫名其妙地判了个斩立决。

因此，宋朝的文人，如果能像晏殊、欧阳修、王安石一样，实现自己的政治抱负，那当然更好，即使不能，似乎也不会特别懊恼。因为在朝廷的特别关照下，文人照样能过上小康生活，有大房子住，有肉吃，有美酒喝，还不用上班。高兴了就写一幅字，画一张画，写一首诗，身体与灵魂都安放得稳稳当当，多好！大家如果不信，可以回想一下，宋朝的诗人，有像杜甫那样在诗里成天哭穷的吗？几乎没有。

在这样的背景下，宋朝文人就养成了一种平和优雅、含蓄蕴藉、充满诗意的生活状态，所谓"贵在适意耳"是也。

所以，如果古代的文人们能自由选择生活朝代的话，十个人会有十个选宋朝。

综上所述，我以为，赵师秀这首《约客》的真正魅力，就在于它写出了一种人人向往的人生趣味。是这种优雅迷人的趣味，一下子击中了人们的内心。否则的话，这首既没有什么家国大义，也没有什么人生大道理的诗，凭什么有这么大的魅力？

那么，为什么这样一首充满优雅迷人趣味的诗，是由赵师秀写出来的，而不是别人呢？

说起这首诗的作者赵师秀，还真有点特别之处。因为赵师秀是宋太祖赵匡胤的八世孙，也就是说，赵师秀的血管里流淌着具有皇家基因的血液。基因好，待遇高，这让赵师秀更能懂得诗与远方的含义。

因为出生后就一直生活在浙江永嘉，赵师秀跟他的同乡好友徐照、徐玑、翁卷一起，很早就被称为"永嘉四灵"，名头很大。所以，这样的一首诗由赵师秀写出来，也就不奇怪了。

下面我们具体说一说这首诗。

"黄梅时节家家雨，青草池塘处处蛙。"江南梅雨季节多雨，但这雨并不让人生厌。我们这个地方的乡下老人有一句话："晚上下，白天晴。白米饭，胀死人。"它说的就是梅雨的好处。雨一般只在晚上下，白天便又放晴了，这有利于庄稼的生长：既有阳光，又有雨露。

当然，在诗人看来，梅雨的好处还不仅仅如此。

因为下雨，所以池塘水位上涨，岸边的草更见葱茏了。到了晚上，蛙鼓声声，越发衬托出乡村夏夜的宁静。乡村的夜是那么湿漉漉的，那么清新恬静、和谐美妙！

下雨的夜晚适宜做的事太多了！宜饮酒，宜读书，宜会友，宜下棋，宜听雨，宜发呆——总而言之，宜做一切有聊及无聊之事。

"有约不来过夜半"，诗人本想在这样的雨夜和朋友一聚，聊聊天，下下棋。前两天，就已经用梅花笺以好看的行楷写好邀约词，差人送了过去，朋友也回信说今晚一定过来。早早用过晚餐，更过衣，焚上香，把灯挑得更亮了，只等朋友到来。

但不知什么原因，直到很晚，朋友都没到。

"闲敲棋子落灯花"，没来就没来吧，也许是因为雨太大，阻隔了朋友的脚步；也许是因为临时有其他事，耽误了。诗人也不急，就这样一个人听着雨声和蛙声也好啊！听着听着，诗人不由陷入了冥思玄想当中，前尘往事，此刻都趁机一起涌上心来。但诗人手里捏着的棋子却没闲着，仍在一下一下敲打着桌子，发出嗒嗒的响声。时间长了，结成一个大疙瘩的灯花啪嗒一声掉下来，诗人这才从冥想中回过神来，赶紧把灯芯再拨一拨。

这样的时候，没有什么事是必须要做的，没有什么人是一定要等来的，要的就是时光这样缓缓、缓缓地从蛙声中，从手指间，悄悄流过的感觉。

此情此景，我不由得想起木心的那首《从前慢》来：

记得早先少年时
大家诚诚恳恳
说一句 是一句

清早上火车站
长街黑暗无行人
卖豆浆的小店冒着热气

从前的日色变得慢
车，马，邮件都慢
一生只够爱一个人

从前的锁也好看
钥匙精美有样子
你锁了 人家就懂了

对，就是这个味儿，就是这样的情调。喜欢吧？

就让我们和赵师秀一起，伴着雨声和灯光，慢慢消受这良夜吧！

《野望》
我懂得许多道理，却依然无法过好这一生

野望

[唐]王绩

东皋薄暮望，徙倚欲何依。
树树皆秋色，山山唯落晖。
牧人驱犊返，猎马带禽归。
相顾无相识，长歌怀采薇。

隋末唐初，山西王家，绝对是一个不容忽视的存在。

因为山西王家在当时出了三个非常厉害的人物。

第一个人名叫王通。他是一位大儒，据说曾立志要续写儒家的六经——《诗》《书》《礼》《易》《乐》《春秋》。如果不是大儒，怎么有能力续写？

第二个人叫王绩。他是王通的亲弟弟，管王通叫二哥。他是一位诗人，在唐诗的发展过程中起过重要作用。

这两个人你都没听说过？没关系，我再说一个人，你一定知道，他叫王勃。对，就是那个写出"海内存知己，天涯若比邻""落霞与孤鹜齐飞，秋水共长天一色"这样神句的短命天才王勃。

王通、王绩、王勃，被《旧唐书》称为"王氏三株树"。

今天我们不说王通，也不说王勃，单说王绩。

一般关于王绩的介绍，都说他是一位著名诗人，这自然是不错的。

前面说过，王绩在唐诗的发展过程中起过重要作用，这主要是因为他正赶上宫廷诗大行其道的年代。宫廷诗的内容主要是写宫廷生活及男女私情，在形式上追求辞藻靡丽。也就是说，宫廷诗无病呻吟多，真情实感少，表面看上去五光十色，里面却没什么硬核的东西。

然后王绩一来呢，所写诗歌主要以酒琴、山林、田园为题材，反映自己的生活、思想及对现实的态度，诗歌的思想内容和风格与唐初宫廷诗完全不同，形成一个与宫廷诗对立的诗派。

这样看来，王绩真的挺厉害，连一向骄傲的刘禹锡也忍不住夸他"以有道显于国初""文章高逸，传乎人间"。

诗人身份之外，王绩的另一个身份——酒鬼，就不大为人所知了。你没看错，就是酒鬼。

王绩的诗中，提到喝酒的诗句可谓比比皆是。

"恨不逢刘伶，与闭户轰饮。""我真遗憾自己没有和刘伶生在同一时代啊，否则就可以跟他关起门来喝大酒，一较高下了。"刘伶是谁？大名鼎鼎的"竹林七贤"之一，因为喜欢喝酒而被人称为"酒仙"！

"此日长昏饮，非关养性灵。眼看人尽醉，何忍独为醒。""这些日子我长饮不止，常常酒醉不醒，但这与内在'性灵'的追求一点关系都没有。真相是，别人都喝醉了，我怎么好意思一个人处于清醒状态呢？"

"但令千日醉，何惜两三春。""只要能让自己醉上一千天，我又怎么会为失去两三个春天而惋惜呢？"

关于王绩的嗜酒，曾有这样一件轶事。

说是贞观年间，王绩听说太乐署的府史焦革善于酿造美酒，于是他便要求去当焦革的副手——太乐丞。

在焦革那里任太乐丞的几年里，王绩如愿以偿，可以天天痛饮美酒。后来焦革因病去世，王绩伤感不已，长叹道："天乃不令吾饱美酒！"甚至因为焦革死了，再没有美酒可喝，于是挂冠而去，弃官不做了。

王绩为什么喜欢喝酒，我们也许可以从他崇拜的几个偶像身上找到一点答案。

王绩一生崇拜三个人：嵇康、阮籍、陶渊明。我们知道，这三个人的共同点便是喜欢喝酒，所以王绩喜欢喝酒也就不奇怪了。

三个人中，王绩最崇拜的是陶渊明。崇拜到什么地步呢？因为陶渊明写了一篇《五柳先生传》，所以他也模仿着写了一篇《五斗先生传》：

> 有五斗先生者，以酒德游于人间。有以酒请者，无贵贱皆往，往必醉，醉则不择地斯寝矣，醒则复起饮也。常一饮五斗，因以为号焉。先生绝思虑，寡言语，不知天下之有仁义厚薄也。忽焉而去，倏然而来，其动也天，其静也地，故万物不能萦心焉。尝言曰："天下大抵可见矣。生何足养，

而嵇康著论；途何为穷，而阮籍恸哭。故昏昏默默，圣人之
所居也。"遂行其志，不知所如。

其实王绩模仿陶渊明喝酒只是表象，他内心真正倾慕的是陶渊
明的隐士做派。大家都知道，陶渊明是中国古代著名隐士，他差不
多成了隐士的代名词。陶渊明当隐士，王绩便也去当隐士。

但我要说的是，王绩的隐和陶渊明的隐，其实根本不是一回事！

陶渊明归隐田园后曾痛惜自己"误落尘网中，一去三十年"，
并且欣喜于"采菊东篱下，悠然见南山"，哪怕"环堵萧然，不蔽风日，
短褐穿结，箪瓢屡空"，就是说即使住破房子，穿破衣服，穷得没
饭吃，他也毫不在意。这种隐，是一种毅然决然的隐，完全出自本心，
隐得没有丝毫拖泥带水。

与陶渊明相比，王绩的归隐则更像是一种行为艺术。因为他的
仕也好，隐也好，目的都是为了当更大的官。他曾在《自作墓志文
并序》中这样写道："才高位下，免责而已。天子不知，公卿不识，
四十、五十而无闻焉。于是退归，以酒德游于乡里。"意思是，他
主要是因为"才高"而官位卑下，名不显于时，所以才不得已隐居的。

王绩的隐，隐得心不甘，情不愿。

这种感觉在他这首《野望》中，表现得最为明显。

这首诗是王绩隐居于家乡绛州龙门时所写。

"东皋薄暮望，徙倚欲何依。"意思是说，傍晚时分，我站在
东皋之上，纵目远望，徘徊不定，不知该归依何方。这里的东皋，
是指王绩家乡附近一处水边高地，王绩还把它拿来作自己的号（王
绩自号东皋子）。"欲何依"，化用曹操《短歌行》中的"绕树三匝，

何枝可依"，里面有一种说不清道不明的寂寞与惆怅。读这句诗，我们看到的是一个郁郁寡欢的诗人孤独的背影。

"树树皆秋色，山山唯落晖。牧人驱犊返，猎马带禽归。"写的是诗人登高所见之景物：层层树林，树叶金黄，呈现出一片秋天的色彩；重重山岭，浸染着落日的余晖。在这静谧的背景下，牧人驱赶着牛群返还家园，牛犊跟在母牛后面，不时发出哞哞的叫声；马蹄声传来，那是猎人骑着马，带着丰厚的猎物回家了。

好一幅温馨的田园牧歌图！

可是，王绩的灵魂并没有在这田园牧歌中得到慰藉，他在最后一联"相顾无相识，长歌怀采薇"中说，虽然久居乡里，但自己与这些牧人和猎人并不相识，所以只好追怀古代的隐士，幻想着和伯夷、叔齐那样的人交朋友了。

王绩终究不能像陶渊明那样彻底放下身段，所以他终生处于一种身在田园、心在魏阙的状态，始终无法处理好自己的欲望和性格与这个时代之间的关系。

可怜的人啊！他明明懂得许多道理，却依然无法过好这一生。

《黄鹤楼》
一首用犯规动作写成的好诗

黄鹤楼

[唐]崔颢

昔人已乘黄鹤去，此地空余黄鹤楼。

黄鹤一去不复返，白云千载空悠悠。

晴川历历汉阳树，芳草萋萋鹦鹉洲。

日暮乡关何处是？烟波江上使人愁。

曾经有这样一个问题：唐朝七言律诗中排第一的是哪首诗？

这个问题一经抛出，千百年来，众人一直争论不休。

有说是杜甫的《登高》。"无边落木萧萧下，不尽长江滚滚来。"写得多好！气象宏伟，格律精严。

有说是韩愈的《左迁至蓝关示侄孙湘》。写景苍茫，抒情沉郁悲切，你看这一联："云横秦岭家何在？雪拥蓝关马不前。"功力多么深厚！

还有人说是李商隐那些《无题》诗中的一首。他们说，这些《无题》，总有一首是可以拿出来排在第一的吧！"身无彩凤双飞翼，心有灵犀一点通。""春蚕到死丝方尽，蜡炬成灰泪始干。""刘郎已恨蓬山远，更隔蓬山一万重。""春心莫共花争发，一寸相思一寸灰。"随便哪一句都是金句啊！

要说这些诗中，最有竞争力的还是杜甫的《登高》。明朝的胡应麟就说，杜甫的《登高》不但在唐人七律中排第一，而且在自古至今的所有七律中也排第一！他的原话是这样说的："自当为古今七律第一，不必为唐人七言律第一也。"

虽然众说纷纭，但大家比较一致的看法是，唐诗中七言律诗排第一的，还得是崔颢的这首《黄鹤楼》。

大家说，韩愈和李商隐的那些七律写得自然也是好的，但跟崔颢的《黄鹤楼》比，还是差一点。至于到底是杜甫的《登高》排第一，还是崔颢的《黄鹤楼》排第一，这个问题最后是通过投票来解决的。

投票给崔颢《黄鹤楼》的有严羽、李梦阳、周敬、谭元春、沈德潜等文学评论界大咖，从人数上来看，《黄鹤楼》完胜《登高》。

其实，还有一个故事也可以从旁佐证这个结论。

说是著名诗坛猛人李白有一次登黄鹤楼，心里想着要为黄鹤楼写一首诗，正琢磨间，抬头看见黄鹤楼上早刻了一首诗，就是崔颢的这首《黄鹤楼》。读罢崔颢的诗，李白被镇住了，站在那里想了好久。最后，李白觉得自己再怎么写，还是难以超过崔颢，只好悲愤地说："眼前有景道不得，崔颢题诗在上头。"

直到多年以后，李白在金陵登上凤凰台，用崔颢《黄鹤楼》的原韵写了一首《登金陵凤凰台》的七律，憋在心里的那口陈年老气才算是出了。

排第一也就算了，最气人的是，据专家说，崔颢的这首《黄鹤楼》居然犯了律诗格律上的大忌。

首先，首联两句中重复出现"黄鹤"二字；其次，颔联的上句几乎全用仄声，下句的"空悠悠"跟上句同一位置的"不复返"根本就不构成对仗。

也就是说，崔颢写这首《黄鹤楼》时，根本就是用犯规动作来打败其他诗人的。

但是没办法，这套动作虽然犯了规，但实在是太漂亮了，以至大家竟然忘记崔颢犯规了，还在那里为他喝彩不已。

当然，这种犯规动作也是有说法的，并非崔颢故意为之。

我们写诗时，还是要以"立意为要"，而不能"以辞害意"。按照《红楼梦》中林黛玉教香菱写诗时的说法就是："若是果有了奇句，连平仄虚实不对都使得的。"看到没，崔颢就是这么做的。

崔颢这首《黄鹤楼》名气实在太大，以至于崔颢写的其他诗都被它的光芒淹没了，搞得许多人有个错觉，以为这位崔诗人就是靠着《黄鹤楼》这唯一的一首诗吃遍天下。其实，除了这首《黄鹤楼》，崔颢还写过很多好诗。比如《长干曲四首》：

长干曲四首（其一）

君家何处住，妾住在横塘。
停船暂借问，或恐是同乡。

长干曲四首（其二）

家临九江水，来去九江侧。
同是长干人，自小不相识。

这两首诗抓住了富有戏剧性的人生片段,用白描手法,寥寥数笔,使人物、场景跃然纸上,艺术水准相当高。

回到今天要讲的《黄鹤楼》这首诗。同所有登高诗一样,《黄鹤楼》也抒发了个体生命置身广阔浩渺的时空中的浩叹。

"昔人已乘黄鹤去,此地空余黄鹤楼。"首联由和黄鹤楼有关的一则神话传说写起:曾经有仙人从这里乘着黄鹤飞走了,如今这里只留下一座空荡荡的黄鹤楼。陈年往事,只留待后人怀想感叹。仙人可以长生不老,黄鹤楼历千年而仍在,可像我们这样的凡夫俗子的生命却是有限的,这多么让人遗憾和无奈啊!

"黄鹤一去不复返,白云千载空悠悠。"黄鹤载着仙人离去,一去就再也不回来了,我们能看到的只是一片片白云依然在那里飘啊飘,飘啊飘,也不知飘了多少年。这种感觉与张若虚在《春江花月夜》里写"江畔何人初见月?江月何年初照人?人生代代无穷已,江月年年只相似",与陈子昂在幽州台上所言"前不见古人,后不见来者。念天地之悠悠,独怆然而涕下"的感受是一样的。

时间与空间,传说与现实,因为黄鹤楼,完美地交织在一起。

站在黄鹤楼上,只看到"晴川历历汉阳树,芳草萋萋鹦鹉洲"。阳光照耀下的汉阳,树木郁郁葱葱,历历在目;鹦鹉洲上的芳草,一片碧绿,就像从古至今一直这样似的。

"日暮乡关何处是?烟波江上使人愁。"诗人就这样一直站着,从中午一直站到夕阳西下时分。暮色四合,远处的树和草都渐渐模糊,黄鹤楼巨大的身影也慢慢隐在这暮色里了。没来由地,一丝乡愁突然就漫上诗人的心头——生命的终点在哪里?不知道。诗人只好把目光投向了生命的来处。

所有生命的来处在哪里？在故乡啊！

可是故乡望得见吗？望不见。望得见的只有江面上的烟涛弥漫和江水悠悠，这怎不使人好生忧愁！

也许，正是诗中那因黄鹤楼引起对生命短暂而宇宙永恒的思考，继而产生的那种人类普遍的悲哀，深深打动了一代又一代人，所以才有那么多人，把唐人七言律诗第一的票，投给了崔颢的《黄鹤楼》吧！

顺便说一下，虽然后来李白写了《登金陵凤凰台》：

> 凤凰台上凤凰游，凤去台空江自流。
> 吴宫花草埋幽径，晋代衣冠成古丘。
> 三山半落青天外，二水中分白鹭洲。
> 总为浮云能蔽日，长安不见使人愁。

但因为李白处处想着要跟崔颢的《黄鹤楼》一比高低，所以模仿的痕迹太重，结果完全束缚住了自己的手脚，影响了发挥。《登金陵凤凰台》的艺术水准比不上《黄鹤楼》，也就是必然的了。

《使至塞上》
好一派奇特壮美的景象

使至塞上

[唐]王维

单车欲问边，属国过居延。

征蓬出汉塞，归雁入胡天。

大漠孤烟直，长河落日圆。

萧关逢候骑，都护在燕然。

提起王维，大家首先想到，他是一位山水田园诗人。

不错，王维的山水田园诗又以《辋川集》里的最为有名。这本集子里的诗，因为受佛教思想影响，其中体现出的"无我之境"，被王维的后世本家王国维大加赞赏。但王维并非只擅长写山水田园诗，他的其他题材的诗也照样写得非常好。

比如说边塞诗。

边塞诗是王维除山水田园诗外写得最多的诗。为什么会这样呢？

王维变成"佛系中年"之前，跟大多数生于盛唐的诗人一样，不想辜负这个伟大的时代，想积极参与其中，干点大事。更何况王维少年成名，对自己的期望值本来就高。

在诗歌题材上，最能和这种积极进取思想匹配的便是边塞诗。恰好王维又有过一段边塞生活的经历，因此，王维的边塞诗数量多，也就不奇怪了。

我们先来看几首王维的边塞诗。

> 吹角动行人，喧喧行人起。
> 笳悲马嘶乱，争渡金河水。
> 日暮沙漠陲，战声烟尘里。
> 尽系名王颈，归来献天子。

在这首《从军行》中，有激动人心的出征场面，有声震大漠的杀伐之声，还有让人振奋的凯旋场面。

> 十里一走马，五里一扬鞭。
> 都护军书至，匈奴围酒泉。
> 关山正飞雪，烽戍断无烟。

这首《陇西行》为我们刻画了一个英勇俊朗的战地英雄形象：漫天飞雪中，只见这位战地英雄纵马扬鞭，传书报警，神勇异常。

这两首诗，读后都会让人有一种精神振奋、热血沸腾的感觉。

今天要讲的这首《使至塞上》，虽然也是一首边塞诗，但其中的思想感情跟上面两首诗稍微有点不同。

先说一下这首诗的写作背景。

话说唐玄宗开元二十五年（737年）春，河西节度副使崔希逸在青涤西大破吐蕃军。将士在外打了胜仗，作为皇帝的唐玄宗得有点表示啊！于是唐玄宗就命王维以监察御史的身份出使凉州，出塞宣慰，察访军情，并兼任节度判官。

这样的安排在外人看来很风光，但只有王维自己知道实情。唐玄宗这样做，实际上是将王维排挤出了朝廷，让他远离唐朝的权力中心，这属于典型的明升暗降。

可以想见，出塞途中的王维，心里有一万句骂人的话在奔腾，而这首《使至塞上》，就写于这次出塞途中。

下面来看这首诗。

诗的一、二联，可以说写尽了王维内心的失落感。

"单车欲问边，属国过居延。" "我轻车简从将要去边关慰问将士。此行路途遥远，这一路走来也不记得已走了多少天，才终于走到边塞，但距离我此行的目的地还远着呢！"这里的居延是一个地名，在现在的甘肃张掖以北。

然而，据好事者考证，王维此次出使并不经过居延。之所以这么写，是因为他觉得这路越走越漫长，这和"单车欲问边"里的"单车"的说法是一样的。王维再怎么被排挤，毕竟还是皇帝亲自派出的官员，此去边塞，随从肯定不会少，排场也不会太小。之所以说"单车"，实在是因为王维觉得自己太孤单了，有一种很强的被遗弃感。

"征蓬出汉塞，归雁入胡天。"只见那空中有离根的蓬草在飘飘转转，眼看着就飘出了汉塞；这北归的雁阵行行，正翱翔在云天。这一联紧承上一联的意思而来，表面上写沿途所见景物，实际上写自己内心的感受，是典型的借景抒情。在王维心中，自己就是那无根的蓬草，飘零到塞外来了；而兴高采烈归家的大雁则在不断刺激着王维——大雁在回家，我却离家越来越远。

同是边塞诗，读完《使至塞上》前两联，我们看不到王维在其他边塞诗里奋发豪迈、慷慨高昂的情绪，反而感受到孤独寂寞、郁闷惆怅。这还是我们心里的那个王维吗？

转折出现在第三联。

"大漠孤烟直，长河落日圆。"垂头丧气、郁郁寡欢的王维继续往前走，突然，边塞大漠的独特景象让他惊住了：但见一片浩瀚无边的大漠之上，一股烽烟直冲天空，以横亘于大漠间的黄河为背景，一轮又大又圆的落日正缓缓西沉。一时间，空气中弥漫着一种既肃穆庄重，又有点悲壮的奇特气氛。这奇特壮美的画面一下子就击中了王维的心，此时的他表面虽然仍保持平静，内心却早已波涛汹涌。

"萧关逢候骑，都护在燕然。"就在这时，前线的侦察兵及时出现了，他告诉王维，他们的都护大人还在更前线的燕然山一带——虽然打了胜仗，但敌情仍然紧急啊。燕然山，燕然山，那可是一代代功臣名将勒石记功的地方！至此，刚才还结于心的那些孤独、寂寞、悲伤，在不知不觉间消失得干干净净，取而代之的是一种慷慨悲壮之情，是一种释然后的豁达。刚刚还存在于王维心里的那个"小我"，此时已完全被家国情怀，被渴望建功立业的英勇气概淹没了。

这时，我们发现，我们熟悉的那个王维又回来了！

这里还要单说一下这首诗的第三联："大漠孤烟直，长河落日圆。"因为它的名气实在是太大了。

这两句诗，所写景物，有点、有线、有面、有颜色，画面感极强，极对得起苏轼对王维"诗中有画"的赞美。

关于这两句诗的赏析文字极多。

王国维说:"'明月照积雪''大江流日夜''中天悬明月''黄河落日圆',此种境界,可谓千古壮观。求之于词,唯纳兰容若塞上之作,如《长相思》之'夜深千帐灯',《如梦令》之'万帐穹庐人醉,星影摇摇欲坠'差近之。"

曹雪芹在《红楼梦》中借香菱之口说:"'大漠孤烟直,长河落日圆。'想来烟如何直?日自然是圆的。这'直'字似无理,'圆'字似太俗。要说再找两个字换这两个,竟再找不出两个字来。"又说:"诗的好处,有口里说不出来的意思,想去却是逼真的;又似乎无理的,想去竟是有理有情的。"

王士祯说:"'直''圆'二字极锤炼,亦极自然。后人全讲炼字之法,非也;不讲炼字之法,亦非也。"

徐增说:"'大漠''长河'一联,独绝千古。"

赵殿成说:"亲见其景者,始知'直'字之佳。"

上面的话没能全看懂?没关系,留着以后去慢慢体悟,你只要知道这些话都是夸这两句诗写得好的就行。

《渡荆门送别》
远游少年啊，愿你人生从此如这平野般壮阔

渡荆门送别

［唐］李白

渡远荆门外，来从楚国游。

山随平野尽，江入大荒流。

月下飞天镜，云生结海楼。

仍怜故乡水，万里送行舟。

前面讲过，李白整个少年时代都是在四川度过的。

他第一次有机会去远游是在 725 年。形容这个时期的李白，我们能想到的净是意气风发、踌躇满志、豪情满怀这类的好词。

不错，此时的李白，书已经读饱，剑也练得差不多了，他缺的只是闯荡江湖的历练，一旦书本知识和社会知识相结合，他的鲲鹏之志就能实现了。所谓"大鹏一日同风起，抟摇直上九万里"，所谓修身齐家治国平天下——这不正是当时所有读书人的梦想吗？

　　一想到这些，李白就激动得浑身发抖，满脸通红。既然这样，那还犹豫什么呢？走吧！

　　说走就走，李白连夜出发。船行很快，刚刚还在家乡的清溪江边渡头和父母好友话别，转眼间，就到三峡了。但是少年的心啊，飞得比船行的速度还要快。

　　李白在他的诗体日记《峨眉山月歌》里记录了当时的急切心情：下渝州，穿三峡，前面遥遥在望的已经是属于楚地的荆门了。

　　荆门，即荆门山，位于现在湖北宜都西北、长江南岸，与北岸的虎牙山隔江而望，地势险要，自古就有楚蜀咽喉之称，是那种一夫当关、万夫莫开的地势。船过荆门，"两岸连山，略无阙处""重峦叠嶂，隐天蔽日"的景观就不再有了，取而代之的是空阔的平原风光。这种景致是李白在所熟悉的川地不曾见过的，他的激动欣喜可想而知。

　　你还可以想象一下，船过荆门时，李白绝对不会规规矩矩坐在船舱里，更不会躺在被窝里睡大觉。最大的可能是，一袭白衣、腰佩宝剑的他——这是那个时代文艺青年的标配——正站立在船头，任微凉的江风拂过脸庞，看两岸连山悉数被抛在身后。此刻的李白激动得心都要跳出来了，他整个身心都在欢呼：世界，我来了！

　　于是，心情激动的李白又写了一篇"日记"，这就是我们今天要讲的《渡荆门送别》。

　　"渡远荆门外，来从楚国游。""我乘船远行，路过荆门山一带，将要到楚国故地一游。"这一联看似词句平平，内容也比较简单，主要交代船行经过的地方及此行目的地。但起句的"平"，往往是为后面的"不平"蓄势，就像武林高手总喜欢后发制人一样。

果然，接下来这一联就很有气势了："山随平野尽，江入大荒流。"

随着船快速前行，先前两岸所见的崇山峻岭渐渐在身后消失不见，扑面而来的是一片苍茫的原野，壮阔无边。而脚下刚才还滔滔奔涌、桀骜不驯的江水，在广袤的平原面前也变得温顺，静静地流淌着。这组流动的画面，时空转换之快和景物变化之快让人目不暇接，惊奇赞叹，李白的一颗少年心也跟着这变换的景物激动不已。

接下来，极富李白个性色彩的句子来了，这就是诗的第三联："月下飞天镜，云生结海楼。"

白天的美景还没欣赏够，转眼已到晚上。一轮圆月映入平静的江面，好像是天上的明镜掉落江中；月色映照下，天上的云层形状和色彩不断变幻，犹如海市蜃楼一样神奇。这样奇特又贴切的句子也只有李白写得出来，而奇特的想象、夸张的语言、绚烂的景观、浪漫的色彩，都是李白诗歌特有的标签啊！

读着这样生气勃勃的诗句，我们能够体会李白此刻愉快、兴奋的心情。是的，世界对年轻的李白来说，充满着无限的可能性。

当然，远离家乡的李白，心头偶尔也会浮上一层淡淡的乡愁。李白觉得有点不好意思，所以他不直说，而是这么表达的："仍怜故乡水，万里送行舟。""故乡的水真是多情啊！你看，它居然不远万里，一路把我送到这里。"李白不说自己想家，却说是家乡的水舍不得自己。

这淡淡的乡愁，很快就被随之而来的远方带走了，它更像是旅途中一点必要的点缀。年轻人哪里懂得真正的愁滋味呢？真正的愁是无法用语言来表达的。辛弃疾不是说了吗？"而今识尽愁滋味，欲说还休。"能说出来的愁，都不叫愁。

况且这首诗表达的感情根本不像送别，而更像充满喜悦的重逢。

这就是年轻的好处啊！

年轻人，愿你将来的人生能一直如这平野般壮阔无边。

我经常说，一个伟大的诗人区别于一般诗人的地方就在于，他能用大家都认识的字，用大家都明白的寻常话语，表达最丰富、最深广的意思。

李白就是这样伟大的诗人。

由此看来，写《渡荆门送别》时的李白，尽管还是一个年轻人，但已经初具一个伟大诗人的成就了。

这首诗中，又尤以"山随平野尽，江入大荒流"一联最为人称道。不说别人，就说杜甫吧，他很欣赏喜欢这联诗，五十三岁时还不忘在《旅夜书怀》一诗中写下"星垂平野阔，月涌大江流"向李白致敬。

《钱塘湖春行》
记一次愉快的春游

钱塘湖春行

[唐]白居易

孤山寺北贾亭西，水面初平云脚低。

几处早莺争暖树，谁家新燕啄春泥。

乱花渐欲迷人眼，浅草才能没马蹄。

最爱湖东行不足，绿杨阴里白沙堤。

《记一次愉快的春游》，这样题目的作文，想必大家都写过吧。起码我做学生时，这个题目的作文就写过不下三次。

每次在纸上写下这个题目时，估计大多数人心里的想法和我当年的一样：春游本是一件高兴的事，为什么语文老师（有时是家长）非得把它变得这么无趣呢？一想到春游后还有一篇作文在那里等着你，你就觉得眼前花红柳绿的风景瞬间变得黯淡无光了，哪还有心思继续游山玩水呢！

因为有这样不愉快的经历，我自己当老师后，每次学校组织春游，学生问我要不要写作文时，我总是很豪气地大手一挥："不写！"

那么，有没有人在春游之后自觉自愿，还兴高采烈地完成一篇作文呢？有。这个人叫白居易，他写的这篇作文题目叫《钱塘湖春行》。钱塘湖就是大名鼎鼎的杭州西湖，所以把这个题目翻译一下就是"记一次愉快的西湖春游"。

白居易初登诗坛时的亮相非常漂亮。

那年，十六岁的白居易第一次来到京城长安，拿着自己的诗稿，请当时的文坛大佬顾况帮忙指点一下。请顾况指点是借口，白居易其实是想通过顾况的引荐挤进京城文艺圈。

顾况看到白居易的名字就笑了，说："长安米贵，居大不易。"意思是，帝都生活成本高啊！你一个穷小子想在京城待下去，难啊！

顾况边笑边打开手中的诗稿，才读了几句就停住不笑了——眼前这小子太有才了！顾况站起身来紧握住白居易的手说："帝都嘛！别人居，不易；你，没问题！小伙子，我很看好你哦！"

白居易给顾况看的诗，题目叫《赋得古原草送别》，大家在小学学过，不过大家当时学的是只有前四句的半截诗，题目也被改成了《草》。这首诗的完整面貌是这样的：

离离原上草，一岁一枯荣。
野火烧不尽，春风吹又生。
远芳侵古道，晴翠接荒城。
又送王孙去，萋萋满别情。

白居易凭借这首诗在大唐首都长安牢牢站稳了脚跟，后来又通过考试高中进士，在大唐文艺界和官场都混得风生水起。

白居易还以新乐府诗体写了大量讽喻诗，这些讽喻诗专门揭露当时社会的不公，描写社会阴暗面，替老百姓打抱不平。白居易一度成为弱势群体的代言人。

这类诗，我们的语文教材选得很多：《卖炭翁》《观刈麦》《缭绫》《新丰折臂翁》……这么说吧，概括这些诗歌的主题时，我们用上"它反映了人民的悲惨生活，深刻地揭露了唐朝统治阶级的残暴统治给人民带来的深重灾难，表现了对人民的深切同情"这句话，准没错。

也正因为如此，白居易曾和杜甫一道，获封"人民诗人"的光荣称号，被高高供奉在神坛之上。大多数人对于白居易，也就仅停留在"忧国恤民，公而无私"的刻板印象上，而不知白居易其实是一个挺懂生活情调、挺有生活趣味的人。

不信，请看白居易《问刘十九》这首诗，便可知我所言不虚。

> 绿蚁新醅酒，红泥小火炉。
> 晚来天欲雪，能饮一杯无？

翻译一下就是："我的朋友刘十九先生啊！我已经备好了泛着绿色泡沫的新酿米酒，我已经烧旺了红泥筑成的小火炉。你看这天色昏暗，晚上怕是要下雪吧？你刘十九先生能否赏光来一下寒舍，然后咱哥俩好好喝一杯？"

我们仿佛看到，在红红的温暖的炭火映照下，白居易和朋友刘十九相对而坐，轻饮慢酌，边喝酒边聊家常。论人物、议世事、赏雪景，多么惬意！

还有我们今天要讲的这首《钱塘湖春行》。

早春时节，著名的国家5A级景区杭州西湖，已经是游人如织。

只见记者扛着摄像机、拿着话筒，逮住一个个游人问："这位帅哥，请问您此刻的心情怎么样？"大家都像经过训练一样，都说："好！"

这些游客中，有一个人心情更好，这个人便是白居易。

白居易心情好是有理由的，因为他是杭州刺史，也就是杭州市市长。杭州正是在他的治下，政通人和，百姓安居乐业。这个初春的周末，白市长没有带随从，而是混在游客群中，和他们一起享受这早春西湖的美景，也欣赏一下自己的治理成果。

"孤山寺北贾亭西，水面初平云脚低。"白市长此次春游的出发地在孤山寺的北面，他绕过孤山寺，然后向贾公亭以西信步而行。放眼望去，只见西湖湖水初涨，湖面已快和岸齐平，远处的白云垂得很低，几乎和湖面连起来了。

"几处早莺争暖树，谁家新燕啄春泥。"继续往前走，沿途看到早出的黄莺叽叽喳喳，争着要栖息在树的向阳一面，因为那里更暖和。谁家新飞回的燕子，在空中画出一道道优美的弧线——它们正忙着衔泥筑巢呢。

"乱花渐欲迷人眼，浅草才能没马蹄。"只见路两旁各种不知名的花正含苞吐蕊，让人渐有眼花缭乱的感觉，也让人联想到，要是这些花儿尽情绽放时，不知会如何热闹呢。湖堤上的春草还没有长高，嫩嫩的，绿绿的，才刚刚没过马蹄。

一天的游览结束了，用过晚餐，泡完脚，白居易在书桌前坐下，拿出本子和笔写下了今天的作文。作文结尾，白居易以充满感情的语言写道："最爱湖东行不足，绿杨阴里白沙堤。"

"西湖的春天真美啊！我爱你，西湖！我尤其爱那湖东的美景——杨柳成行，一条白沙堤从树荫中穿过，真是让人流连忘返啊！"

要问我这个语文老师给白居易这篇作文打多少分，告诉你，我给一百分！

首先，它条理清晰。以游踪为序，由孤山开始，到贾亭、湖东、白沙堤止，像放电影一样为我们渐次展现了沿途所见的西湖美景。

其次，它写景能抓住特点。尤其中间两联，以莺燕花草写出了早春独有的景象，观察仔细，"早""新""渐""才"等用词精准。

最后，它语带感情，感染力强。作者对春天的喜爱，不仅体现在对莺歌燕舞、鸟语花香等的描写上，更体现在尾联"最爱湖东行不足，绿杨阴里白沙堤"对西湖春天美景的大声赞美上。

读着这样的诗句，我们怎么能不和诗人一样喜悦，一样充满对春天的喜爱呢？

好了，同学们，以后实在要写春游作文的话，大家完全可以把白居易的《钱塘湖春行》拿来当范文，没问题的。

《庭中有奇树》
欲将心事付庭花

庭中有奇树

《古诗十九首》

庭中有奇树，绿叶发华滋。

攀条折其荣，将以遗所思。

馨香盈怀袖，路远莫致之。

此物何足贵？但感别经时。

我很早就发现一个奇怪的现象，就是中国古代诗歌中有很多特别好的诗是不知道作者的。比如《诗经》中的诗，比如《古诗源》中的诗，还比如《古诗十九首》中的诗，都不知道作者是谁。难道说，真正的高手都如少林寺里的扫地僧似的，甘愿隐姓埋名？

尤其是《古诗十九首》，里面的每一首诗都不知道作者是谁，但可以说，这些诗首首都是精品。

关于这些诗的产生年代，自古至今的许多专家吵成一锅粥，最后也没有定论。稍微一致一点的看法是，这些诗产生的年代大致为东汉末年，比如大名鼎鼎的梁启超就是这样认为的。

《古诗十九首》里具体有哪些诗，你可能一时说不上来，但某些诗里的句子，大家都耳熟能详，有可能你前几分钟和别人说话时还随口引用过呢。

我举几个例子：

生年不满百，常怀千岁忧。

——《生年不满百》

我们在笑那些遇事想不开，总是为一些毫无益处的事而发愁的人时，常常会用上这句诗。

思君令人老，岁月忽已晚。

——《行行重行行》

我们在感叹想一个人想得好苦时，就会脱口而出这两句诗。

人生天地间，忽如远行客。

——《青青陵上柏》

当我们感伤人生苦短时，这两句诗总是会悄悄涌上心头。

青青河畔草，郁郁园中柳。

——《青青河畔草》

以写爱情小说著称的琼瑶阿姨特别喜欢这两句诗，于是把"青青河畔草"改成"青青河边草"，作为自己一部小说的名字。

最奇妙的是，这些诗句基本都是大白话，里面找不出什么艰深的词汇，但是读起来却让人如饮美酒，回味无穷，深深陶醉。

今天带大家读的这首《庭中有奇树》就出自《古诗十九首》。

先说一下，这首诗我们只能称它为五言古诗，而不能称它为五言律诗。虽然它们的样子长得有点像——都是八句，每句都是五个字，但它们分属两种体裁。它们的一个明显区别在于，五言律诗的颔联和颈联的上下句是对仗的，可以看得出来，《庭中有奇树》这首诗的三、四句和五、六句并不对仗。

这首诗的内容很简单，写的是一个女子摘了树上的花，想送给自己的丈夫，但是丈夫远行在外，花没办法送到，于是女子感到无限惆怅和伤感。这首诗把一个女子思念丈夫的心理活动写得婉转细腻，让人感叹感动。

我们一句一句来。

"庭中有奇树，绿叶发华滋。"说是在绣楼外的院子里——古代的女子因为封建礼教的束缚，生活的圈子很狭小，面对春天的美景，最多也不过是在自家院子里转一转而已——有一棵长得很好的树，这棵树长满绿叶，在绿叶之间开满了好看的花。读着这两句诗，我们仿佛看到在春日暖阳下，一个盛装的女子正站在一棵树下，女子的脸和树上的花互相映照，一片红晕。

第二句："攀条折其荣，将以遗所思。"面对一树繁花，女子忍不住攀住枝条，折下其中最好看的一朵，想要把它送给日夜思念的丈夫。人总是这样，看到好东西就想与最亲近的人分享，这个女子也一样。那么选择哪个快递公司呢？那时可什么快递公司都没有，要想寄点东西，只能托人带，步行或者骑马，太麻烦了。你说托人带封信或者带点钱还可以，带一枝花给丈夫，浪漫是浪漫，但的确不太现实。

第三句："馨香盈怀袖，路远莫致之。"女子当然不会傻到真托人带花给自己的丈夫，毕竟路太远了。再说即使把花带到了，花也早就枯萎了，还不如不带。但是她心里的这个念头却怎么也挥不去，于是她只好把花拿在手里，久久不忍放下，以致花的香气充满了自己的怀抱。

最后一句："此物何足贵？但感别经时。"这一句仿佛是女子一脸自我解嘲的苦笑，也仿佛是一声长长的叹息。"其实，花又哪里有什么珍贵的呢？值得我巴巴地送到远方那个人手里。实在是因为我们俩分别的时间太久了，才让我有了这样的念头啊！"

这首诗把花和人放在一起写，花和人的相似之处在于：一旦春天过去，再美的花也会凋残，人也一样，青春易逝，容颜易老。在最好的年纪却不能和最爱的人一起度过，也许这才是这个女子感伤的真正原因吧。

这首诗出现后，大概因为太有名了，所以引得许多人拟作。就像《世说新语》出来后，各种拟作便层出不穷一样，比如《续世说新语》啊，《唐语林》啊，《古今谭概》啊，等等。

《庭中有奇树》的拟作中，最出名的一首当属西晋陆机的《拟庭中有奇树》：

> 欢友兰时往，迢迢匿音徽。
> 虞渊引绝景，四节逝若飞。
> 芳草久已茂，佳人竟不归。
> 踟蹰遵林渚，惠风入我怀。
> 感物恋所欢，采此欲贻谁？

翻译一下就是：我喜欢的人在春天兰花开放的时候远离，这一去就杳无音讯。眼看着一年过去，兰花重又开放，我喜欢的那个人仍然没有回来。我久久徘徊在兰花开放的地方，采下兰花，却不知道要送给谁。

朱自清说，这首诗刚好可以当作《庭中有奇树》的注脚，而且这首诗更像是一个有头有尾的故事。

《龟虽寿》
生命有限，豪情无限

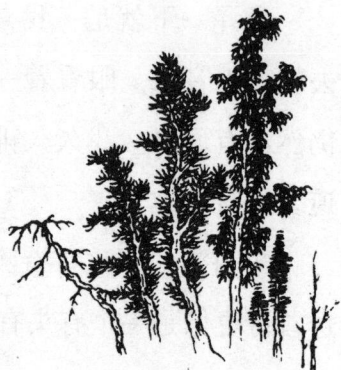

龟虽寿

[东汉] 曹操

神龟虽寿，犹有竟时；

腾蛇乘雾，终为土灰。

老骥伏枥，志在千里；

烈士暮年，壮心不已。

盈缩之期，不但在天；

养怡之福，可得永年。

幸甚至哉，歌以咏志。

对于曹操，人们的看法一直很分裂。

喜欢他的人说他是伟大的政治家、军事家、文学家，是不世出的大英雄；不喜欢他的人则说他是"奸雄"，以至于戏台上的曹操总是抹一脸的白灰，以突出其性格中的"奸"。

考查"奸雄"这个说法的来源，说是当年有一个叫许劭的人，善于识人，少年曹操听说后就跑去问他："我何如人？"意思是，我以后会成为一个怎样的人？许劭说："子治世之能臣，乱世之奸雄。"意思是说，你如果生在和平年代，就是一个贤能的大臣；如果生在乱世，就是一个奸雄。曹操听后哈哈大笑，高兴地走了，看来他挺喜欢"奸雄"这个称呼。

我属于喜欢曹操的那部分人。

对曹操的看法，我和鲁迅先生完全一样："其实，曹操是一个很有本事的人，至少是一个英雄。我虽不是曹操一党，但无论如何，总是非常佩服他。"

和同时代其他厉害人物比，曹操是更具有崇高政治理想的人，是有志于改革现状、促进社会发展的人。

尽管曹操在文学上开了"建安风骨"之先，他却并不想当一个诗人，仅凭借诗歌名垂千古。他本来可以靠文学吃饭，但他的志向是"周公吐哺，天下归心"。是的，他想像周公那样礼待贤才，使天下贤才都归顺于他。归顺于他干什么？当然是大家一起干大事啊！

这样一说，你大概明白了，曹操写诗就是业余爱好，兴致来了就写一首，没兴致了就丢到一边。

这样写出来的诗歌，好处是不端不装，所以也就不假不空。从曹操的诗歌里，我们能看到一个真实的曹操，看到他的喜怒哀乐——所以我喜欢曹操。

他在《短歌行》里端着酒碗高呼："对酒当歌，人生几何！"人生是如此短促，就让我们一起尽情喝酒唱歌吧！痛快淋漓。

他也会哀叹："忧从中来，不可断绝。"曹操一生虽然文韬武略，身经百战，但他照样会体验到生命有限的悲哀，感受到在茫茫宇宙中个体生命的渺小和可怜，和我们普通人并无二致。

他写《观沧海》："日月之行，若出其中；星汉灿烂，若出其里。"非胸中有大气象者不能为。

世间的事就是如此不公平，曹操明明没想成为一个大诗人，却偏偏是"建安风骨"的代表人物，成为在中国文学史和政治史上都不可忽略的重要人物。

下面来看今天要讲的这首《龟虽寿》。

这首诗在曹操的诗作中也属于名篇，尤其以"老骥伏枥，志在千里"一句最为人喜爱。

我们先解释一下这首诗的意思。

传说中的神龟应该算得上长寿吧，但它的生命也终究有结束的一天；能腾云驾雾的腾蛇本领应该算大吧，但它也终究会在死后化成土灰。

那年老的千里马啊，虽然伏卧在马槽边，但它心里想的仍是日行千里；那些怀有壮志的英雄啊，即使到了晚年，也不会停息那颗奋发进取的心。

一个人的寿命，并不完全由上天决定；只要调养好身心，就能益寿延年。

可以看出，在这首诗里，曹操试图回答那个许多人不敢也不愿面对的问题：一个人，究竟应该如何看待死亡这件事？

曹操的回答分三点。

首先，是人就早晚会死。无论你是英雄豪杰还是凡夫俗子，最后都难免会像神龟和腾蛇一样化成土灰。这属于自然规律，谁也无法逃脱。因为对这件事看得很清楚，所以曹操的内心很平静。这一点是很重要的，因为只有明白生命的有限性，才不会瞎折腾。

其次，虽然死亡不可避免，但也不能被动等死啊，而要以积极的态度来面对。曹操的想法是，即使已进入人生暮年，哪怕死亡的黑影就在不远处站着，也应该向年老的千里马学习，生命不止，奔驰不息。注意，这里的奔驰不息和前面说的瞎折腾绝对不是一回事。奋斗是指干有意义的事，干对国家、对老百姓有益的事。

最后，这世上有没有延年益寿的方法呢？有，那就是修身养性。你可能会疑惑，怎么曹操突然变成养生专家了？你要是以为曹操真在这里谈养生，你就被骗了。

其实，曹操在这里谈论了一个很严肃的问题：人到底有没有什么法子永生？

关于这个问题，曹操之前的古人早有回答。《左传·襄公二十四年》里说："太上有立德，其次有立功，其次有立言，虽久不废，此之谓不朽。"一个人若想不死，就要做到三立：立德、立功、立言。

之后唐朝的孔颖达在《春秋左传正义》中对立德、立功、立言做了详细解释："立德，谓创制垂法，博施济众；立功，谓拯厄除难，功济于时；立言，谓言得其要，理足可传。"也就是道德操守要高，功绩业绩要大，再不如，能著书立说，传于后世也行。

以上三条，曹操用他的实际行动做出了完美的回答。

第一，曹操在孙权擒杀关羽、取得荆州后，表封孙权为骠骑将军、荆州牧。孙权遣使入贡，向曹操称臣。这时的曹操，无论是权势和声望都达到了高峰，曹操手下的大臣也乘机起哄，劝曹操干脆自己当皇帝算了。曹操却说："若天命在吾，吾为周文王矣。"

意思是："如果天意选中了我，那我就当个周文王吧。"明确表示不愿当皇帝。能够经受住当皇帝这个诱惑，曹操可以被评为那个时代的"道德楷模"了。

第二，曹操的一生，从一个有名无实的孝廉起步，然后历官渡之战、征乌桓、赤壁之战、平定凉州、襄樊会战等重大事件，离统一中原只有一步之遥，他的功劳之大，早已不是传统意义上的建功立业可以形容了。

第三，至于立言这一点，你我到现在还能读到曹操的这首《龟虽寿》，不就已经很好地说明一切了吗？

《赠从弟》（其二）
亲爱的弟弟，我希望你做一棵松树

赠从弟（其二）

[东汉] 刘桢

亭亭山上松，瑟瑟谷中风。

风声一何盛，松枝一何劲！

冰霜正惨凄，终岁常端正。

岂不罹凝寒？松柏有本性。

东汉诗人刘桢是个实在人。

尽管他少年成名，是著名的"建安七子"（东汉末年建安年间文学风格相似的七位著名的文学家，即孔融、陈琳、王粲、徐干、阮瑀、应玚、刘桢）之一；尽管他深得曹氏父子（曹操、曹丕、曹植）喜爱，十九岁就做到丞相掾属——大致相当于现在的中央办公厅秘书处高级秘书，但这些都改变不了他是个实在人的本质。

我这么说是有依据的。还是先讲个故事吧。

刘桢当上丞相掾属后，和曹操、曹丕、曹植等权力核心人物关系密切，他们不但能在朋友圈相互点赞，还能经常在一起喝酒吹牛。于是有一次，"太子尝请诸文学，酒酣坐欢，命夫人甄氏出拜，坐中众人咸伏，而桢独平视。太祖闻之，乃收桢，减死输作"。

怎么一回事呢？

原来是太子曹丕在家里请一帮文人雅士喝酒，喝到高兴时，曹丕不知脑子里哪根弦出了问题，竟让他的爱妃——大美女甄氏出来和大家一见。我猜曹丕这样做，大约有炫耀的成分在里边吧。但是你要知道，在那时，按封建礼法规定，陌生男女之间是不便见面的，更不用说这个女子还是太子曹丕的爱妃。

有丈夫的命令，甄氏不得不从内室扭扭捏捏地走出来。虽然久闻大名的美女近在眼前，但大家都是懂规矩的人，所以都把头深深埋下，哪个敢抬头盯着甄氏看呢？

只有一个人例外，他就是刘桢。只见他神色平静，呼吸正常，两眼平视甄氏，既没有表现出惊慌，也没有表现出惊喜。

刘桢的表现让甄氏感到非常意外——你不怕我也就罢了，难道我的美貌竟一点也没有惊动你吗？

刘桢当时可能是这么想的："既然大家都是哥们儿，现在大哥曹丕让嫂子甄氏出来见见大家,那就见吧！反正又不是我们要见的。而且我心思纯洁，什么杂念也没有，见了也不会有什么严重后果。"

本来事情就这么完了。

但这事不知怎么就传到了曹操的耳朵里，曹操大怒："这个刘桢太不像话了！在官场混，一点规矩也不懂，居然连太子妃都敢看！太子叫你看，你就真看啊？！看在原来大家交情不错的分上，死罪可免，活罪难逃，押赴劳改队，给我好好改造去吧。"

尽管后来曹操有点后悔，解除了对刘桢的处分，还把他安排到基层做了个小官吏，可惜这个刘桢太不走运了，因为赶上一场大瘟疫，上任没几天就去世了。

可以说，刘桢就是因为太实在而丢掉了性命。

作为实在人的刘桢写起诗来也比较实在，文学评论家钟嵘就说他写的诗"气过其文，雕润恨少"，意思是刘桢的诗主要是以气势取胜，在文辞的藻饰上考虑得比较少。换成现在的话说就是，刘桢的诗主要靠气质，而不是靠华丽的外表来赢得人们的喜欢。

刘桢的这个特点，在他以"赠从弟"为题的一组诗中体现得非常明显。诗题中的从弟就是堂弟，我们且来看其中的第二首：《赠从弟》（其二）。

有人评价这首诗"文字平实，风格古朴"，你看，大家对刘桢诗的看法都差不多。

这是一首咏物诗，所咏之物为松树。

"亭亭山上松，瑟瑟谷中风。"没有任何铺垫和过渡，诗的第一句就把一棵松树的形象直接呈现在大家面前，让人印象深刻——老实人做事就是这样直接。这棵松树高高挺立在山峰之上，丝毫不畏惧山谷中那呼呼作响的狂风。这里的山峰和狂风既是写松树的生长环境，又对松树的形象起到了衬托作用。

"风声一何盛，松枝一何劲！"风声是多么的猛烈啊，而松枝又是多么刚劲！第二联在第一联的基础上进一步以风声突出松树刚劲不摧的品性。任你风声如何狂暴，我自岿然不动。

"冰霜正惨凄，终岁常端正。"满天的冰霜惨惨凄凄，松树的腰杆却一年四季都是端端正正的。如果说能经受狂风的摧折还没有什么特殊的话，那松树不惧冰霜雨雪的品格就令人非常敬佩了。

"岂不罹凝寒？松柏有本性。"难道是松树没有遭遇严寒的侵袭吗？不，是松柏天生就有耐寒的本性！诗的最后两句自问自答，点出松树的可贵品质，作者对松树的赞许之情尽含其中。

读到这里，我们仿佛看到刘桢郑重其事紧握堂弟的手，语气热切地对他说："老弟啊！你虽然出身寒门，又生此乱世，却从来没有自暴自弃，好样的！哥这首诗就送给你了！我写的虽然是松树，实际上是希望你向松树学习，做一个像松树一样坚贞自守、不怕外力压迫、不轻易改变本性的人，加油！"

说完这些话，刘桢的眼里仍闪着光。那是热烈的光，真诚的光，是充满期待的光。你看，有刘桢这样一个真诚实在的哥哥，做弟弟的该是多么幸福啊！

这首诗说是写给堂弟的，但又何尝不是刘桢的自画像呢？刘桢不就是诗中那棵苍劲挺立的松树吗？

下面是《赠从弟》的另外两首，大家看看刘桢还对堂弟说了些什么吧。

《赠从弟》（其一）

泛泛东流水，磷磷水中石。

蘋藻生其涯，华叶纷扰溺。

采之荐宗庙，可以羞嘉客。

岂无园中葵？懿此出深泽。

《赠从弟》（其三）

凤皇集南岳，徘徊孤竹根。

于心有不厌，奋翅凌紫氛。

岂不常勤苦？羞与黄雀群。

何时当来仪？将须圣明君。

《梁甫行》
为唐诗奠基的两句诗

梁甫行

[东汉]曹植

八方各异气，千里殊风雨。

剧哉边海民，寄身于草野。

妻子象禽兽，行止依林阻。

柴门何萧条，狐兔翔我宇。

如果要评选中国文学史上最著名的父子，我想，超级有竞争力的当属"三苏"和"三曹"了。

"三苏"是指宋朝的苏洵和他的两个儿子，苏轼和苏辙。人们通过海选，选出唐朝和宋朝散文写得极好的八个人——"唐宋八大家"，他们父子三人就占了三个位置，是不是很厉害？

"三曹"则是指曹操和他的两个儿子，曹丕和曹植。他们三人就更厉害了，因为他们都是建安文学的核心，和前面讲过的"建安七子"一起代表了建安文学的最高水平。

我们前面已经介绍过曹操了，这里不再重复，只介绍他的两个儿子。

曹丕是曹操与正室卞夫人的嫡长子，后来魏国的开国皇帝。拜罗贯中《三国演义》所赐，大多数人对曹丕的印象，基本停留在他与三弟曹植的宫斗戏上："煮豆燃豆萁，漉豉以为汁。萁在釜下燃，豆在釜中泣。本自同根生，相煎何太急。"觉得曹丕也太残忍、太狠毒了，亲兄弟之间何苦要如此互相伤害呢！

其实，真实的曹丕是个很不错的人。抛开皇帝身份不说，他还是著名文学评论家，写有文学评论著作《典论·论文》。有人说，《典论·论文》极大促进了建安文学的发展，对"建安风骨"的形成贡献巨大。

曹丕认为："文以气为主；气之清浊有体，不可力强而致。"也就是说，作家的气质决定作品的风格。他还说："盖文章，经国之大业，不朽之盛事。"什么意思呢？他觉得，建功立业并不是什么了不起的事，只有文章才可以使人不朽。当然，这里的文章必须是好文章，而不是那些文字垃圾。

更难得的是，他不但善批评，还善创作，不是那种光说不练的假把式。他的《燕歌行》是中国现存最早的文人七言诗，他的《于清河见挽船士新婚与妻别作》是当时五言诗的代表。而且曹丕的"三观"特别正，上面这两首诗都表达了他对下层士兵家属的同情。

鲁迅先生表扬他："曹丕的一个时代可以说是'文学的自觉时代'，或如近代所说是为艺术而艺术的一派。"看到没有，鲁迅说他是纯文学的代表人物。纯文学可不是谁都能玩的，可人家不但玩纯文学，还是纯文学的代表！

知道初中语文教材没选曹丕的作品，所以我在这里多说了曹丕几句。

下面要介绍的是曹操的另一个儿子曹植，他和曹丕是一母所生，曹丕老大，他老三。这里不谈他的政治理想和才能，单谈他的文学才华。

南朝宋有一个善写山水诗的诗人叫谢灵运，他曾经评价曹植的文学才华说："天下才共一石（即十斗），曹子建（即曹植）独占八斗，我得一斗，天下共分一斗。"这就是"才高八斗"这个成语的来历。谢灵运的话虽有借曹植来为自己脸上贴金的嫌疑，但也确实说出了曹植在当时文坛的地位。

不仅谢灵运，后来的文坛大咖如李白、杜甫、欧阳修等，也都对曹植的文学才能赞赏有加。比如一向骄傲的李白就曾夸他："曹植为建安之雄才，惟堪捧驾。天下豪俊，翕然趋风，白之不敏，窃慕高论。"在曹植面前，李白难得地低下了高傲的头。

曹植的代表作有《洛神赋》《白马篇》《七哀诗》等，其中《洛神赋》通过瑰丽的想象写洛川女神的仙姿美态，人称文苑第一奇葩。注意，这里的奇葩可是褒义词哦！而《白马篇》则为我们贡献了"视死如归"这一成语。

今天要讲的是曹植另一首五言诗代表作——《梁甫行》，又称《泰山梁甫行》。

先说一下这首诗的意思。

"八方各异气，千里殊风雨。"因为地域宽广，所以全国各地的气候特点各不相同。诗的开头这两句是为下面的三、四句作铺垫的。

"剧哉边海民，寄身于草野。"虽说各地气候各不相同，但是又以生活在海边的百姓生活最为艰苦，他们平时只能栖身于草野之中。

"妻子象禽兽，行止依林阻。"他们的妻子儿女也像禽兽一样，躲藏在山林之间。

看到这里可能有人会问，为什么他们好好的房子不住，却要住在草野之中呢？这是因为这些边民都是为躲避中原的战乱才逃到海边来的，是战争把他们生生逼成了禽兽。

"柴门何萧条，狐兔翔我宇。"大家注意，结尾这两句诗是作者站在边海民的角度，想象老家房子现在的情形：本来就简陋的房子因为无人居住显得更加萧条，主人不在了，狐狸和野兔在其中自由穿梭，好像它们才是这些房子的主人。有家不能回，有房不能住。这两句诗所写的内容和《十五从军征》中的"兔从狗窦入，雉从梁上飞。中庭生旅谷，井上生旅葵"非常相似，其中包含的感情是非常沉痛的。

这首诗的内容比较简单，作者用白描手法写了生活在海边的老人的贫穷生活，表达了对他们的悲悯与同情，控诉了战争带给普通百姓的无边痛苦。在通过诗歌反映社会动乱和民生疾苦方面，曹植和曹操、曹丕是一致的。作为统治集团中的一员，他们对战争能有这样的反思，对百姓能有这样的感情，还是非常难得的。

曹植这首诗的独特之处，还在于它开头的两句诗，我们来具体分析一下。

"八方各异气，千里殊风雨。"虽然上下句对得不是很工整，但它分明就是一副对子。无论是语言的和谐优美，还是音节的跳跃和调，它都已经隐隐显出了唐诗的风范。如果把它放在"山随平野尽，江入大荒流""青山横北郭，白水绕东城""夜雨翦春韭，新炊间黄粱"

这些诗句之间,你能分辨得出来吗？和这些成熟的唐诗句子相比,"八方各异气,千里殊风雨"两句毫不逊色。

所以有人说,这两句诗是唐诗的奠基石,它让诗歌一脚踏进了唐朝的河流,一个又一个唐朝诗人不断从中汲取营养,从而开启了后来唐诗"千树万树梨花开"的壮观局面。

我同意这样的说法。

《饮酒》（其五）
过一种自由而完整的精神生活

饮酒（其五）

[晋] 陶渊明

结庐在人境，而无车马喧。

问君何能尔？心远地自偏。

采菊东篱下，悠然见南山。

山气日夕佳，飞鸟相与还。

此中有真意，欲辨已忘言。

陶渊明无疑是一位具有划时代意义的重要诗人。

毛泽东主席在国家初定时也不忘问一句："陶令不知何处去，桃花源里可耕田？"这里的陶令就是指陶渊明。

有些人觉得自己受到不公平对待，也会抬出陶渊明的"不为五斗米折腰"，以示自己的人格尊严不容侵犯。

甚至一个乡野村夫也会在喝了半杯家酿的浑酒之后，看到院子里栽的几丛菊花，摇头晃脑地吟出陶渊明的诗句："采菊东篱下，悠然见南山。"

　　陶渊明的地位之所以这么特殊，主要是因为他是一种叫作"归隐"的迷人生活方式的代言人。这种生活方式经由陶渊明提出并成功实践，然后就成了千百年来几乎所有中国人心里的一个梦。这种生活方式令人着迷的地方在于，一个人能够不随俗流、勇敢地舍弃功名富贵，而选择听从自己的内心去做一个"真"人，这是一种大勇气，也是一种大智慧。但凡有点才学的人，都难免为了赚取那点功名而忙碌奔波，虽然有时候也想从尘网中抽身出来，却终于还是舍不得，最后在首鼠两端中度过一生。

　　所以，陶渊明是以诗一般的方式活出了别人梦想中的样子。

　　陶渊明到底生于哪一年，至今没有定论。有说是 365 年的，有说是 372 年的，还有说是 376 年的，不过，他去世的年份非常确定——427 年。我比较倾向于他出生于 365 年，因为这样一来他就活了六十二岁，让这样一个妙人多活几年，不正是大家喜闻乐见的吗？

　　陶渊明的出生地在浔阳柴桑，也就是现在的江西九江，和我算是半个老乡，因为我的家乡是与九江隔着一条长江的湖北黄梅。陶渊明祖上显赫，据说他的曾祖父名叫陶侃，就是那个惜光阴贵于惜黄金的大名鼎鼎的陶侃。才华这个东西好像是可以遗传的，陶侃厉害，到了陶渊明这一代仍然厉害，厉害到他的才华足以支撑他做一个大官。

　　陶渊明做过的最大官是江州祭酒，这一年他才二十九岁。祭酒相当于现在的省长，居于省内二把手的位置，在他上面只有一个刺史。当时的江州刺史是"书圣"王羲之的儿子王凝之，王凝之亲自提拔陶渊明当了江州祭酒。江州有多大？据考证，它的面积包括现在的江西、福建以及湖北、安徽、湖南的各一部分，总面积大约有三十万平方千米，地盘相当大了。

当了省长的陶渊明居然嫌官场的繁文缛节太多，嫌机关生活太单调，不好玩，所以辞职了。你没看错，辞职了！好在王凝之也知道他的脾气，不但没有责怪他，反而过几天又把他召回去当主簿。但没几天，陶渊明的老毛病又犯了，依然辞职了事。

要说王凝之对陶渊明是真好，也许是因为爱才吧。听说陶渊明的理想是"聊欲弦歌，以为三径之资"，也就是说想弄个既不是那么累，又有固定收入，平时还可以会会朋友、唱唱歌的小官当当时，王凝之居然真的满足了他这个愿望。

这天上午，王凝之把陶渊明叫到他的办公室，笑嘻嘻地对他说："要不，你就回你家乡彭泽县当个县令吧！"

彭泽令是陶渊明当过的最后一个官，可是这个县令他也只当了八十二天。他辞掉彭泽令的那天，写了一篇叫作《归去来兮辞》的文章，向全世界高调宣布："老子这次是真的彻底不干了！不干了！"

讲几则陶渊明的小故事吧。

第一则。说是归隐之后的一天，陶渊明光着膀子在家里酿酒，正忙得不亦乐乎时，当时的郡守来探望他。刚好陶渊明酒酿好了却找不到滤网，他又急于尝新酒，于是也不管郡守生不生气，顺手取下了头上的葛巾滤酒，过滤完酒糟之后，又把葛巾盖在头上，这才跟一脸蒙的郡守大声招呼："干！"

第二则。据说有一年的重阳节，陶渊明正穷得没酒喝，就在东边竹篱旁采了一把野菊花，然后坐下休息。过了一会儿，他远远望见一个白衣人往这边走来，他仔细一看，原来是时任江州刺史的王弘给他送酒来了。

陶渊明大喜过望，于是毫不客气，拿过王弘送来的酒就喝，喝得大醉方休。王弘也是真有气量，没有责怪陶渊明不说，看到陶渊明穷得没穿鞋，还让手下人帮他做鞋子。听说要帮自己做鞋，陶渊明立马坐下来把脚伸出去，让他们量尺寸。

最后一则。有一个叫颜延之的大文学家，在当刘柳参军时，和同在浔阳的陶渊明交情很好，几乎每天都去找他喝酒。后来颜延之要去别处当官，便很够意思地给陶渊明留下了两万钱。陶渊明拿到钱后转手便全部送到酒家，跟酒店老板说："钱我先放你这儿了，以后我每天到这儿喝酒，酒钱就从这钱里扣。"

三则故事都跟喝酒有关，今天要跟大家讲的陶渊明的诗也叫《饮酒》。就像后世的欧阳修把游山玩水的快乐借喝酒传递出来一样，陶渊明也把隐居生活的快乐借喝酒之名记录了下来。陶渊明以"饮酒"为题一口气写了二十首诗，由此可见陶渊明多么享受他的隐居生活。

今天要讲的这首诗是二十首《饮酒》中的第五首，也是这组诗中最有名的一首。

"结庐在人境，而无车马喧。"他虽仍然居住在喧嚣的人世间，却并没有世俗的迎来送往打扰他的清静。

"问君何能尔？心远地自偏。"为什么他能达到这种境界？因为他的内心早已远远摆脱世俗名利的束缚，所以即使他处于喧闹的环境中，也如同居住在僻静的地方一样。

"采菊东篱下，悠然见南山。山气日夕佳，飞鸟相与还。"这四句是诗人归隐之后日常生活的真实记录。东篱边的菊花，他散步

时看到它们其中一朵开得可爱，就随手采了一朵。抬头间，就见老
朋友南山依然在那里静静地看着他。傍晚时分的南山，风景真是好
啊！山峰间雾气缭绕，鸟儿成群结队地飞回巢窠。

陶渊明曾在他的《归去来兮辞》中这样写道："云无心以出岫，
鸟倦飞而知还。"在他心里，自己就是那无心出岫的云，就是那倦
飞而知返的鸟。

从上面的诗句可以看出，陶渊明的归隐田园，并不是一般人想
象的那种在遭遇挫折后被逼无奈的消极避世，而是一种主动的选择。
他的归隐，是在积极追求他心目中自由完整的生活。

他追求到了吗？答案尽在诗的最后一句中："此中有真意，欲
辨已忘言。"

这是心中有感、口中无言、欲说还休的状态，是一种生命高度
自由的状态。在这里，诗人的生命与宇宙之间已经达成了高度的和
谐与统一，这种状态只可意会，不必言传！

我的快乐我知道，何必说与他人听。

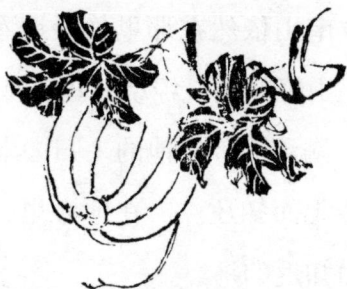

《春望》
一个残酷的春天

春望

[唐]杜甫

国破山河在，城春草木深。
感时花溅泪，恨别鸟惊心。
烽火连三月，家书抵万金。
白头搔更短，浑欲不胜簪。

我相信，大多数人只要一想起杜甫，一定是右边这幅画中的样子：一身风尘，满脸愁苦，又老又瘦，一看就是个忧国忧民的人。

之所以会这样，除了因为这幅画像出现在中国发行量极大的出版物——初中语文教材中之外，还因为这幅画的确画出了人们心目中杜甫的样子。大家都

觉得，老杜就应该是这样子，这幅画，就是杜甫的标准像。

我查了一下，这幅画像的作者是中国国画大师蒋兆和，他曾经画过著名的《流民图》，还曾画过阿Q像。我又想象了一下，当初蒋先生创作这幅杜甫画像前，一定把杜甫的一首诗读了很多遍，然后才依据这首诗里杜甫的自我描绘，画出了这幅画像。

你猜得没错，这首诗就是《春望》。

如果说有一段历史是杜甫最不愿意回忆的，那一定是写作《春望》的那段时间。对杜甫来说，那是人生的至暗时期，因为他在那期间，当过俘虏。

话要从唐肃宗至德元年（756年）说起。六月，安禄山和史思明的叛军攻下了帝都长安，杜甫听说新皇帝唐肃宗在灵武县即位的消息后，立马把老婆孩子安顿在鄜州（今陕西富县），自己投奔唐肃宗而去了。

也是该他倒霉，他人还没到灵武呢，就在途中被叛军拿住，接着被押到长安。还好因为他官职实在太小，加之那时的他也没有现在名气那么大（杜甫出大名是在他去世之后），所以叛军也没怎么为难他，居然还允许他在长安城内四处遛达遛达。但杜甫也不能跑远了，要出城，那是要通行证的。杜甫有证没有？一个俘虏，当然没有。

说话间到了第二年春天，一天上午，又瘦又黑的杜甫又独自迈着沉重的步子，登上长安城的城墙。举目望去，只见往日繁华的都城一片残破衰败景象。家人不在身边，再想想自己的俘虏身份，杜甫不由悲从心起，眼泪哗哗直流。等哭痛快了，杜甫用袖子揩干眼泪，拿起笔写下了《春望》这首诗。

"国破山河在，城春草木深。"诗的题目叫《春望》，所以诗的一开头就描写了春望之所见。山河虽仍在，但国都已沦陷；春天到了，草疯一般生长，长得比人还高，灌木也郁郁葱葱。这长势良好的草木却不能给人带来愉快的感觉，反而怎么看怎么觉得怪异——这些草木都生长在原本熙熙攘攘的大街之上，连长安城那条最宽阔最繁华的朱雀大街，现在也全被草木占领了。

"感时花溅泪，恨别鸟惊心。"关于这一联，有专家说了，花和鸟本来是能带给人欢乐的事物，但是因为杜甫感伤时事，悔恨离别，反而见花落泪，听鸟惊心。另一群专家说，不对，这联诗说的是花和鸟通人性，见杜甫感时伤别，所以花难过得流下了眼泪，鸟也发出凄惨的叫声。我觉得吧，他们说得都有理：一个是触景生情，一个是移情于物。

要说杜甫，其实也是一个很懂得生活情趣的人，你看他的诗句"黄四娘家花满蹊，千朵万朵压枝低""两个黄鹂鸣翠柳，一行白鹭上青天"，里面写到的花和鸟是多么美丽生动。但此时此刻的杜甫，实在没有这个心情，他甚至觉得，这是有生以来见过的最残酷的春天。

"烽火连三月，家书抵万金。"从前一年末到今年春，战火已绵延了三个多月，眼看还没有结束的迹象。当了俘虏的杜甫已经好久没有妻子儿女的消息了，这时他一定后悔了：早知今日，当初打死他也不会丢下家人，自己一个人跑来投靠皇帝。现在家人生死未卜，也不知道他们都怎么样了。要是能得到一封家书该多好啊，这年月的家书，如同一万两黄金那样珍贵！

说到这里，我要插播一下杜甫的另一首诗，《月夜》。

今夜鄜州月，闺中只独看。

遥怜小儿女，未解忆长安。

香雾云鬟湿，清辉玉臂寒。

何时倚虚幌，双照泪痕干？

这首诗说的是，今夜鄜州的月亮啊，一定还是和我俩（老杜和他的妻子）曾经一起看过的月亮一样圆，只不过今夜闺中的你，只能倚窗独自观赏了。我那幼小的儿女们啊，哪里懂得大人们的思念之苦呢？所以还在那里无忧无虑地嬉笑玩闹。

蒙蒙雾气，沾湿了你的鬓发；冷冷的月光，映寒了你的玉臂。什么时候我们一家人才能团圆，我和你再倚靠着薄帷，共赏一轮明月呢？那时的月色一定依旧如今夜这么美，到那时，就让月光照干我们因思念和欣喜而留下的泪痕吧。

这首诗的奇妙之处就在于，它完全是依靠杜甫的想象完成的。思念到极点，想象力就会格外丰富。你绝对没想到，那么老实的杜甫居然是一个对妻子这么深情的"情圣"！

回到"家书抵万金"这一句。理解了杜甫和家人之间的感情，你也就理解了为什么一封报平安的家书，在杜甫心里会"抵万金"。

好了，重点来了，杜甫的经典自画像来了。

"白头搔更短，浑欲不胜簪。"烽火连月，家信不至，杜甫真是愁啊！愁国家，愁家人，愁自己。心里的愁闷一上来，他就会习惯性地用手挠一下头。一下又一下，都快把本就不多的头发挠没了，以致现在竟然连簪子也插不住稀疏的白发了。

反反复复读过这首《春望》后，蒋兆和脑子中的杜甫形象渐渐由模糊到清晰。这天晚上，他铺开宣纸，拿起毛笔，轻蘸墨汁，一挥而就，画下了杜甫的画像。

你说这幅画像中杜甫戴上了帽子，和诗中写的不一样？

你想啊，用簪子都簪不住的稀疏白发，也只好用一顶帽子来盖住了。

《雁门太守行》
在一场虚拟战争中过足大呼小叫的瘾

雁门太守行

[唐]李贺

黑云压城城欲摧，甲光向日金鳞开。
角声满天秋色里，塞上燕脂凝夜紫。
半卷红旗临易水，霜重鼓寒声不起。
报君黄金台上意，提携玉龙为君死。

唐代诗人中，李白被尊为"诗仙"，杜甫被封为"诗圣"，王维被称作"诗佛"，白居易被誉为"诗魔"，刘禹锡被叫作"诗豪"……这些称号各尽其妙，切中了各位诗人的特点，大家也不以为奇。但有一个诗人的称号就有点吓人了，他被大家称为"诗鬼"！

这个人就是李贺。

据说，李贺是唐宗室的远支，李贺的爷爷的爷爷的爷爷是唐高祖李渊的叔叔。为此，李贺非常得意，经常在诗里吹嘘。"唐诸王孙李长吉遂作《金铜仙人辞汉歌》"啊，"欲雕小说干天官，宗孙不调为谁怜"啊，"蛾鬟醉眼拜诸宗，为谒皇孙请曹植"啊，什么的。

李贺的老爸叫李晋肃，曾做过几任小官。一般我们看的社会新闻里，都是儿子坑爹，但谁也没想到这个李晋肃刚好相反，他是爹坑儿子。说起来也不能完全怪他，因为他坑儿子的原因实在是太奇怪了。

李贺二十岁那年，高高兴兴去参加府试，很顺利地以优异成绩获得进士考试资格，不料却被刷了下来，原来是有人打小报告说，"进士"的"进"，犯了李贺老爸的名讳。你李贺老爸不是叫"晋肃"吗？"晋肃"的"晋"和"进士"的"进"同音，你李贺如果执意要参加考试，就是大不孝。在封建时代，不孝，可是除了不忠之外的第一大罪名。想当年曹操杀孔融，司马昭杀嵇康，都是以不孝作为借口的。

吓得李贺赶紧去把报名费退了。

这一退不要紧，引得当时的文坛大佬韩愈亲自写了一篇叫作《讳辩》的论文，为李贺打抱不平。然而没用，在当时一切以政治正确为前提的舆论氛围下，虽然有韩愈为他背书，李贺最后也只能灰溜溜地回到家乡。后来，他的宗室身份发挥了一点作用，他得以参加朝廷内部举行的一次考试，最后被授予一个叫作"奉礼郎"的小官。

这个奉礼郎，李贺只做了三年。在这三年间，他创作了大量诗歌。

当了三年官后，元和八年（813年），李贺感觉自己身体有点差，加上妻子去世，他又觉得升官无望，于是写了一张请假条，告病回乡了。

屋漏偏逢连夜雨，就在他回乡养病期间，他的姐姐出嫁，弟弟出外谋生，家里又只剩他孤零零一个人。没办法，李贺只好南游吴越，想找点其他机会，结果也没人理他。元和九年（814年），他重回家乡，但是又穷又饿的他在家乡待不下去，只好再次出门。这次他去了潞州（今山西长治及河北涉县一带），在韩愈侄女婿张彻的推荐下，当了昭义军节度使郗士美的幕僚。李贺在潞州工作了三年，又一次因为身体不适而告病还乡，不过这一次还乡后，他就再也没机会出来工作了。

不久他就去世了，只活了短短二十七岁。

李贺短命，一方面因为先天身体素质不好，另一方面也因为心情不好。

前面说过，文坛大佬韩愈曾为李贺打抱不平，那么韩愈和李贺之间到底有什么关系呢？

这要从李贺十八岁那年说起。

话说李贺在苦读了十多年诗书，感觉已练成一身本领之后，决定外出闯世界。他腋下夹着自己写的一大摞诗稿，往东都洛阳而去。他要去洛阳找一个人，这个人就是韩愈。

在正式见韩愈之前，李贺把手里的诗稿再次遴选了一番，最后选定一首《雁门太守行》放在诗稿的最上面。

见到韩愈，李贺恭恭敬敬地献上自己的诗作，说道："还请韩大人多多指导。"

韩愈接过李贺递来的诗稿，展开第一首诗《雁门太守行》来读，一读之后不由睡意全无，满脸兴奋，连声叫道："好诗啊，好诗！"然后问李贺："你是怎么想到以这种方式来写诗的呢？"韩愈嘱咐李贺："你以后行走江湖的时候，就说是我的学生，大家一定会给你面子的。"被韩愈收为门生，这对李贺来说是一份多大的荣耀啊！

获得韩愈夸奖的《雁门太守行》，到底好在哪里呢？下面我们就来仔细分析一下。

这首诗的内容，简而言之，写的是一场李贺想象出来的战争。

正因为是虚拟战争，所以李贺有足够的词汇来大肆渲染描绘这本不存在的三幅战争画面。

第一幅画面，写两军对峙："黑云压城城欲摧，甲光向日金鳞开。""黑云"和"金鳞"，一黑一金，色彩对比强烈。以"黑云"喻敌军，写出了敌军人马众多，来势凶猛；以"金鳞"喻阳光照耀下的将士身上的铠甲，写出了守军队形整齐、严阵以待的情景。

第二幅画面，写战斗进行时："角声满天秋色里，塞上燕脂凝夜紫。"进军时的号角，声震满是秋色的战场，摄人心魄；交战双方短兵相接，各有将士伤亡，大块的血迹凝结在大地上，透出一片紫色。

第三幅画面，写半夜偷袭："半卷红旗临易水，霜重鼓寒声不起。"将士们趁夜行军，为了出其不意，攻其不备，所以把红旗都卷了起来；靠近敌军大营，待要击鼓进军时，才发现由于天气寒冷，霜太重，击鼓的声音已不是那么响了。至于这次偷袭的结果如何，诗人没有写，留待读者去想象。但是"易水"一词很容易让人想到"风萧萧兮易水寒，壮士一去兮不复还"这句诗，充满悲壮之感。

最后两句是参战将士们喊出的一句誓言："报君黄金台上意，提携玉龙为君死。"黄金台是战国时燕昭王在易水东南所筑的一座招贤台，传说燕昭王曾把大量黄金放在台上，表示不惜以重金招揽天下贤士的决心。这两句诗的意思是，我们全体将士生是大唐人，死是大唐鬼，只要能保卫大唐疆土，死又何惜！

李贺有大才，却一生不得志，所以只能把一腔豪情倾注纸上。在纸上行军打仗，让人既觉可笑，又觉可叹。

"男儿何不带吴钩，收取关山五十州"写的是这个意思，这首《雁门太守行》写的也是这个意思。李贺用一场虚拟的战争圆了自己的杀敌报国梦，过足了大呼小叫的瘾。

下面说说为什么李贺会被称为"诗鬼"。

只活了二十七岁的李贺，诗作中居然出现二十多处"死"字，出现"老"字的次数也有五十多次。比如这首《秋来》：

> 桐风惊心壮士苦，衰灯络纬啼寒素。
> 谁看青简一编书，不遣花虫粉空蠹。
> 思牵今夜肠应直，雨冷香魂吊书客。
> 秋坟鬼唱鲍家诗，恨血千年土中碧。

衰灯、寒素、冷雨、秋坟、恨血等意象密集出现，是不是有一种鬼气森森的感觉？

李贺用他超强的想象力，为我们描绘出一幅幅在其他诗作中看不到的诡异画面。有人说，这种画面，以前只在屈原的《山鬼》《招魂》中见过。

就拿这首《雁门太守行》来说，一般写悲壮惨烈的战斗场面，大家都不会用那些色彩浓艳的词语，但李贺这首诗却句句都有鲜明的色彩，其中如金色、胭脂和紫红，非但色彩鲜明，而且异常妖冶。它们和黑色、秋色、玉白色交织在一起，构成一幅色彩斑斓的画面。用浓艳斑驳的色彩描绘悲壮惨烈的战斗场面，这种写法，是李贺的一种创造。

创造了这等风格，李贺被称为"诗鬼"确实不过分。

李贺的诗如此风格鲜明，不喜欢的人，说他的诗不过尔尔；喜欢的，则说他的诗比李白和杜甫还要好，"乃李白所不及""杜陵非其匹也"。

到了当代，还有一个大人物喜欢李贺的诗喜欢到了骨子里，并把李贺的诗句化用到自己的诗作中，比如"天若有情天亦老""雄鸡一声天下白"等，大家知道他是谁吧？

《赤壁》
装糊涂的最高境界

赤壁

[唐]杜牧

折戟沉沙铁未销，自将磨洗认前朝。

东风不与周郎便，铜雀春深锁二乔。

杜牧有一首著名的咏史诗，《赤壁》。

有人说，这首诗是诗人杜牧经过赤壁（今湖北赤壁）这个著名古战场，有感于三国时代的英雄成败而写下的。

也有人说，这首诗是杜牧在任湖北黄州刺史时写下的，不但这首《赤壁》，杜牧在这个时期还写了许多咏史诗，如《兰溪》《题木兰庙》《云梦泽》《题桃花夫人庙》等。

你要问我同意哪种说法，当然是第二种，原因很简单，因为我是湖北黄冈（古黄州所在地）人！

杜牧这个人，有两大特点，一是喜欢美女，二是喜欢装糊涂。

先说第一个特点，喜欢美女。

只有杜牧喜欢美女吗？当然不是，美好的事物大家都喜欢，更何况是美女。只不过其他人喜欢美女憋在心里不说而已，不但不说，甚至还特意装出一副特别厌恶美女的样子。

但杜牧不，他不但喜欢美女，而且还要大声说出来。所以，杜牧是个真性情的人。如果杜牧生在现在的话，我很愿意和他交朋友。

你看看，古代诗人中，没有哪个像杜牧那样专门为美女写下那么多美好的诗句：

二十四桥明月夜，玉人何处教吹箫。

——《寄扬州韩绰判官》

"玉人"就是美女的别称。

落魄江南载酒行，楚腰肠断掌中轻。

——《遣怀》

这首诗里说美女的一个重要标准是腰必须细，看来自古至今，人们对美女的标准并没有多大改变啊！

一骑红尘妃子笑，无人知是荔枝来。

——《过华清宫》（其一）

这句诗里的"妃子"指杨贵妃，杨贵妃当然是个绝世大美女，否则唐玄宗也不会被她迷得神魂颠倒。

日暮东风怨啼鸟，落花犹似堕楼人。

——《金谷园》

　　这句诗里写的，是那个为石崇而坠楼身亡的美女绿珠，诗人感慨绿珠美好的生命如落花一样凋零。

　　可以看得出，这些诗句中充满着杜牧对美女的赞美和同情。他还为两位美女专门写下了两首长长的诗歌，一首是《张好好诗》，一首是《杜秋娘诗》，有兴趣的同学可以找来读一读。

　　再来说杜牧的装糊涂。

　　要说杜牧喜欢装糊涂，那可不是一天两天了。比如他在《泊秦淮》里就装过："商女不知亡国恨，隔江犹唱后庭花。"居然把亡国的责任扣在了那些歌女的头上，明显是在装糊涂。

　　还有"南朝四百八十寺，多少楼台烟雨中"，这四百八十寺哪里是南朝的，分明都是唐朝的好不好？唐朝皇帝崇尚佛教，不惜大兴土木，滥修佛寺，以致国力衰弱，民生凋敝，本就危机重重的社会因此更加充满不确定性。你杜牧是朝廷命官，难道不知道这一点吗？

　　杜牧当然知道，他太知道了！只不过他不愿说、不能说而已。这既是诗歌的需要，也是安全的需要。诗歌不是讲究委婉含蓄吗，直接说出来还有什么意思？

　　说安全需要，是因为唐朝的舆论管制虽不是那么严，但也不能由着你乱说呀！如果你在诗里乱讲，被删帖、销号那是轻的，把你以危害国家安全的罪名捉到牢里关两天那也是完全有可能的。所以，杜牧写诗时，就经常揣着明白装糊涂。

　　要说最能体现杜牧装糊涂最高境界的诗，非今天要讲的这首《赤壁》莫属。下面我们来具体分析一下。

　　"折戟沉沙铁未销，自将磨洗认前朝。"杜牧的装糊涂从诗的第一句就开始了。"我在赤壁之战故地——赤鼻矶下的江滩散步，忽然，一支折断的铁戟被我从沙石中踢了出来，我赶紧把它拾起来。这支铁戟沉没水底多年，居然还没被完全锈蚀，我把它先在江水里洗一洗，再在江边石头上磨一磨，没错，它就是当年赤壁之战留下的遗物啊！"

你看那杜牧一本正经、煞有介事的样子，其实这哪里是当年赤壁之战的故地哦！赤壁之战明明发生在湖北蒲圻（今湖北赤壁）好不好？许多专家都已通过大量史料证实了这一点。

杜牧手里拿的那块破铁，不是哪个老农丢弃的破锄头，就是哪个村妇遗弃的破锅，反正最不可能的就是铁戟。以杜牧的认知水平，难道真的不知道这些吗？他当然知道，但是如果他不这么说的话，这首诗就没法往下写了。他只能接着装糊涂！

他这一装不要紧，后来宋朝的苏轼也跟着学，证据就是苏轼在黄州写下的那首著名的《念奴娇·赤壁怀古》。

诗的后两句，杜牧继续装："东风不与周郎便，铜雀春深锁二乔。"既然已默认这里就是赤壁古战场，那就接着说吧。但是写赤壁之战就好好写吧，杜牧却既不关心两军将士的生死，也不关心交战双方的国运，更不关心粮食和蔬菜，而只关心两位美女的命运：当年要是东风不给东吴大将周瑜面子，那铜雀台可就要成为大乔和小乔后半生的栖居地了。杜牧还真是不失喜欢美女的本色。

如果你真认为杜牧只关心美女的命运，那你就错了。要问大乔是谁，当时东吴国君孙权的亲嫂嫂——孙权的哥哥孙策的夫人是也；小乔是谁，东吴军事统帅周瑜的夫人。这两位美女都非寻常人物。

　　"铜雀春深锁二乔"意味着什么？如果"东风不与周郎便"，赤壁之战的结果就是曹操大胜而东吴大败啊！是不是差点就把你骗过去了？杜牧用两位美女的命运巧妙地反映了交战双方的国运，这样的写法，也只有杜牧这样对美女比较关心的诗人才想得出来。

　　前面说了，《赤壁》这首诗最能体现杜牧装糊涂的高超境界。如果你以为杜牧仅仅在赤壁之战的地点上、对美女的关注上装了糊涂，那只能说你还嫩了点。

　　那么问题来了，杜牧在这首诗里到底想表达什么意思呢？

　　我们接着说。

　　杜牧出身名门世家，少有大志，且饱读诗书，通晓政治军事，对当时中原与藩镇、汉族与吐蕃的斗争形势，有相当清楚的了解。他对自己的期许是能在治国兴邦方面有一番作为，可惜终其一生，官方都没给他提供一个恰当的时机。

　　在《赤壁》这首诗中，杜牧对周瑜在赤壁之战中取得的胜利是不服气的，他认为周瑜的成功完全归于偶然的东风。所以杜牧的意思是，周瑜其实没什么了不起的，换我我也行！在这里，杜牧其实是借周瑜来表达自己一生都没得到"东风"眷顾的不平之气。

　　那有没有人被杜牧的装糊涂骗过去了？当然有，不但有，还很多。

　　宋朝有个叫许顗的人在《彦周诗话》里说："杜牧之作《赤壁》诗……社稷存亡、生灵涂炭都不问，只恐捉了二乔，可见措大不识好恶。"意思是，杜牧这首《赤壁》，居然不关注社稷存亡和生灵涂炭等大问题，偏偏只担心如果没有东风相助，那么二乔就危险了。

可见这个杜牧，还真不识轻重好歹！

清朝的沈德潜在《唐诗别裁集》中也说："牧之绝句，远韵远神，然如《赤壁》诗……近轻薄少年语，而诗家盛称之，何也？"

你看，沈德潜居然说杜牧只关心二乔的命运，说这两句诗是轻薄少年才说得出的话，并且对诗歌评论家们盛赞杜牧这首诗表示不理解。

这两位还真是老实得可爱啊！

《渔家傲（天接云涛连晓雾）》
论写梦，还数老李家这两位强

渔家傲

［宋］李清照

天接云涛连晓雾，星河欲转千帆舞。仿佛梦魂归帝所，闻天语，殷勤问我归何处。

我报路长嗟日暮，学诗谩有惊人句。九万里风鹏正举。风休住，蓬舟吹取三山去！

我读初中一年级时，学校组织同学们参加诗歌朗诵比赛，据说奖品很丰厚，得了第一名就可以获得一本课外书。在那个物资匮乏的年代，能得到一本除教材之外的书，对很多学生来说是一个奢望。

我很想得到奖品，于是找到父亲帮忙。

父亲帮我从高中语文教材上找来一首李白的诗，题目叫《梦游天姥吟留别》。诗有点长，里面的生难字多，诗的内容我也不怎么理解，但读起来还是觉得它有一种奇妙的韵律，一种特别的气势。

对了，里面有一句诗很有名："安能摧眉折腰事权贵，使我不得开心颜。"这句诗的意思我懂，不就是说不能因为贪图荣华富贵就向有权有势的人点头哈腰吗？因为这句诗，我觉得李白特别有骨气，特别有男子汉大丈夫气概，因而读起来也就觉得特别过瘾。

我囫囵吞枣地把李白这首诗背了下来，凭借它顺利拿到了那次朗诵比赛的第一名，也如愿以偿地拿到了那本作为奖品的课外书。巧的是，那本书刚好是唐诗名作选讲。

后来读师范时，由于教材里注释的帮助，再加上年龄增长，我对《梦游天姥吟留别》有了进一步理解，知道这是李白的代表作。我觉得，李白的所有诗中，确实只有这首诗最配他的气质，我也是从这首诗中真正体会到李白那种惊人奔放的豪情，以及那种精彩得一塌糊涂的浪漫。

其实，这首诗的主要内容不过是李白写自己做的一个梦，当然了，这个梦做得很有水平。

在这首诗中，李白充分发挥他的特长，以天马行空的想象和大胆奇特的夸张，为我们描绘出一幅幅亦真亦幻的梦游图，让你读诗时有一种沿途看焰火表演的感觉：色彩缤纷艳丽，画面一个比一个更精彩，一个比一个更超出你的想象，让你目不暇接，目瞪口呆。

评论家们都说，这首诗是李白以梦为由头，表达对唐玄宗把自己踢出朝廷的不满。"这官你不要我当，我还不稀罕呢！老子访名山去了，老子求仙去了。"

"你说没有仙人？那我做做梦总可以吧？"于是就有了这个名震诗坛的精彩一梦。

无独有偶，李白去世三百多年后，他们老李家又出了一位写梦高手，她的芳名叫作李清照。对，就是那个写"昨夜雨疏风骤，浓睡不消残酒"，写"莫道不销魂，帘卷西风，人比黄花瘦"，写"冷冷清清，凄凄惨惨戚戚"，被称为婉约派代表人物的女词人李清照。

所谓婉约者，婉转含蓄也。婉约派词，主要写儿女风情，词结构深细缜密，音律婉转和谐，语言圆润清丽，有一种柔婉之美。这样风格的词，最适合女孩子来写了。这样看来，李清照成为婉约派代表人物也就不奇怪了。

但凡事总有例外，就像婉约派屋子里曾挤满像温庭筠、柳永、晏殊、晏几道、周邦彦等一众大男人一样，李清照除了写婉约词外，也写了一首极具豪放派风格特点的词，把众人吓了一大跳。

这首词就是今天要讲的《渔家傲》。

现在知道我为什么要把李白和李清照放在一起来说了吧？因为李清照的这首词和刚才李白的那首诗一样，也是写梦的！而且写得和李白一样精彩。

闲话不说，且来读词。注意，读这首词，要把重点放在"梦"和"豪放"两点上。

先看词的第一句："天接云涛连晓雾，星河欲转千帆舞。"说的是在那水天相接处，只见晨雾蒙蒙，笼照着云涛；天上的银河波浪翻滚，河面上千百条帆船往来如梭。一开始写的就是梦中所见景物，而且是天庭上"天河"中的景物，画面辽阔、壮美，极具豪放之气，根本就不像一个柔弱女子的手笔。

第二句："仿佛梦魂归帝所，闻天语，殷勤问我归何处。"这句是说，词人的梦魂好像回到了天庭，天帝慈眉善目，亲切地问她："孩子啊！你这是要到哪里去啊？"延续上一句的梦境，李清照说自己在天庭遇见了天帝，而且天帝还殷勤地向她发问，这种想象奇特又自然。

更奇特的是，李清照居然还在梦中回答了天帝的询问："我报路长嗟日暮，学诗谩有惊人句。"她回答天帝说："慈爱的天帝啊！这通往理想境界的路实在是太长太难走了！眼看时候不早，天色已晚，我心里急啊！不错，人家都说我的词写得不错，但又有什么用呢？才华又不能当饭吃，正所谓'百无一用是书生'，更何况我还是女流之辈。"和空有一身才华却得不到任用的男子一样，李清照在这里也表达了自己的苦闷和不满。

最后两句："九万里风鹏正举。风休住，蓬舟吹取三山去！"意思是，长空九万里，一只大鹏正乘风冲天高飞。目光被越飞越高的大鹏吸引过去的词人突然醒过神来，一声娇喝："风啊，你千万不要停！请把我乘坐的这一叶小舟，也一起送到那蓬莱仙岛去吧！"这一声大喝，声越云霄，气势磅礴，全无一丝女儿之气，就连一般男子也没有这样的气概。

当代一位诗词名家评论说，李清照这首词把真实的生活感受融入梦境，把屈原的《离骚》、庄子的《逍遥游》以至神话传说都融入词中，使梦幻与生活、历史与现实融为一体，构成气度恢弘、格调雄奇的意境，充分显示了作者性情中豪放不羁的一面。

说得多好啊！

最后，回到这篇文章的题目——论写梦，还数老李家这两位强。

把李白和李清照放在一起说，应该不算胡闹吧？

《浣溪沙（一曲新词酒一杯）》
静静流淌的时光，淡淡的哀伤

浣溪沙

［宋］晏殊

一曲新词酒一杯，去年天气旧亭台。夕阳西下几时回？

无可奈何花落去，似曾相识燕归来。小园香径独徘徊。

历史上会写诗的神童不少，但命好的不多。

骆宾王算是神童，七岁就可以写出"鹅鹅鹅，曲项向天歌"，但他一生就没过几天好日子，中间还获罪入狱，最后因为支持李敬业造反而不知所终。他这个结局，我觉得大概率是死于非命。

王勃也可以算作神童，六岁便能作诗。他参加洪州都督阎伯屿举办的宴会，写下"落霞与孤鹜齐飞，秋水共长天一色"这样的千古名句的故事，已为大家熟知。可惜天不假年，王勃二十六岁时便溺水而亡。

唐朝另一个诗人李贺，也是七岁便能作诗，写出过"黑云压城城欲摧，甲光向日金鳞开"这样的神句，却因为才高遭人忌恨，被指出要避其父李晋肃的名讳，所以终身不能考进士。李贺在抑郁中度过一生，才二十七岁就去世了。

与上面所说的几位诗人相比，也是神童出身的晏殊，命却好得不能再好。

宋景德二年（1005年），晏殊十四岁第一次参加"高考"就一举考中，成了一个名副其实的"少年大学生"。然后他又被皇帝一眼看中，被授予秘书省正事的官衔——其他孩子这时候可是连变声期都还没过呢。此后的人生中，他也几乎没受过什么挫折，一路高升到宰相，平平安安活到了六十四岁，远远超过当时的人均寿命。

晏殊的运气为什么这么好呢？说起来，他的命好也不是偶然的。

虽然少年成名，但晏殊远不像一般少年那样，生怕别人不知道自己有才华，甚至有些人只有一丁点才华，他们也要千方百计地让那点才华显露出来。晏殊有着这个年纪不该有的老成持重，据说皇帝每次都会把向晏殊提出的问题写在一张小纸条上，晏殊收到纸条后，一定要将反复思考后写下的答案先密封好，再悄悄交给皇帝。他为什么要这么做呢？为了让皇帝在大臣面前显得英明神武啊！

这样低调又不贪功的臣子，哪个皇帝不喜欢呢？

擅长考试和做官的晏殊，词写得也极好。

有人分析其原因，说是因为晏殊年少时便一考即中，没有经历过一般读书人考前的"魔鬼训练"，所以才将灵气保留了下来。大量重复的训练会消灭学生的灵气，而写词是一种创造性活动，是需要灵气的。

晏殊的代表作比较多，但最为人所知的恐怕还是今天这首包含了"无可奈何花落去，似曾相识燕归来"一联的《浣溪沙》。

粗粗一看词的内容，有花，有鸟，有诗词，有美酒，真是神仙日子啊！而且有"太平宰相"之称的晏殊，当官后几乎每一年的春天，日子都是这么过的，心动不心动？眼红不眼红？

按理说，晏殊应该很满足了吧？然而仔细品味一下这首词，还是能从中品出一丝淡淡的哀伤。

这是怎么回事呢？

实话告诉你吧！人家还就是闲的，有人把这种闲出来的哀伤取了个名字叫"闲愁"，这种闲愁从晏殊的师父冯延巳的词里也可以找到。冯延巳的词中曾有"谁道闲情抛掷久？每到春来，惆怅还依旧。日日花前常病酒，不辞镜里朱颜瘦"的句子，这里的"闲情"就是闲愁。不是所有人都有资格抒发闲愁的，如果你又冷又饿，哪有心思去生什么闲愁？在这里不得不再说一次，宋朝真是文人的黄金时代啊！

好了，下面我们来具体说说这首词。

"一曲新词酒一杯，去年天气旧亭台。""我一边喝着美酒，一边欣赏歌伎演唱我刚刚填好的一首词。酒的味道不错，我填的词听起来也不错。这样的日子真是舒服，但一抬头却忽然发现，去年好像也是这样的天气，也是在这个亭子里，我也是这样喝着酒、听着曲，一切似乎都没改变。"

但是真的一切都没有改变吗？当然不是！

"夕阳西下几时回？"西下的夕阳何时再回来？西下的夕阳当然不会再回来了，明天早晨再见到的太阳，已经不是今天看到的夕阳了。"看起来似乎没变，实际上一切都已在时光里悄悄改变。比如我表面上看起来还是我，似乎没有什么改变，但今年的我白发分明就比去年多了嘛！所以，今年的我也不是去年的我了，同去年的今日相比，我又老了一岁啊！"

就这样，一丝哀伤不知不觉、不可抑制地漫上心头，并迅速弥漫开来。

"无可奈何花落去，似曾相识燕归来。"被时间改变的还有那园中的花，谁也无法阻止它们的凋落。那归来的燕子虽然似曾相识，但也肯定不是去年那一拨燕子了。

这真是一件无可奈何的事。

面对这一切，词人能干什么呢？"小园香径独徘徊。"只能在小园花径独自徘徊。独自徘徊干什么呢？当然是思考人生啊！

在永恒的宇宙面前，再美好的生命也是短暂的，再快乐的时光也是暂时的。也许这就是生命的本质，哪怕你位高权重也不能例外。这种愁，才是人类最深沉的愁绪啊！

虽然悟到了生命的本质，但晏殊并没有如曹操那样哀叹"譬如朝露，去日苦多"，也没有像陈子昂似的"独怆然而涕下"，更没有像李煜那样痛哭流涕"自是人生长恨水长东"。

是的，面对生命的真相，晏殊的反应远没有上面三位这么强烈，他只是在"小园香径独徘徊"，感受到的只是静静流逝的时光中，一丝淡淡的哀伤。

我想，是晏殊的人生经历以及他的文化修养，决定了他这种雍容典雅的态度，决定了他只会选择这种含蓄而委婉的表达方式。

《采桑子（轻舟短棹西湖好）》
传说中的人生赢家，他们的日常是怎样的

采桑子

[宋]欧阳修

　　轻舟短棹西湖好，绿水逶迤。芳草长堤，隐隐笙歌处处随。

　　无风水面琉璃滑，不觉船移。微动涟漪，惊起沙禽掠岸飞。

　　对于欧阳修的了解，我们大多数人是从一则和他有关的劝学励志故事开始的。

　　有人说欧阳修很小的时候，父亲就去世了，他们孤儿寡母日子过得很苦，欧阳修连作业本都买不起。但是欧阳妈妈有办法，她用芦苇秆子当笔，以地为纸，在地上教欧阳修认字。欧阳修也很懂事争气，发奋苦读，终于成了一代文宗。

　　这个故事有点扯，一个穷人家出身的孩子才没有那么容易出头呢！

实际情况是，欧阳修的老爸生前当过绵州推官，五十六岁才生了欧阳修。尽管老爸去世了，但欧阳修的家里多少还是有点积蓄的。在后来的求学过程中，欧阳修还得到了他叔叔以及一个姓郑的好心人的资助。当然，如果故事这么写的话，就没有那么励志了。

不管真相如何，反正欧阳修在天圣七年（1029 年）第三次参加科举考试时，在三场不同级别的考试中都考了第一名。这就是所谓的连中三元，相当厉害。就在大家都以为他会在第二年的殿试中继续延续前面的神勇表现，一鼓作气取得状元时，却不料他只考了个第十四名。据考官说，欧阳修没得第一名，是因为考官怕欧阳修太骄傲了，所以故意把他的名次往后压了压。

这个说法，我觉得也有点不靠谱，很可能是欧阳修当了宰相后，他那些门生为了拍老师马屁而编出来的。但即使是第十四名，也很厉害是不是？高考在全省考个第十四名都是很了不得的事，何况还是全国第十四名。

科举考试如此成功，此后的欧阳修基本是官运亨通，最后一直做到宰相。虽然中间他曾遭过三次贬谪，但也都有惊无险，这个你看看他被贬滁州时写的《醉翁亭记》就知道了："人知从太守游而乐，而不知太守之乐其乐也。醉能同其乐，醒能述以文者，太守也。"人家整天照样喝酒写文章，丝毫不以被贬为意，心情好着呢！

欧阳修的散文写得好，是"唐宋八大家"之一。人们谈论欧阳修在文学上的成就，大多关注的是他的散文，其实欧阳修的词也写得很好。

而且我们从欧阳修的词中，更能看出欧阳修作为一个生动好玩的人的特点，而不是他散文中所表现出的那副一本正经、道德模范的做派。一个明显的例子便是，欧阳修写了有很多与爱情有关的词，这些词描画人物心理之细腻真切，抒写男女间的用情深挚，一点也不比现代人的情诗差。

知道你不信，来来来，这里随便举两个例子：

生查子·元夕

去年元夜时，花市灯如昼。月上柳梢头，人约黄昏后。

今年元夜时，月与灯依旧。不见去年人，泪湿春衫袖。

玉楼春

尊前拟把归期说，欲语春容先惨咽。人生自是有情痴，此恨不关风与月。

离歌且莫翻新阕，一曲能教肠寸结。直须看尽洛城花，始共春风容易别。

当然，今天要讲的不是欧阳修的这类词，而是欧阳修的另一类词中的一首：《采桑子》。

宋仁宗皇祐元年（1049 年），欧阳修做了颍州（今安徽阜阳）知州。欧阳修特别喜欢这个地方，说它"民淳讼简而物产美，土厚水甘而风气和"，并与好朋友梅尧臣约定，就在这个地方买一块地，将来退休了就一道回这里来个"同居式养老"。

梅尧臣有没有遵守约定，我们不知道，但欧阳修是说到做到了。二十多年后，熙宁四年（1071 年）六月，欧阳修以太子少师的身份辞职后，果真住到了颍州的西湖边上。他每日在西湖上悠游赏玩，一段时间后，创作了以赞美西湖为主题的《采桑子》词十首。

欧阳修写词有个脾气，不写则已，一写就是连着十几首二十几首地写，而且是用同一词牌写成，由此足见欧阳修的才气滔滔与意兴飞扬。

下面来看这首词，《采桑子》十首中的第一首。

词的意思很简单明白。

"轻舟短棹西湖好，绿水逶迤。芳草长堤，隐隐笙歌处处随。"意思是，西湖的风光是多么美好啊，我们驾着轻舟在湖上划桨多么逍遥。碧绿的湖水绵延不断啊，长堤上的花草散发出阵阵芳香。远处隐隐传来的音乐声和歌唱声，像是随着船儿在湖上飘荡。这一切是多么让人心旷神怡！

"无风水面琉璃滑，不觉船移。微动涟漪，惊起沙禽掠岸飞。"无风的水面光滑得就像琉璃一样，人坐船上，丝毫没感觉到船在前进，只看到微微的细浪在船边荡漾。是不是一切就这样风平浪静，岁月静好？不，也有小波澜的。看！那被船儿惊起的水鸟，正扑棱着翅膀掠过湖岸。

写的虽然是西湖的美景，但我们感受到的是欧阳修退休后从容闲雅、怡然自得的心情。

人生至乐，莫过于此。

这是多少人梦想的生活啊！饱食终日，无所事事，无所用心——千万别误会，以上三个词在这里可全是褒义——什么也不用考虑，什么也不用担心。为什么欧阳修能有这种心境呢？因为他已经退休了，国家大事也好，官场的是是非非也罢，已经跟他完全无关了。这时的欧阳修，不就是传说中的人生赢家吗？

所以，面对如此好山好水，他已经到了"看山还是山，看水还是水"的境界。

附《采桑子》另外九首：

采桑子（其二）

春深雨过西湖好，百卉争妍。蝶乱蜂喧，晴日催花暖欲然。
兰桡画舸悠悠去，疑是神仙。返照波间，水阔风高扬管弦。

采桑子（其三）

画船载酒西湖好，急管繁弦。玉盏催传，稳泛平波任醉眠。
行云却在行舟下，空水澄鲜。俯仰留连，疑是湖中别有天。

采桑子（其四）

群芳过后西湖好，狼籍残红。飞絮濛濛，垂柳阑干尽日风。
笙歌散尽游人去，始觉春空。垂下帘栊，双燕归来细雨中。

采桑子（其五）

何人解赏西湖好，佳景无时。飞盖相追，贪向花间醉玉卮。
谁知闲凭阑干处，芳草斜晖。水远烟微，一点沧洲白鹭飞。

采桑子（其六）

清明上巳西湖好，满目繁华。争道谁家，绿柳朱轮走钿车。
游人日暮相将去，醒醉喧哗。路转堤斜，直到城头总是花。

采桑子（其七）

荷花开后西湖好，载酒来时。不用旌旗，前后红幢绿盖随。

画船撑入花深处，香泛金卮。烟雨微微，一片笙歌醉里归。

采桑子（其八）

天容水色西湖好，云物俱鲜。鸥鹭闲眠，应惯寻常听管弦。
风清月白偏宜夜，一片琼田。谁羡骖鸾，人在舟中便是仙。

采桑子（其九）

残霞夕照西湖好，花坞苹汀。十顷波平，野岸无人舟自横。
西南月上浮云散，轩槛凉生。莲芰香清，水面风来酒面醒。

采桑子（其十）

平生为爱西湖好，来拥朱轮。富贵浮云，俯仰流年二十春。
归来恰似辽东鹤，城郭人民。触目皆新，谁识当年旧主人。

无奈，快乐的日子总是那么短暂，在颍州的好时光没有持续多长时间，在写下这组词后的第二年（1072 年），欧阳修去世了，享年六十五岁。

《相见欢（金陵城上西楼）》
国破家残莫登楼

相见欢

[宋] 朱敦儒

金陵城上西楼，倚清秋。万里夕阳垂地大江流。

中原乱，簪缨散，几时收？试倩悲风吹泪过扬州。

我对南宋的一些爱国主义词人怀着深深的敬意，因为人家是用生命在爱国，是真爱国，其中比较著名的爱国词人当然是陆游和辛弃疾二位。

"国家不幸诗家幸。"一个国家如果处于动乱之中，既有内忧又有外患，是非常不幸的；可是如果一个诗人生在动乱年代，这正好能激发他的激情，让他写出不朽的好诗。

"王师北定中原日，家祭无忘告乃翁。" "了却君王天下事，赢得生前身后名。" 这些著名词句，就是陆游和辛弃疾身处风雨飘摇中的南宋时写下的。

"人生自古谁无死，留取丹心照汗青。"这样的句子，更是南宋末年的文天祥用生命写下的，真个是惊天地、泣鬼神。

除陆、辛二位外，南宋还有一些非著名（其实也比较著名，只不过没有陆游和辛弃疾名气那么大而已）爱国词人，比如今天要说的朱敦儒。

朱敦儒本没打算做一个爱国词人的，人家的主要兴趣是做一个陶渊明那样的隐士。为此，他经常把自己比作梅花，意思是，我是一个有着像梅花一样高洁傲岸气质的男人，所以你们一定不要用什么高官厚禄来侮辱我。当然，他这样说是有资本的。朱敦儒家里很有钱，能保证他即使不当官，也可以过上小康生活。

他这话还真不是说着玩的，他曾经有两次被人举荐去当学官，但他都态度坚决地拒绝了："我早就说了不当官，不去就是不去！以后别再拿这个来烦我了！"

不愿当官的朱敦儒，当然也没想过要当什么爱国词人。他觉得能够整天游山玩水，喝喝酒、写写词，这样的生活就很好！

可是人算不如天算，国家出事了。出了什么事呢？我们先来看一下当时的局势。

宋钦宗赵桓靖康元年（1126年）底，来自东北的金政权派兵攻破宋朝都城汴京（今河南开封），第二年四月，还把皇帝宋钦宗和太上皇宋徽宗掳去做了俘虏，史称"靖康之耻"，北宋就到此为止了。

五月，宋徽宗的另一个儿子赵构逃到南京，即位当了皇帝，这就是宋高宗。宋高宗重建的这个宋朝，被后世称作南宋。南宋定都城为临安，也就是现在的杭州。

朱敦儒就生活在这么个时期。

国家出了大事，文人们当然无法独善其身，所以要选择站队。

南渡之初，朱敦儒毫不犹豫地站在"主战派"一边，由此开启了他作为爱国词人的生涯。

词人的爱国思想当然主要体现在他们的词作中，今天我们就来讲一下这首《相见欢》。

我们先来看看这首词说了些什么。

"金陵城上西楼，倚清秋。"惶惶如丧家之犬的朱敦儒，来到金陵后的某一天，独自一人登上位于城西的一座楼。放眼看去，所见是一片萧条零落的秋景，朱敦儒油然而生一种悲秋之感。也是，秋季不就是用来悲伤的吗？

"万里夕阳垂地大江流。"落日的余晖笼罩着长江两岸的苍茫大地，长江在暮色中缓缓东流。"秋天""夕阳"，很容易让人联想到北宋的国势。这北宋啊，就像这眼前的景物一样，不可挽回地走向没落，走向衰亡了。此时的词人，心情不可能不沉重。

在这个基础上，词人继续联想。

"中原乱，簪缨散，几时收？"中原沦陷时，北宋的世家贵族纷纷逃散，这一离开，什么时候能回去呢？这个问题的答案不取决于词人，而是取决于皇帝的决心，取决于当时南宋的综合实力。

一个文人又能怎么样呢？"试倩悲风吹泪过扬州。"他只能让悲风吹着他的眼泪到扬州去。为什么要到扬州？因为扬州是抗金的前线重镇，他能做的也就只有这个了。

这首词在写法上并没有什么新奇之处，无非是写登高所感，而中国文人是有登高传统的。

王粲登楼，怀念故土。

杜甫登楼，感慨"万方多难"。

许浑登楼，有"一上高城万里愁"的感叹。

李商隐登安定城楼，有"欲回天地入扁舟"的感想。

各个时代的文人遭遇不一样，所以由登高而起的感想也是不一样的。

但我要说的是，文人们啊，国破家亡的时候就别登楼了！除了一掬伤心之泪外，又有什么用呢？

但我也知道，历代的文人们是不会听从我的劝告的，他们仍然要在国破家亡时一次又一次登楼，然后写下一首又一首伤心的诗词。

《如梦令（常记溪亭日暮）》
那一段美好快乐的年少时光

如梦令

［宋］李清照

常记溪亭日暮，沉醉不知归路。兴尽晚回舟，误入藕花深处。争渡，争渡，惊起一滩鸥鹭。

李清照是山东济南人，看来济南是一个人杰地灵的地方啊，出才女。

李清照有一个非常幸福的少年时代。

她的父亲叫李格非，是一名高级知识分子，中过进士，是大文豪苏轼的学生。李格非曾经当过几任小官——其实也不算小，他最高当过礼部员外郎，也是礼部下面的中级官员了。

一看李格非这个名字就知道他是个性格耿直，与世俗格格不入的人。李格非遇见看不惯的事就要出来反对，所以在官场上一直遭到排挤，最后连官都被罢掉了，从此他就对当官这条路死了心，回家专心著述。

李清照的母亲是状元王拱宸的孙女，也很有文学修养，因此李清照从小就受到良好的文化熏陶，加上她天资聪颖，非常好学，更难得的是她父亲李格非的思想非常开放，从来不信"女子无才便是德"那一套，自己著书写字之余，便教李清照读书写字。于是，李清照很早就表现出多才多艺的特点，尤其精通音律诗歌。

李清照的第一首词《如梦令（昨夜雨疏风骤）》是她跟随父亲到达大宋首都汴京时写的，词写好后流传出去，一下就轰动了整个京师。史书上这样记载："当时文士莫不击节称赏，未有能道之者。"李清照凭着这首词姿态矫健地登上了大宋词坛，来了一个精彩的亮相。

真是个幸福完美的少年时代啊！

李清照十八岁的时候，这种幸福还在继续，因为她和太学生赵明诚结婚了。

这个赵明诚，父亲也是朝廷高官，当时任吏部侍郎。李赵两家联姻，可谓门当户对。

赵明诚喜欢搜集金石字画，李清照喜欢吟诗作对，两人郎才女貌，志同道合。小夫妻俩婚后的生活就是喝酒、品茶、读书，有时还会来个背书比赛和写诗比赛，很是幸福，人们称他们为神仙眷侣。

婚后这段时间，李清照无疑也是幸福的。

上天是慷慨大方的，有时又是残酷的。李清照在前半生痛饮过生命的琼浆之后，上天又让她在后半生饱尝人生的苦酒。

李清照的幸福生活，随着朝廷内部新旧两党的激烈争斗开始，正式宣告结束。两党的争斗把李赵两家都卷了进去，李清照和丈夫的生活开始变得动荡流离。

尤其在四十四岁之后，李清照先后遭遇北宋朝廷崩溃、丈夫赵明诚病逝这两件大不幸的事，晚年生活一直处于辗转漂泊、孤苦无依的状态。最惨的时候，她一个弱女子居然还蒙冤进过监狱。

一个人的人生状态竟然呈现出前后如此大的差别，晚年的李清照想起来怎能不感慨万千。也因此，少女时代在娘家度过的那段无忧无虑的快乐时光便显得尤其珍贵，让李清照终其一生都念念不忘。特别是在每一个昏暗无光的日子里，那段时光便会不由自主地浮上心头。今天要讲的这首《如梦令》就是这段快乐时光的生动记录。

这首词的内容很浅显，也很有感染力，读着它，你会自然而然地跟着作者一起感受她的快乐。

我们一句一句来。

"常记溪亭日暮，沉醉不知归路。""一直到现在，我都还记得那次愉快的出游。我们一群小伙伴一大早就出发了，先来到溪边的一座亭子里，然后把带来的鸡腿啊，烤串啊，水果啊，还有啤酒和饮料，一股脑地从包里拿出来，摆满了亭里的石桌。大家尽情地吃喝，尽情地说笑，尽情地唱歌跳舞。时间过得真快，不觉已是日暮时分，喝醉了的我们竟然分辨不清回家的路了。"

一群少女，抛头露面到郊野游玩不说，还都喝得酩酊大醉，这在封建礼教重压之下的宋代是非常稀罕的。这证明前面说的李清照的父亲思想非常开明，所言不虚，同时也体现了李清照性格中任情豪放、不受拘束的一面。

"兴尽晚回舟，误入藕花深处。"眼看太阳快要落山，尽兴后的大家再怎么不愿意，也只好依依不舍地借着夜色赶快乘船回家。大家都喝多了，又不记得路，居然把小船划到长满莲叶和莲花的地方去了。

"争渡，争渡，惊起一滩鸥鹭。"尽管小姐妹们心里也着急，但她们没有一丝害怕，有的只是嘻嘻哈哈的笑声。在笑声中，大家争抢着划船，划水声和笑声把一群正在休息的鸥鹭惊得突然飞了起来。

刚才说了，这首词读起来是很能让人感到快乐的。之所以会有这种效果，我觉得大致有以下几个原因。

首先是生命的美丽让人感到快乐。

一群散发着青春气息的女孩，天真烂漫，少年不知愁滋味，尽情地欢笑，尽情地绽放着生命的美丽，这难道还不让人感到快乐吗？

其次是画面的美丽也让人感到快乐。

在暮色下，碧绿的莲叶和湖水，粉红的莲花和笑脸，橘红的夕阳，还有那振翅飞翔的鸥鹭雪白的羽翅，这些一并构成了一幅色彩鲜明的画。这幅美丽的画，是不是也让你感到心旷神怡？

最后就是它清新美丽的语言让人感到快乐。

这首词的语言就像刚出水的莲花一样，清新自然，有一种不事雕琢的美。我心情郁闷的时候，会找一些美丽的诗词来读，心情也就跟着美丽起来了。这些美丽的诗词中，就包括李清照的这首《如梦令》。

我建议你也试试。

趣读
品读经典
乐在其中

趣讲古诗词

蔡林秋 著

下

蘇軾

在有趣的历史故事中
轻松拿下古诗词

济南出版社

图书在版编目（CIP）数据

趣讲古诗词 / 蔡林秋著 . —— 济南：济南出版社，
2024.1

ISBN 978-7-5488-5884-3

Ⅰ . ①趣… Ⅱ . ①蔡… Ⅲ . ①古典诗歌 – 中国 – 初中
– 教学参考资料 Ⅳ . ① G634.303

中国国家版本馆 CIP 数据核字（2023）第 192651 号

趣讲古诗词

QV JIANG GUSHICI

蔡林秋　著

选题统筹　秦　天
责任编辑　张若薇
插画设计　杨云凯
装帧设计　胡大伟

出版发行　济南出版社
地　　址　山东省济南市二环南路 1 号（250002）
总 编 室　0531-86131715
印　　刷　济南新科印务有限公司
版　　次　2024 年 1 月第 1 版
印　　次　2024 年 1 月第 1 次印刷
开　　本　170mm×240mm　1/16
印　　张　26.5
字　　数　320 千
书　　号　ISBN 978-7-5488-5884-3
定　　价　78.00 元（全两册）

如有印装质量问题　请与出版社出版部联系调换
电话：0531-86131736

目 录

《关雎》
孔子心中美好爱情的样子

关雎

《诗经·周南》

关关雎鸠，在河之洲。
窈窕淑女，君子好逑。

参差荇菜，左右流之。
窈窕淑女，寤寐求之。
求之不得，寤寐思服。
悠哉悠哉，辗转反侧。

参差荇菜，左右采之。
窈窕淑女，琴瑟友之。
参差荇菜，左右芼之。
窈窕淑女，钟鼓乐之。

《关雎》是《诗经》的第一篇，是一首爱情诗。

据说《诗经》的选编者是孔子，他选编这本诗集一个很重要的目的，是想通过它对老百姓起到一种教化作用。但令我们没想到的是，这个在我们大多数人心目中形象有点古板的孔老先生，选编《诗经》时居然把一首爱情诗放在开篇。

我觉得，这刚好体现了孔子的伟大之处。

我相信，爱情这种东西，一定是人类吃饱了饭以后首先会追求的东西。人类的第一首诗，也一定是爱情诗。如果没有了对爱情这种美好感情的向往，人生该是多么无趣，这个世界又是多么无聊啊！

孔子深深懂得这一点，他想，既然要教化百姓，那就从人们都会遇到的爱情开始吧！我以为，《关雎》这首诗，体现的正是孔子心中美好爱情的样子。

美好爱情的男女双方是有一定标准的。在孔子的心中，好爱情中的男子必须是一个君子，女子必须是一个淑女。"君子"和"淑女"这两个概念的提出，就为后世的好男人和好女人立了一个规范。你看，这不就已经超出爱情这个范围了吗？你现在能体会到孔子的良苦用心了吧？

那么，什么样的男子才可以称得上是"君子"呢？《关雎》这首诗中写得很明白。

他首先是一个健康的男子，有着正常的感情需求。

"关关雎鸠，在河之洲。"雎鸠鸟相伴在河中的小洲上，在万物蓬勃生长的季节，男子看到河中碧绿小洲上的雎鸠鸟在关关和鸣，由此联想到："窈窕淑女，君子好逑。"雎鸠鸟成双成对，我这样一个好小伙，也需要一个好女子来陪伴啊！

这个男子很正常，很健康。对于爱情的向往，正是他勃发的生命力的一种体现。

那男子想要找的好女子在哪里呢？

"参差荇菜，左右流之。"参差不齐的荇菜，从左到右去捞它。这两句和上面的"关关雎鸠，在河之洲"一样，是一种叫作"兴"的写法，主要起到一个引子的作用。"关关雎鸠，在河之洲"要引出的是下面的"窈窕淑女，君子好逑"两句，而"参差荇菜，左右流之"引出的则是"窈窕淑女，寤寐求之"两句。在这里，"关关雎鸠，在河之洲""参差荇菜，左右流之"也是对眼前实景的描写。

接着往下说，美好的女子在哪里？其实男子早已有目标。你看，她白天不正在那河边采荇菜吗？

所以，男子晚上回家后就失眠了："窈窕淑女，寤寐求之。求之不得，寤寐思服。悠哉悠哉，辗转反侧。"那美丽贤淑的女子啊，让他醒着和睡着时都想追求她。求而不得，更让他白天和黑夜都念着她。这长长的思念可真折磨人哟，叫人晚上难以睡下。

这几句诗也写得很诚实。心中理想的爱人，他一旦看到就再也丢不下了。日思夜想，翻来覆去，真是很难受的感觉。

怎么办？美好的感情能激发人的创造力！

"参差荇菜，左右采之。窈窕淑女，琴瑟友之。"男子想出的办法是，当那女子在那里采荇菜时，他便在旁边鼓琴鼓瑟，让她悦耳悦目，从而获取她的好感。

如果说君子有一个标准的话，那就是凡事有礼有节，哪怕对自己特别喜欢的女子也是这样，"发乎情，止乎礼"。如果没有这些的话，这个世界岂不全乱套了？

"参差荇菜，左右芼之。窈窕淑女，钟鼓乐之。"女子的心扉终于为这个男子打开了，接受了他的爱情。男子高兴啊！于是继续敲起钟鼓使她快乐。

再来说淑女。

诗中对淑女用了一个词来形容，这个词就是"窈窕"。窈，深邃，喻女子的心灵美；窕，幽美，喻女子的外表美。也就是说，在孔子心中，一个淑女必须是心灵美和外表美的完美结合。

淑女是勤劳能干的。"参差荇菜，左右采之""参差荇菜，左右芼之"，你看她采摘荇菜的动作是多么娴熟，她劳动时的姿态是多么优美。

诗里虽然没有写淑女的外貌，但我们完全可以想象得到她的模样。《诗经》的另一首诗中对美女的描写可以拿来用在她身上：这个淑女啊，她"手如柔荑，肤如凝脂"，她"领如蝤蛴，齿如瓠犀"，她"巧笑倩兮，美目盼兮"。也就是说，她有柔软的小手，她有白皙细腻的皮肤，她有洁白整齐的牙齿，她有修长纤细的脖颈。她的一言一行，一颦一笑，是那样让人着迷，令男子痴狂。

但她身上又自有一种威严，所以诗中的君子并不敢毛手毛脚地去撩拨她，而是先以"琴瑟友之"来试探。即使是反复追求并获取女子的认可后，他也不敢过分亲昵，而是以"钟鼓乐之"，所谓"可远观而不可亵玩焉"。

这个女子身上的威严是从何而来的呢？我觉得是因为她身上有那种追求与男子平等的自觉意识。诗中的女子无论是在精神上还是在人格上，与诗中的男子是完全对等的。这是一种多么宝贵的平权意识啊！

让人感动的是，诗中的男子和女子最后能走到一起，我们并没有看到物质因素在其中起到的作用，他们两人更多的是精神上的契合。"琴瑟友之""钟鼓乐之"，是知音、知情，更是知趣、知心。我们现在贺人新婚时，仍然会用"琴瑟和鸣"来表达祝福。

美好的事物要靠追求才能得到，追求的过程中必须有礼有节、循序渐进，最高境界的爱情双方应该是知音，知情、知趣、知心。

爱情如此，其他事也大致如此。如果孔子真想依靠这首诗来达到一种教化作用，大概就是指这个吧。

读到这里，你是不是觉得孔子和我们的距离居然这么近。几千年过去了，在对于美好爱情的执着追求上，在对于完美爱情的理解上，孔子和我们是那么一致。

《蒹葭》
那种挥也挥不去的情绪啊

蒹葭

《诗经·秦风》

蒹葭苍苍，白露为霜。

所谓伊人，在水一方。

溯洄从之，道阻且长。

溯游从之，宛在水中央。

蒹葭萋萋，白露未晞。

所谓伊人，在水之湄。

溯洄从之，道阻且跻。

溯游从之，宛在水中坻。

蒹葭采采，白露未已。

所谓伊人，在水之涘。

溯洄从之，道阻且右。
溯游从之，宛在水中沚。

　　著名言情小说家琼瑶成名于 20 世纪 60 年代，她以写理想而唯美、情节曲折起伏的爱情小说而著称，她的作品当年不知迷倒了多少少男少女。

　　琼瑶有一个绝招，就是善于将一些古诗词稍加改变，再根据情节的需要放在自己的小说里，使这些古诗词重新焕发光彩。

　　从《青青河边草》中的歌词"青青河边草／悠悠天不老／野火烧不尽／风雨吹不倒／青青河边草／绵绵到海角／海角路不尽／相思情未了"可以看出，它就是脱胎于《古诗十九首》中的《青青河畔草》："青青河畔草，郁郁园中柳。盈盈楼上女，皎皎当窗牖。娥娥红粉妆，纤纤出素手。"

　　当年被湖南卫视拍成电视剧的《还珠格格》主题曲《不能和你分手》的歌词也是这样的："当山峰没有棱角的时候／当河水不再流／当时间停住日夜不分／当天地万物化为虚有／我还是不能和你分手／不能和你分手／你的温柔是我今生最大的守候／当太阳不再上升的时候／当地球不再转动／当春夏秋冬不再变换／当花草树木全部凋残／我还是不能和你分散／不能和你分散……"它就是从古民歌《上邪》改编来的："上邪，我欲与君相知。长命无绝衰。山无陵，江水为竭。冬雷震震，夏雨雪。天地合，乃敢与君绝。"

　　还有根据琼瑶小说改编的电影《在水一方》中这首荡气回肠、撼人心魄的歌曲：

绿草苍苍　白雾茫茫

有位佳人　在水一方

我愿逆流而上　依偎在她身旁

无奈前有险滩　道路又远又长

我愿顺流而下　找寻她的方向

却见依稀仿佛　她在水的中央

绿草萋萋　白雾迷离

有位佳人　靠水而居

我愿逆流而上　与她轻言细语

无奈前有险滩　道路曲折无已

我愿顺流而下　找寻她的踪迹

却见仿佛依稀　她在水中伫立

绿草苍苍　白雾茫茫

有位佳人　在水一方

这首歌的歌词来自《诗经》中的《蒹葭》一诗。

琼瑶把它稍稍加以白话修改，让它变得通俗易懂，让诗的意境跟小说中的人物杜小双的性格相协调，然后反复咏叹，从而使之具有一种奇特的艺术魅力。这首歌经由著名歌星邓丽君倾情演唱后，更是马上风靡全世界华人圈。

好了，聪明的你应该已经知道，我今天要说的就是《蒹葭》这首诗。

这首诗虽分为三节，但三节诗说的其实是同一个意思。

在一个深秋的早晨，芦苇苍苍，露水盈盈，秋水森森。在这梦幻般的深秋早晨，一个美丽的女子站在水的那一边。这个女子有着修长的身材和乌黑的长发，身着漂亮的衣裳。"所谓伊人"一句中的"伊人"，就应该是这个样子的，她也是这首诗的主人公爱恋着的意中人。

　　不管"我"是逆流而上还是顺流而下，怎么也接近不了"伊人"。她一会儿在"水中央"，一会儿在"水中坻"，一会儿又出现在"水中沚"。总而言之，尽管"我"苦苦追寻着她，却怎么也追不上。所谓"瞻之在前，忽焉在后"，"伊人"对"我"来说永远处在一种可望而不可即的状态。

　　透过文字，我们感觉到的是一种无可奈何又空虚惆怅的情绪。

　　这首诗把这同一个意思分成三节反复说，并不让人觉得重复啰唆，这种《诗经》里经常出现的重章叠句、反复咏叹的写法，把男主人公这种接近绝望的苦苦追求写得回肠荡气，增强了悲剧气氛，非常有感染力。

　　有人说，《蒹葭》这首诗没有具体的情节，也没有具体的情感，它写的就是一团情绪。我觉得他说得太对了！

　　还有人说，情感不是文学的真谛，情绪才是。以此来看，《蒹葭》这首诗才最符合文学的要义。

　　想一想，很多诗歌写的不就是一种情绪吗？戴望舒的《雨巷》中，"一个丁香一样的,结着愁怨的姑娘"，写的也不是哪一个具体的人物，写的就是一种情绪。闻一多的《死水》中"这是一沟绝望的死水"，李商隐的《锦瑟》中"沧海月明珠有泪，蓝田日暖玉生烟"，都是如此。

　　《蒹葭》中的这种情绪，迎合了许多人内心深处那种杳杳渺渺、若有若无的追求和理想。你一旦理解了这首诗，那种既希望又绝望，既充满喜悦又饱含悲凄的情绪，就再也挥不去了。

　　不信你听，一个若有若无的声音在你耳边轻轻吟唱：我愿顺流而下，找寻她的方向，却见依稀仿佛，她在水的中央……

《式微》
来，听一听我们的先民是怎样吐槽的

式微

《诗经·邶风》

式微式微，胡不归？
微君之故，胡为乎中露？

式微式微，胡不归？
微君之躬，胡为乎泥中？

这是《诗经》里一首画面感很强的诗，我们先看第一节。

"式微"的意思是天黑了，"式微式微"的意思就是，你看，你看！天已经黑了，天已经黑了呀！天黑了，牛羊回圈鸟归巢，人当然也要回家了。

"胡不归？"但是我们为什么还不回去呢？

"微君之故，胡为乎中露？"还不都是因为你这个坏家伙！否则天这么晚了，谁还愿意在这露水中站着啊！这里的"君"，可以理解为君主，也可以理解为当时拥有土地的贵族阶层。

第二节诗的句式和意思跟第一节大致相同，这就是《诗经》中许多诗所用的重章叠句的写法。

天已经这么黑了，我为什么还不回去呢？如果不是因为要养活你们，我们凭什么还要站在这冰冷的泥水中啊！

读这两节诗，我们仿佛看到一幅剪影般的画面：太阳西沉，天边的一点红光正在慢慢消失，只留下渐渐变得昏暗的一片神秘天空。一群农人还在泥水田里站立着，露水打湿了他们的头发和衣服。我们看不清他们的衣着，也看不清他们的面目和表情，只看到一个个黑乎乎的影子。

中国是个古老的农耕国家，农人们自古以来便以劳作为苦。其实他们并不是真的厌恶劳动，他们厌恶的是，他们不是在为自己劳作，而是在为别人劳作。这种劳作，除了带来身体上的劳累外，更多的是内心的酸楚和悲苦。

想一想，作为农人，他们没有一块属于自己的田地。辛苦劳作一年，收上来的粮食也没有一粒是属于自己的。那些统治者根本不用下田，却过着锦衣玉食的生活，同样生而为人，凭什么差别就这么大！

不过，在产生这首诗的时代，土地的拥有者们对土地的耕种者们的控制，可能并不是很严重，农人们对君主贵族也并不怎么惧怕。你看，农人们一边劳动，一边在那里大声吐槽君主贵族，还极尽挖苦讽刺之能事呢。

而所谓的统治者，也许并不像我们想的那样面目可憎。一个例证是，周代设有采诗官，每年春天，这些采诗官便摇着木铎深入民间，收集民间歌谣，把它们整理后再交给太师（负责音乐之官）谱曲，演唱给天子听，作为天子施政的参考。我们现在看到的《诗经》中的许多诗，就是当时的采诗官们收集整理的。

大家也可以想象一下当时的情景——坐在朝堂之上的天子，看了耕种田地的这些农人们的抱怨之后哈哈大笑，然后说："你看看，你看看！这些家伙居然在背后这样说我们！"

这里的君主也好，贵族也好，农人也好，都透出一种质朴有力的生气，一副很可爱的样子。

《子衿》
思念也要大声说出来

子衿

《诗经·郑风》

青青子衿，悠悠我心。
纵我不往，子宁不嗣音？

青青子佩，悠悠我思。
纵我不往，子宁不来？

挑兮达兮，在城阙兮。
一日不见，如三月兮！

我们现在使用的初中语文教材，在选编《诗经》里的诗歌时，由上一版教材里的两首诗增加到现在的四首诗，而且四首里有三首是情诗——《关雎》《蒹葭》《子衿》，在时间安排上，也由原来的九年级下册提前到了八年级下册。

这些美好动人的情诗，可以教人们怎样去追求完美的爱情，也可以让人们知道，原来世间还有这样美好的感情。

今天讲的这首《子衿》很有名，很多人非常喜欢。

比如大政治家、大诗人曹操，他曾在自己写的《短歌行》中完整地引用了其中的"青青子衿，悠悠我心"两句，不过他把这两句诗的意思完全改变了。《短歌行》中的"青青子衿，悠悠我心"之后是"但为君故，沉吟至今"，这里的"君"应该是指曹操想要搜求召集的人才，跟爱情完全不相干。当然，你非要说有关系也行，我们完全可以这样理解——曹操对人才的渴求程度，跟男女青年对心上人的渴求程度一样。

再比如北京师范大学教授史杰鹏，他把"悠悠我心"用作自己一本专讲古诗词的书名，可见其对这首诗的喜爱程度。

中国早期诗歌的好处是语言朴素、感情直白，虽然少了一种委婉含蓄，但直白的好处就在于感情浓烈，动人心魄。当然，这也跟早期诗歌多改编整理自民歌有关。

这首《子衿》也一样，它的内容很简单，写的是一个年轻女子在城楼上等待恋人时的心理感受。奇怪，我发现古往今来，女子在爱情中的表现往往比男子更为主动和大胆，从《上邪》中那个为爱情而赌咒发誓的女主人公，到《聊斋志异》中那些化身为鬼妖的女子，莫不如此。

下面来看《子衿》这首诗，它的前两节主要写的是女子对男子因爱成怨的心理。

"青青子衿，悠悠我心。纵我不往，子宁不嗣音？青青子佩，悠悠我思。纵我不往，子宁不来？"翻译成现在的话就是："心上人啊，我想你！我想你的衣襟青青，我想你的佩带绿绿，但是，我的个冤家，纵然我没有去找你，难道你就不能主动给我捎个信吗？纵然我没有去找你，难道你就不能主动一点来找我吗？"女子的态度何其大胆主动！

诗的第三节，则是写女子在城楼上因久等恋人，却迟迟不见人来时的心烦意乱。

"挑兮达兮，在城阙兮"，是说她因为没有见到心上人，所以心神不宁，在城头上来来回回走个不停。

接下来的"一日不见，如三月兮"是一句直接的感叹："虽然只有一天不见面，我怎么觉得好像已经分别三个月那么漫长呢！"虽然夸张，却真实地写出了女子当时的心理感受。有人说，这也是一种相对论：在一起时的快乐时光总感觉那么短，而别后思念的时间又感觉那么漫长——一天竟相当于三个月了。

前面说过，这首诗是很能动人心魄的。

我想，这种巨大的感染力主要来自两个方面：一是它细腻逼真而又直白的心理描写，二是思而不见的遗憾。

如果换作一个读书人，在这种情况下，他可能也会有怨言，但他肯定不会说出来。而这个女子直接把心里的埋怨说出来了，然后大家才会感叹，我在那种情况下也是这样想的啊！我只是不敢像她那么大胆地说出来。

也就是说，这首诗写出了大家的共同感受。

至于第二点，大家可以设想一下，如果诗歌这样写：我兴高采烈地去见我的意中人，就在我登上城头时，发现他早已在那里等着我了，我的心里是多么高兴啊！虽然这是一个皆大欢喜的结果，但诗歌的艺术感染力就要大打折扣了。没等到心上人时的那种柔肠百结，那种念念不忘，才是最能牵动人心，最让人回味的。

　　所谓缺憾也是一种美，就是这个意思。

《送杜少府之任蜀州》
朋友分别时，换个姿势可以吗

送杜少府之任蜀州

〔唐〕王勃

城阙辅三秦，风烟望五津。
与君离别意，同是宦游人。
海内存知己，天涯若比邻。
无为在歧路，儿女共沾巾。

在中国古代，送别是一件很隆重的事。

为什么这么说呢？这从古人创造的一个词语中就可以看得出来：生离死别。

古代交通极不便利，当时既没有飞机也没有火车，高级一点的出行方式，要么骑马，要么坐船。当时的京官到外地赴任，如果路程远一点，到达目的地时已经几个月或者半年过去了。

所以，古代离别的双方经此一别之后，很有可能此生再也没有机会相见了。加上当时的通讯也不发达，手机、网络通通没有，传递信息主要靠写信，你去年写的信，说不定要等到今年才送到收信人的手里。

好了，了解了这个背景，现在你再看"生离死别"这个词，是不是感觉到一种彻骨的伤感？

因此，中国古人在送别朋友时，不但要举行隆重的仪式，而且往往还要郑重写诗作留念。也因此，中国古人留下的送别诗特别多，并且这些诗大多写得愁思满腹，宛转悱恻，凄凄惨惨戚戚。

那有没有写得不那么伤感的送别诗？有，比如初唐诗人王勃写的《送杜少府之任蜀州》。

在介绍这首诗之前，让我们先介绍一下王勃，这个人和他的家族都太有名了。

王勃自己是大诗人不说，他的父亲王福畤，他父亲的父亲王通，他父亲的叔叔王绩，都是著名的诗人。前面讲王绩《野望》一诗时已讲过，王通、王绩和王勃，还被人们放在一起称作"王氏三株树"。

王勃从小就很聪明，一个流传很广的故事说，王勃不满十四岁就去参加科举考试，主考官见他是个小孩，就和他开玩笑："蓝衫拖地，怪貌谁能认？"王勃马上反唇相讥："紫冠冲天，奇才人不识！"主考官不但不生气，反而哈哈大笑，心里想，这个小孩有点意思，我再来逗逗他，于是接着说："昨日偷桃钻狗洞，不知是谁？"这时的王勃已经完全放松下来了，立即回道："他年攀桂步蟾宫，必定有我！"主考官听后跷起大拇指夸道："神童，神童，果然是龙门（王勃是山西绛州龙门人）神童！"

被誉为"神童"的王勃中举后当了朝散郎，成为当时朝廷里年纪最小的官。此后，王勃又写了不少好文和好诗，连皇帝唐高宗都被惊动了，夸他说："奇才，奇才，我大唐奇才！"同时，人们将王勃和同时代的另外三人杨炯、卢照邻、骆宾王放在一起，合称他们为"初唐四杰"，并且在四人中，把王勃排第一。

王勃的文章中，最有名的当属《滕王阁序》，而他最有名的诗歌就是下面要讲的这首送别诗：《送杜少府之任蜀州》。

先把它翻译一下。

"城阙辅三秦，风烟望五津。"雄伟的长安城啊，由三秦大地护卫着。透过那迷迷蒙蒙的烟雾，诗人仿佛看见了自己的兄弟杜少府此去蜀州途中要经过的五个渡口。

"与君离别意，同是宦游人。""我今天在这里和你分别啊，心里怀着无限的情意，因为我们都是一样的人啊，都在宦海中沉沉浮浮。"

"海内存知己，天涯若比邻。""只要在这世上还有你我这样的知己啊，哪怕你我远隔天涯，也会感觉就在近邻。"

"无为在歧路，儿女共沾巾。""在这分别的路口，我们可别像那些没出息的小儿女那样，让伤心的泪水打湿手巾。"

这首诗写出来后，大家都说好。

首先是中间的两联："与君离别意，同是宦游人。海内存知己，天涯若比邻。"这两联属于流水对，大家评论说，这两个对子比王勃的叔祖王绩在《野望》里"树树皆秋色，山山唯落晖。牧人驱犊返，猎马带禽归"的正对，要高明很多。

其次，虽然"海内存知己，天涯若比邻"一联是从曹植的"丈夫志四海，万里犹比邻"借鉴来的，但是大家都说，借得好，借得妙，因为借出了新意，借出了新境界。

最后，这首诗之所以在多如牛毛的送别诗中显得那么闪亮，是因为它的感情基调跟其他送别诗完全不一样。大家说，此诗一洗往昔送别诗中的悲苦缠绵之态，体现出诗人高远的志向、豁达的情趣和旷达的胸怀。这种感情尤其体现在"海内存知己，天涯若比邻"这一联上。

真的是这么回事吗？

仔细体会一下，我倒觉得这首诗表面上一个写离别愁绪的字眼也找不到，仿佛很是意气豪迈的样子，但实际上，整首诗都是在写愁。

不说"风烟望五津"中那遥远而艰险的路途，也不说"同是宦游人"中那么明显的感慨，即使是看似豁达的"海内存知己，天涯若比邻"，难道不是王勃在强颜欢笑，安慰杜少府的同时，也在自我安慰吗？

虽然劝说朋友不要学"儿女共沾巾"，但是在使劲拍了拍杜少府的肩膀，看到他瘦削的身影越走越远后，难保王勃不背过身来狠狠地淌下几行热泪。

读不出其中愁绪的人，还真是"少年不识愁滋味"啊！

《望洞庭湖赠张丞相》
史上最有才的一封求职信

望洞庭湖赠张丞相

［唐］孟浩然

八月湖水平，涵虚混太清。

气蒸云梦泽，波撼岳阳城。

欲济无舟楫，端居耻圣明。

坐观垂钓者，徒有羡鱼情。

今天讲的孟浩然的这首诗，被人称作史上最有才的一封求职信。

我们先来说说孟浩然这个人。

孟浩然最初的人设是一名志趣高洁的隐士。

他隐居在鹿门这个地方，每日"以诗自适"，专门写一些不食人间烟火、仙气飘飘的山水田园诗。

他成功了，而且是非常成功。

他曾经写了一首诗，里面有一句"微云淡河汉，疏雨滴梧桐"，人们读后连声赞叹，佩服得连笔都拿不住："嗟其清绝，咸搁笔不复为继。"

他的同乡张子容说他"杜门不欲出，久与世情疏""醉歌田舍酒，笑读古人书"，完全是一个世外高人的形象。

连李白都来为他站台，说"吾爱孟夫子，风流天下闻"，还赞美他"高山安可仰，徒此揖清芬"。

李白是什么人，是"天子呼来不上船"，一个连天子都不怎么放在眼里的人却给了孟浩然这么高的评价，我们只能说，孟浩然给自己打造的这个隐士形象真的太成功了。

孟浩然为什么要这么做呢？他有他的考虑。

我想，当初孟浩然做这一切的时候，一定有一个人的形象在他的脑子里由模糊到清晰。

这个人就是诸葛亮。

想当年诸葛亮在南阳当隐士时，引得刘备三顾茅庐，亲自来请他出山，最后他果然助刘备成就了一番霸业。当隐士不是目的，通过隐士的名头引起皇帝的注意并被起用，这才是孟浩然的目的。

孟浩然当隐士时"苦学三十载，闭门江汉阴"，其实是在为以后能走上仕途做准备，本质上跟其他读书人"学成文武艺，货与帝王家"走的是一样的路。

但是，孟浩然当隐士没有诸葛亮成功，他在家乡襄阳等了几十年都没有等来皇帝的聘书。

三十八岁那年，孟浩然终于等不及，跑到都城长安参加科举考试了。进考场前，孟浩然信心满满，自觉基础打得扎实无比，好友李白也鼓励他："哥，我相信你，你一定能行的！"

但不知是哪里出了问题，分数出来，孟浩然并没有考上。

遭遇巨大打击的孟浩然没有就此沉沦，他干脆一不做二不休，在长安城长住下来，而且与当时的文坛、政坛双料大佬——王维和张九龄以切磋诗艺的名义打得火热。

不久，张九龄官拜中书令，孟浩然一看机会来了，赶紧写了一首诗送给张九龄。这首诗的中心意思你一定猜得出来，对！就是希望得到张九龄的引荐。这封求职信，不对，这首诗，就是今天要讲的《望洞庭湖赠张丞相》。

孟浩然不愧为大诗人，居然把一封求职信写得既文采飞扬又委婉含蓄，尽管他想当官的愿望是那样急切，但表面上看，一点也不露乞恳的痕迹。下面我把这首诗翻译成现代文给大家看看。

敬爱的张丞相大人：

您好！

几日不见，挺想您的。这几天工作挺忙吧，但是再忙也要注意身体啊！

小弟给您写信，也没有别的事，只是近来入秋，忽然想起曾经在洞庭湖住过一段时光，然后生出一些感想，所以写出来跟您汇报一下。

我记得，那时虽然已是八月，但洞庭湖依然一片浩荡，湖面与天空连成一体，水汽翻卷蒸腾，将古云、梦二泽完全吞没，汹涌的波涛仿佛撼动了整个岳阳城。

湖水浩荡，记得愚弟浩然当时也是心潮澎湃，百感交集啊！我有心想渡过那湖去，却没有船也没有桨；如果一直这样闲居下去的话，又觉太愧对这个伟大的时代。但又有什么办法呢？我坐在湖边，看着那些垂钓之人一条又一条地往上拉鱼，我只能徒然羡慕，一声接一声地叹气。

哦，对了，上次和您见面时您随口吟下的那首诗，愚弟回来后反复吟赏，觉得确实高妙，丞相的大才值得愚弟我永远学习。

好了，就写到这儿吧，希望没有打扰到您。

敬颂

钧安！

不才弟浩然字

这首诗没有一句请求张九龄引荐的话。诗的前两联貌似在写洞庭湖的景象，实际上是为了引出后两联："欲济无舟楫，端居耻圣明。坐观垂钓者，徒有羡鱼情。"因为有湖就想到渡湖的人，而渡湖就需要船和楫，后面的垂钓也都和湖有关，这铺垫不可谓不巧妙。

更妙的是，后两联表面上是说面对浩荡的湖水，诗人想渡湖却没有船和桨，但实际表达的意思是：我就像那个想要渡湖的人一样，想找出路却没有人接引啊！考虑到这首诗是写给张九龄的，这句话像不像孟浩然向张九龄撒娇："丞相大哥，您愿意给弟弟渡湖的船和桨吗？"

"坐观垂钓者，徒有羡鱼情。"这两句也一样，表面是说自己坐在湖边，看着那垂竿钓鱼的人，只能白白产生羡慕之情，弦外之音也是在向张丞相表白："我哪里是想当什么隐士啊，出仕当官、为国效力才是我的心愿啊！大哥您不可不察啊！"

收到这首诗后，张九龄被孟浩然深深地打动了。他一方面感叹孟浩然的用心之巧，一方面也觉得确实要在朝廷帮孟浩然谋个职位。

但人算不如天算，张九龄这个忙最后还是没帮成。说到底，也是怪孟浩然自己。

孟浩然在打造自己的隐士人设时用力太猛了，以至于大家都知道孟夫子最大的理想就是当一个隐士，对当官根本不感兴趣。关键是，连皇帝都是这么想的。

孟浩然写的《岁暮归南山》一诗中有这样的句子："北阙休上书，南山归敝庐。不才明主弃，多病故人疏。"

这首诗的本意是说，我孟浩然跑到京师来，本来是想通过考试改变命运，哪晓得没考上，不得已只好归隐终南山，住在一所破房子里。我本来也没有什么才能，难怪会被当今圣上遗弃。现在我年迈多病，所以连朋友也都渐渐疏远了。

"不才明主弃"一句看起来好像是在谦虚，但明眼人都知道，孟浩然是在发牢骚呢！

这首诗传到皇帝的耳朵里，皇帝很不高兴："我这个人从来都是求贤若渴，但听说孟浩然先生对当官根本不感兴趣，那我也不能强人所难是吧？这样吧，我们就成全孟先生，让他继续在终南山当他的隐士吧！"

皇帝这句话彻底断送了孟浩然的当官之路。

《石壕吏》
所有给百姓带来伤害的战争都是可耻的

石壕吏

[唐]杜甫

暮投石壕村，有吏夜捉人。老翁逾墙走，老妇出门看。

吏呼一何怒！妇啼一何苦！

听妇前致词：三男邺城戍。一男附书至，二男新战死。存者且偷生，死者长已矣！室中更无人，惟有乳下孙。有孙母未去，出入无完裙。老妪力虽衰，请从吏夜归，急应河阳役，犹得备晨炊。

夜久语声绝，如闻泣幽咽。天明登前途，独与老翁别。

都说时代的一粒灰，落在个人头上，就是一座山，更何况是时代的一座山落在个人头上呢!

这座山就是著名的安史之乱。

天宝十四年（755 年）十一月，震撼唐王朝的安史之乱爆发，这场持续八年的战乱让许多人的命运彻底改变。

先是杨贵妃的哥哥、担任宰相的杨国忠被诛杀，接着是备受唐玄宗宠爱的杨贵妃缢死于马嵬坡，然后是唐玄宗在逃难途中被提前强行退休——太子李亨在灵武（今宁夏中卫）即位，称唐玄宗为太上皇。

战乱中，可怜的还是普通百姓。有一个诗人对安史之乱给普通百姓造成的巨大伤害做了最真实、最完整的记录，这个诗人就是杜甫。

758 至 759 年，受房琯案牵连而被贬为华州司功参军的杜甫，因经常往返于华州、鄜州、洛阳之间，沿途经过新安、石壕、潼关等地，得以目睹战乱带给老百姓的深重灾难，于是写下了著名的《北征》《羌村》以及高度概括安史之乱的"三吏"（《新安吏》《潼关吏》《石壕吏》）、"三别"（《新婚别》《垂老别》《无家别》）组诗。

这组诗以《新安吏》始，以《无家别》终，写尽了战争背景下普通百姓的心酸血泪。"三吏""三别"让杜甫一举登上"诗史"的宝座，也让杜甫拥有了"唐朝最具良心诗人"的称号。

今天我们讲"三吏"中的《石壕吏》一诗。

"暮投石壕村，有吏夜捉人。"这天，杜甫正奔赴华州任所，眼看天色已晚，于是投宿在石壕村的一户人家。这户人家只有四口人：一对老夫妇和他们的儿媳，以及一个还在吃奶的小孙子。还没来得及问家里怎么没有其他人，就听见外面传来呼喝声。虽说自己是一名朝廷命官，但为了避免麻烦，杜甫还是选择躲在了内屋。

乾元二年（759 年），唐军在邺城（今河南安阳）被叛军大败，朝廷为补充兵力，便在洛阳以西至潼关一带强行抓人当兵。本来唐朝有规定，男子二十二岁为丁，也就是说，要征兵的话，男子必须满二十二岁。但是随着战事的不利发展，征兵越来越多，丁已经不够用了。于是负责征兵的官吏便私自变更标准，把满十八岁的男子也抽去当兵了。在《新安吏》一诗里，杜甫对此已有记载："府帖昨夜下，次选中男行。""中男"就是指年满十八岁的男子。这种违规操作弄到最后，男人们一听说要征兵，不管年龄大小都望风而逃，所以才有"暮投石壕村，有吏夜捉人"的事情发生。白天看不到人，晚上你们总要回来吧？

"老翁逾墙走，老妇出门看。"由这两句可以看出，县吏趁夜下来捉人已是常态，所以这家的老翁和老妇也形成了一种默契：一听到风吹草动，老翁便马上熟练地翻墙而逃，老妇则前去开门应付抓丁的官吏，为老翁顺利逃走赢得时间。老翁以年迈之躯熟练翻墙，读来让人觉得格外心酸，都是这该死的战争逼的！

"吏呼一何怒，妇啼一何苦！"只听见官吏的呼喝声是那样凶狠，老妇的啼哭声又是那样凄惨。

在诗中，老妇的哭诉似乎是一口气完成的，但按内容可以将其分为三层，这三层又是以县吏的三次逼问递进的。有人可能会说，我们没在诗中看到县吏的逼问内容啊！这是杜甫为了叙事简洁，把逼问的内容省掉了，大家只要稍微想象一下，就可以知道县吏都向老妇逼问了什么。

县吏第一次逼问："老太婆，你家的男人呢？让他们快点出来！"

老妇哭诉："三男邺城戍。一男附书至，二男新战死。存者
且偷生，死者长已矣！""大人们啊！家里现在哪里还有男人啊，
我的三个儿子全都上前线去了啊！前不久小儿子写信回来说，两个
哥哥刚战死了。人死不能复生，受折磨的是我们这些活着的人啊！"

以往，听过老妇这一番哭诉，县吏们虽不高兴，但也无可奈何。
但这次却出了一点意外，县吏凶狠的吼声吓哭了老妇的小孙儿，于
是有了县吏的第二次逼问："你不是说没人吗？隔壁房间的人是谁？"

老妇只好接着哭诉："室中更无人，惟有乳下孙。有孙母未去，
出入无完裙。""家里真的没有别的大人了，只有一个还在吃奶的
小孙儿。因为这个孙儿，所以孩子妈妈暂时没有离开，可怜的孩子
妈妈连一件出来见人的完整衣服都没有啊！"

老妇的这段哭诉信息量很大，也很有智慧。

"有孙母未去"——我这个孙儿已经是没爸的孩子了。儿子死
了，儿媳妇本来要走，因为孩子还小才不得不留下来。我家太惨了！

"出入无完裙"——我儿媳妇连一件完整的衣服都没有了，男
女有别，您几位官爷就别进去看了。

听完老妇的哭诉，县吏虽然也感觉有些凄恻，但这次上头逼得
实在太紧了，于是他们也只好耍起了无赖："我们不管，今天你变
也要给我们变一个人出来，否则就把你们家儿媳妇带走！"

万般无奈之下，老妇只好向县吏请求："老妪力虽衰，请从吏
夜归，急应河阳役，犹得备晨炊。""大人，你们实在为难的话，
我愿意跟你们走。我年纪虽然大，也没什么力气，但如果连夜赶路
的话，还来得及为前线将士们备好早餐。"

老妇之所以这样说，有几个考虑。

一是儿媳妇不能被带走，她一走，小孙子肯定活不了。这可是他们家延续香火的唯一希望。二是老翁也不能被带走，老翁年纪虽然大了，但一家老小的生活来源还得靠他。三是老妇心里仍存有一丝侥幸，也许县吏大人心一软就放过她这个老太婆了呢？

然而，老妇想错了，县吏听了她的请求，居然一点都没有犹豫就把她带走了。

"夜久语声绝，如闻泣幽咽。天明登前途，独与老翁别。"老妇被带走后，只剩下死一般的寂静。这一夜，杜甫再也没有睡着，而且耳边总像有人在小声抽泣。是老妇的儿媳，还是已潜回家中的老翁？天一亮，杜甫就启程赶路，但与他告别的只有老翁了，想来老妇已到河阳前线了吧。

有人解读老妇主动要求上前线这一举动，说它体现了以老妇为代表的唐朝百姓强烈的爱国主义精神，以及对叛军的无比愤恨。

要我说，一切给老百姓带来巨大伤害的战争都是可耻的，更别说一场把年迈的老妇人也逼上前线的战争了。

杜甫的伟大之处，杜甫永远值得大家尊敬的地方也在这里——他永远站在弱小者的一边。他用他那些真实反映战争残酷的诗篇，表明了他鲜明的反战态度：所有的战争，真正遭殃的永远是那些无辜的平民百姓。

《茅屋为秋风所破歌》
秋风中，一个老人的痛苦呼喊

茅屋为秋风所破歌

[唐] 杜甫

八月秋高风怒号，卷我屋上三重茅。茅飞渡江洒江郊，高者挂罥长林梢，下者飘转沉塘坳。

南村群童欺我老无力，忍能对面为盗贼。公然抱茅入竹去，唇焦口燥呼不得，归来倚杖自叹息。

俄顷风定云墨色，秋天漠漠向昏黑。布衾多年冷似铁，娇儿恶卧踏里裂。床头屋漏无干处，雨脚如麻未断绝。自经丧乱少睡眠，长夜沾湿何由彻！

安得广厦千万间，大庇天下寒士俱欢颜！风雨不动安如山。呜呼！何时眼前突兀见此屋，吾庐独破受冻死亦足！

曾在年轻时写过"会当凌绝顶，一览众山小"这样意气风发的句子的杜甫，人生在安史之乱后来了一次断崖式下跌，并且此后再也没有缓过神来。

此前的杜甫，虽然也谈不上多么成功（比如连续几次参加科举考试都没有考上），但至少他在生活上是优渥的。杜甫的祖上曾经阔过，还有一点家底在，而且他两次考试落榜后都趁机远游，可见他并不怎么感到失落和着急。因为那时的他还年轻，他觉得人生对他来说，还充满着机会。

安史之乱后，一切都变了。

先是因为仕途无着，为降低生活成本，他一个人在外漂泊，和家人分隔两地。后来，由于一次意外，他被叛军所俘，几经周折才逃出来找到皇帝。尽管皇帝被他的耿耿忠心打动，给他封了个左拾遗的小官，但很快又因为他直言敢谏，把他的官给撤了。

被贬的杜甫干脆辞了官，带着一家老小一路跋涉到四川，最后在友人的帮助下盖了一所茅草房子，这才把一家人安顿下来。

杜甫对在四川度过的这段短暂而安稳的时光非常珍惜，对那座用来寄托身心的草堂尤其重视，所以为它写了不少诗歌。

在杜甫的诗里，草堂是美的。草堂刚盖成时他这样写道：

背郭堂成荫白茅，缘江路熟俯青郊。
桤林碍日吟风叶，笼竹和烟滴露梢。

——《堂成》

杜甫说："我的草堂是用白茅盖成的，它背对着城郭而邻近锦江，坐落在沿江大路的高地上。从我的草堂看出去，可以看到郊外那一片青葱的小树林和草地。"

"我的草堂建在桤树林深处，桤林茂密，强烈的阳光也透不进来。漠漠轻烟笼罩，风吹叶子的声音和露水滴落树梢的声音都能清楚听到。"

在杜甫的诗里，草堂的生活是充满乐趣的：

> 老妻画纸为棋局，稚子敲针作钓钩。
>
> ——《江村》

杜甫说："我的老妻正在纸上画棋盘，我的小儿子正敲打着一根针，想把它做成鱼钩。"

读着这样的诗句，简直让人有一种岁月静好、现世安稳的感觉。

人生至此，想必杜甫当年那种"致君尧舜上，再使风俗淳"的雄心壮志，早已消失得差不多了——有一个稳定住处，让老婆孩子能吃饱饭，才是当前最紧要的事情。

但这种安稳太脆弱，岁月静好也是一种错觉，这个有我们今天要讲的《茅屋为秋风所破歌》一诗为证。

一阵大风、一场秋雨就可以让杜甫的生活露出狼狈不堪的底色，让他猝不及防。

先看风。

"八月秋高风怒号，卷我屋上三重茅。"八月深秋的狂风在怒吼，卷走了屋顶上好几层茅草。

"茅飞渡江洒江郊，高者挂罥长林梢，下者飘转沉塘坳。"被风卷走的茅草在空中乱飞，飞过浣花溪，散落在江边。飞得高的茅草缠绕在高高的树梢上，飞得低的则飘飘洒洒，沉落到低洼的水塘。

在狂风之下，杜甫根本就没有回转之力，只能被动受虐。

"南村群童欺我老无力，忍能对面为盗贼。公然抱茅入竹去，唇焦口燥呼不得，归来倚杖自叹息。"这几句诗，表面是写不懂事的小孩子的恶作剧，但它体现的却是年迈体衰的杜甫的无力感和挫败感——连小孩子都可以欺负他到没脾气。

再看雨。

"俄顷风定云墨色，秋天漠漠向昏黑。布衾多年冷似铁，娇儿恶卧踏里裂。床头屋漏无干处，雨脚如麻未断绝。自经丧乱少睡眠，长夜沾湿何由彻！"风很快便变成雨，朝杜甫袭来。更痛苦的是，和秋雨一起到来的，还有漫漫长夜。多年辗转漂泊的生活，让杜甫患上了失眠症。破败的被子、如麻的雨脚、寒冷的秋夜、习惯性失眠，这一切让杜甫觉得自己被一种无边的痛苦包裹着，根本无处可逃。

"安得广厦千万间，大庇天下寒士俱欢颜！风雨不动安如山。呜呼！何时眼前突兀见此屋，吾庐独破受冻死亦足！"一般人往往把结尾这几句诗理解成是杜甫忧国忧民、胸怀大爱的一种体现，我觉得这也是杜甫心灵的一种痛苦挣扎。

杜甫理解不了，为什么他的人生会充满如此多的灾难，像他这样饱读诗书的人，为什么连起码的生活保障也得不到。所以他只能幻想有一所房子，面朝大海，春暖花开！不对，是要有千万间宽敞的大房子，房子牢靠得很，遇到风雨也安稳如山，从而让天下像我一样的寒士都得到庇护，使他们喜笑颜开。

因为明白这只能是一种幻想，所以杜甫说，要是眼前出现这样高耸的房屋，到那时，即使自己还住着破房子，受冻而死，也心甘情愿！

有一种说法叫"少读李白，老读杜甫"。《茅屋为秋风所破歌》

中，杜甫表现出的那种经历社会动乱、遭遇人生灾难后，无法把握自己命运的巨大痛苦，是一般人很难体会得到的。

　　只有饱尝过失败的滋味、理想幻灭的痛苦的老人，才能真正读懂并理解同情杜甫。《茅屋为秋风所破歌》一诗，其实是一个自觉人生失败的老人的痛苦呼喊。

《卖炭翁》
唐朝宫廷后勤干部，是怎样采购日用品的

卖炭翁

［唐］白居易

卖炭翁，伐薪烧炭南山中。满面尘灰烟火色，两鬓苍苍十指黑。卖炭得钱何所营？身上衣裳口中食。可怜身上衣正单，心忧炭贱愿天寒。夜来城外一尺雪，晓驾炭车辗冰辙。牛困人饥日已高，市南门外泥中歇。

翩翩两骑来是谁？黄衣使者白衫儿。手把文书口称敕，回车叱牛牵向北。一车炭，千余斤，宫使驱将惜不得。半匹红绡一丈绫，系向牛头充炭直。

要说唐朝，那也是中国历史上一个充满自信的朝代。

一个明显的证据是，它能够容忍白居易这样的诗人和官员存在。

白居易是谁？一个经常写点不那么正能量的诗歌，甚至有抹黑唐朝政府形象嫌疑的诗人。他写的许多诗，题材之敏感、尺度之出格、语言之尖锐，即使是放到现在也让人惊讶——这家伙太敢写了！

我在这里找几首白居易写的诗给大家看看，以证明我所言不虚。

《重赋》。诗里说，老百姓在严苛的税收压榨下，生活贫困，衣不蔽体，食不果腹，但国家收上来的东西却放在仓库里发霉腐烂。矛头直指唐朝的税收制度。

《轻肥》。诗中主要写唐朝内臣、大夫、将军们赴宴时的得意之态，还写了席上酒食的丰盛。高官们过着骄奢淫逸的生活，但"是岁江南旱，衢州人食人"，江南地区由于旱灾导致饥荒，已经出现人吃人的现象。他真是一点也不给皇帝留面子，因为"人食人"是要记入史书的。

《买花》。诗里说，那些达官贵人们买一丛花的价格，竟然是十户家庭的赋税。如果那些钱是他们劳动挣来的，那也没毛病。问题是，靠这些官吏的正常收入，是买不起这样的奢侈品的。这些钱是从哪来的呢？当然是从老百姓那里巧取豪夺来的。你说，白居易这不是赤裸裸地煽动阶级对立吗？

说那些被白居易讽刺的对象一点也不介意，说这些诗一点也没给白居易带来麻烦，那也不符合事实。

先说他的讽刺对象之一，皇帝。

虽然白居易经常写诗批评唐朝政府这也不好，那也不成，但好脾气的唐宪宗往往一笑了之。只是有一回，白居易写了一首诗，让唐宪宗很不舒服，于是他忍不住向大臣李绛抱怨："白居易这家伙也太讨厌了！说起来他还是我一手录用并提拔的，但他却处处跟我作对，端起碗来吃肉，放下筷子骂娘，真是个白眼狼！不行，下次他再这样，我一定要给他点颜色看看，让他知道我的厉害。"

还好李绛是个正直的好人，他不但没有幸灾乐祸、落井下石，反而劝皇帝："皇上，白居易这么做，全是为您好啊！您想想，您既然一心想当个好皇帝，那就应该虚心接受大臣的批评。对于白居易这些批评，您有则改之，无则加勉就好啦！"唐宪宗听后想了想说："有道理，这次就不办他了！"白居易这才得以过关。

再说其他权贵。

大家知道，白居易最后被贬到了江西九江，当了一个江州司马，还在那里写了一首著名长诗《琵琶行》。被贬江州，这事就是那些长期受他讽刺的权贵们干的。

关于这件事，白居易在写给他的好友元稹的信中是这么说的："闻《秦中吟》，则权豪贵近者相目而变色矣。闻《登乐游园》寄足下诗，则执政柄者扼腕矣。闻《宿紫阁村》诗，则握军要者切齿矣。"意思是，他写的这些诗，让那些政府和军队系统的人都对他恨之入骨。

所以，那些人就合起伙来围攻白居易，造谣说他滥用权力，越职言事。更狠的是，他们还说他老妈在井边看花，突发疾病坠井而死时，他居然还有心思写《赏花》和《新井》，可谓大不孝。

这事一公布，道德感爆棚的吃瓜群众不干了，纷纷要求朝廷严惩白居易。这样一来，唐宪宗就不好再保白居易了——也许他心里也想给白居易一点教训，于是白居易就到江州来了。

其实，白居易写这些讽喻诗的初心很朴素，无非就是希望朝廷也好，达官贵人们也罢，能对老百姓好一点，这难道也有错吗？当然没错！

今天要讲的这首《卖炭翁》有个题注："苦宫市也。"所谓宫市，是指唐朝皇宫里若需要物品，就要派宫里的太监去市场上买。这不挺好的吗？为什么要"苦宫市"呢？读完你就知道了。

这首诗的语言很通俗——白居易的诗本来就以通俗见长，连不识字的人都能听懂。下面我们一起简单分析一下。

"卖炭翁，伐薪烧炭南山中。满面尘灰烟火色，两鬓苍苍十指黑。"这里主要通过外貌描写表现卖炭翁伐薪烧炭的艰辛：因为常年烟熏火燎，和炭打交道，两鬓灰白的卖炭翁满脸都是烟尘，十个指头也都和炭一样黑了。

"卖炭得钱何所营？身上衣裳口中食。"一问一答，写出了这一车炭对于卖炭翁一家人的重要意义：一家老小吃的、穿的就全靠它了。

"可怜身上衣正单，心忧炭贱愿天寒。"我每次读到这两句诗，总有想流泪的冲动。一个老人，天寒地冻，衣着单薄，为了能把炭卖一个好价钱，居然希望天能冷一点，更冷一点。这是多么心酸的愿望啊！

"夜来城外一尺雪，晓驾炭车辗冰辙。"也是上天可怜这位老人，晚上果然下了一场大雪，老人心里是何等惊喜，所以他一大早就从炕上爬起来，驾着炭车上路了。他心里在盘算：卖了炭，得了钱，首先要给家里的老婆子买一件袄，她那件袄从嫁到他家来就一直穿到现在，早已破烂不堪，并且看不出原来的颜色了；然后给大儿子买一双鞋，他还穿着他妈给他做的草鞋呢；再给小闺女买一件花衣裳，她穿上花衣裳一定很好看。想到这里，卖炭翁脸上不由浮起一丝难得的笑容。

"牛困人饥日已高，市南门外泥中歇。"一路盘算中，他不觉已到长安城外。这时牛也困，人也饥，姑且先在南门外的泥巴路上歇一歇吧！老人此时还不知道，他刚才的美好设想，等一下就会全部泡汤。

"翩翩两骑来是谁？黄衣使者白衫儿。手把文书口称敕，回车叱牛牵向北。"迎面而来骑在马上趾高气扬的两个人是谁？那是宫内负责采买物品的太监和他的手下。见到这两人，街道两旁认识他们的小商小贩纷纷如躲避瘟神一样四散逃走。卖炭翁还没回过神来，那两人已来到自己身边，下了马，手拿一封文书，说是皇帝的敕谕，并高声宣读："兀那老儿，你这车炭，皇上说，他要了！"话刚说完，两人就吆喝着牛把一车炭往宫里拉。

"一车炭，千余斤，宫使驱将惜不得。半匹红绡一丈绫，系向牛头充炭直。"一车炭，一千多斤，就这样被两位宫使拉走了，老人心里像割肉一般疼。给钱吗？当然给！给多少？半匹红纱，一丈绫。

看到这儿，现在大家知道为什么白居易要给这首诗加上"苦宫市也"的题注了吧？

白居易当然知道，太监们敢如此公开抢夺老百姓的财物，是因为他们背后有皇帝撑腰。写诗讽刺太监，就是把矛头指向了皇帝。但他还是要写，因为不写出来，他觉得对不起自己的良心。

因为这首诗，我当年一下子就喜欢上了白居易。我觉得他刚直善良，富有伟大的同情心，是一个好人。一个好人写出来的诗，能不好吗？

好人有好报。白居易被贬江州没多久就获得老友帮助，改任忠州刺史。接着，老皇帝死了，新皇帝即位。新皇帝是白居易的忠实粉丝，于是又把白居易召到朝廷里。此后，白居易先后当过司门员外郎、主客郎中知制诰、中书舍人等官。

但是，白居易发现，朝廷里的官员们内斗非常厉害，他觉得还是在外面更自由，更安全，也更好玩。于是他自请调到杭州、苏州当刺史，把杭州、苏州玩了一个遍。

白居易七十岁时，以刑部尚书退休，五年后逝于洛阳。在唐朝诗人中，他算是高寿了。

《题破山寺后禅院》
禅境就在山光潭影中

题破山寺后禅院

[唐]常建

清晨入古寺，初日照高林。
曲径通幽处，禅房花木深。
山光悦鸟性，潭影空人心。
万籁此都寂，但余钟磬音。

唐诗史上总有一些诗人，他们留下的作品不是很多，他们的名气也没有李白、杜甫那么大，但是并不妨碍他们留下的不多的作品中名句迭出。

比如王湾的"潮平两岸阔，风正一帆悬"，比如常建的"曲径通幽处，禅房花木深"。

常建和王昌龄是同科进士，名头却远不如王昌龄响，这和他的性格有关。

王昌龄进士及第之后仕途不顺，还一度被贬到湖南和贵州交界的偏远之地龙标,惹得他的朋友李白专门为他写了一首《闻王昌龄左迁龙标遥有此寄》。而常建考上进士后,当的最大的官也不过是盱眙尉而已。

他们之间的不同之处在于,王昌龄虽然仕途坎坷,却一直没有气馁,一生都在不断折腾——生命不息,折腾不止。在折腾的过程中,他一方面积极混朋友圈,和当时的诗坛大佬王维、孟浩然、李颀、高适、岑参、王之涣,还有前面说的李白,都保持着良好的关系,经常以交流诗歌的名义和他们在一起吃吃喝喝;另一方面,他专攻边塞诗,一时间人气非常旺,成为唐朝著名文艺"网红"之一。

而常建呢,短暂地做过盱眙尉后,他便知道这不是自己的兴趣所在,后来干脆就彻底辞官归隐了,隐居地点就在湖北鄂州。

所以,常建的名气不如王昌龄也就可以理解了,不过他的诗才一点也不输于王昌龄。

今天要讲的《题破山寺后禅院》写于常建隐居之前,这首诗已经基本暴露了他后来的人生轨迹。诗里提到的破山寺,现在叫兴福寺,位于江苏常熟。可以推测,这首诗应写于常建在江苏当盱眙尉期间。

下面就一句一句来。

"清晨入古寺,初日照高林。"说是在一个早晨,诗人驱车来到破山寺所在地的山脚,踏着石阶铺砌的山道信步而上。要说天气那真是好:天是瓦蓝的,天空中几乎没有云彩,即使有,也如一片淡淡的羽毛。阳光透过山道两旁高高的树林,化作细碎的光斑洒在山径之上。

"曲径通幽处,禅房花木深。"到了山腰,只见一大片难得的平地,这就是破山寺的所在地。穿过一段曲曲折折的树木掩映的小路,眼前豁然开朗，原来是到了破山寺后禅院。禅院花木扶疏，环境幽静，只听到蜜蜂在花间飞舞发出的嗡嗡声。

据说宋朝欧阳修最喜欢这两句诗，他多次想要仿写，却怎么也写不出来。这是自然的，为什么呢？因为"造意者为难工也"，那些佳句妙句，往往都是"妙手偶得之"的神来之笔。刻意为之，是写不出来的。

"山光悦鸟性，潭影空人心。"在禅院石桌旁的石凳上坐定，片刻之后，因登山所起的汗意已完全消失。诗人站起身来在院里踱步。也许是山色太美丽，林间小鸟也非常高兴，它们自在地飞来飞去，不时发出清脆的叫声，溅落一地的阳光。禅房前有一汪清澈见底的潭水，天光云影倒映其间，让人的心也变得空空荡荡的。

这是一种美妙的禅境，是一种"本来无一物，何处惹尘埃"一般彻底放空心灵的禅境。

"万籁此都寂，但余钟磬声。"就在诗人的身心彻底沉浸在一片宁静之中时，突然听见几下似乎来自天外的钟磬之音飘了过来，久久回荡在耳际。

这首诗充满禅味，这样的诗句，仿佛能对我们起到一种净化灵魂的奇妙作用。

表现禅境的诗虽然有很多，这首却独具魅力。也许因为常建生活在盛唐时期，所以即使写禅境，也写得干净、爽朗，这就是所谓的盛唐气象。"高林""花木""山光""潭影"，这些景物无一不充满着生机。在这一片生机之中又透出一种静，这是一种积极活泼的静，是闹中取静，非大境界、大领悟不能体会得到。"大音希声""大象无形",大概说的就是这种境界吧。

　　真正的禅,就在山光水色之间,就在鸟鸣蝉声之中,这是因为真正的静来自人的内心。我猜,也许写下这首《题破山寺后禅院》后不久,常建就下定归隐田园的决心了。

《送友人》
在青山绿水间，来一次潇洒的告别

送友人

[唐]李白

青山横北郭，白水绕东城。

此地一为别，孤蓬万里征。

浮云游子意，落日故人情。

挥手自兹去，萧萧班马鸣。

李白生性潇洒豪放，一生朋友遍天下。

他的朋友中既有像高适、杜甫、孟浩然、王昌龄这样名满天下的大诗人，也有像汪伦、岑夫子、丹丘生这样的普通人。

李白还喜欢把自己的朋友写进诗里，这也是他的可爱之处。

于是我们今天才有幸读到下面这些诗句：

吾爱孟夫子，风流天下闻。

——《赠孟浩然》

杨花落尽子规啼，闻道龙标过五溪。

　　　　　——《闻王昌龄左迁龙标遥有此寄》

桃花潭水深千尺，不及汪伦送我情。

　　　　　——《赠汪伦》

岑夫子，丹丘生，将进酒，杯莫停。
与君歌一曲，请君为我侧耳听。

　　　　　——《将进酒》

　　高适、杜甫、孟浩然固然不用李白帮他们打广告，但是汪伦、岑夫子、丹丘生，如果不是李白在诗里提到他们，千年之后，有谁会知道他们的名字呢？借李白的诗，汪伦、岑夫子、丹丘生成功地成了唐诗中的名人。

　　但这首诗，不知道因为什么原因，李白并没有把朋友的名字写出来。

　　这首诗就是今天要讲的《送友人》。

　　前面说过，古人因为交通不便，音信难通，经常一别便成永诀，因而绝大多数送别诗都写得悲悲切切，哭哭啼啼，充满离愁别恨。虽偶有故作轻松豪迈的诗句，但终究还是掩饰不住悲凉的底色。

　　比如王勃的那首《送杜少府之任蜀州》，因为其中有"海内存知己，天涯若比邻"的豪言壮语，但"无为在歧路，儿女共沾巾"一联，则充分暴露了王勃其实是在强颜欢笑，用豪言壮语来安慰即将远行的朋友而已。

　　还有高适那首《别董大》，里面的"莫愁前路无知己，天下谁人不识君"两句，看似洒脱的劝慰，放在"十里黄云白日曛，北风吹雁雪纷纷"的背景之下，也难免觉得勉强。

真正的洒脱是能够直面别离，不回避，不故作豪语。

比如李白这首《送友人》。

李白是真潇洒，既情真意切，动人肺腑，又豁达乐观，哀而不伤。

下面我们就来具体看一看这首诗。

"青山横北郭，白水绕东城。"开头一联交代的是告别的地点及当时所见风光。诗人送友人来到城外，但见一抹远山含着青黛横在城的北面，东门外的护城河水脉脉流过，诗人和朋友的送别就在这明丽如画的青山绿水间进行，虽有离情别意，但也透着一股洒脱。

"此地一为别，孤蓬万里征。"这两句，诗人把朋友比作"孤蓬"。他说："朋友啊！我们今天在此地一别，你就要像那随风飘转的蓬草一样，开始那万里征程了。"

这一联是诗的颔联，本应该对仗的，但它明显不是工整的对仗，而这恰恰体现了李白"天然去雕饰"的诗风。诗歌的格律怎么能束缚住李白天才般的语意表达呢？不用遮着掩着，李白在这里直接地把别后朋友的境况写了出来：朋友之间，分分合合，合合分分，本是常事，既然这样，那就让我们坦然面对即将到来的征程吧！

这，就是潇洒。

"浮云游子意，落日故人情。"分别毕竟还是让人不舍，所以诗人接下来便借着眼前的景物来抒情：天边那一片飘浮不定的白云啊，想必像极了你此刻的心情；那轮久久不肯下山的红日啊，正如我那颗迟迟不愿和你分别的心。

这两句真是神来之笔，写得漂亮！这就是天才！

尾联"挥手自兹去，萧萧班马鸣"，毛主席曾在他的一首词中借用了这句："挥手从兹去。更那堪凄然相向，苦情重诉。"不过其中的感情有所不同：一为朋友之间的别恨，一为男女之间的离愁。一虽有感伤，但不乏洒脱；一凄凄惨惨戚戚，几欲涕下。

送君千里，终须一别。既然这样，那我们就挥手告别吧！奇怪的是，我们所骑乘的马仿佛也通人性似的，在这离别的时候发出萧萧长鸣。诗歌就在这马鸣声中结束了，言尽而意无穷。

读到这里，我非常怀疑徐志摩《再别康桥》中那句"我挥一挥衣袖，不带走一片云彩"是从李白这首诗中获得的灵感。是啊，离别虽然令人伤感，但我们依然可以选择潇洒地挥一挥手，不带走一片云彩，轻松上路。

《卜算子·黄州定慧院寓居作》
哪怕我是一只惊弓之鸟，也要坚持选择栖息的地方

卜算子·黄州定慧院寓居作

[宋]苏轼

缺月挂疏桐，漏断人初静。谁见幽人独往来，缥缈孤鸿影。

惊起却回头，有恨无人省。拣尽寒枝不肯栖，寂寞沙洲冷。

作为湖北黄冈人，我要感谢以监察御史李定为首的一小撮北宋小人，正是他们的心地阴暗，他们的举报与诬陷，才让苏轼这位五百年一遇的文化天才，来到了我们湖北黄州这样一座偏远小城。

从此，黄州和苏轼这个伟大的名字紧紧联系在一起。苏轼以他天才的创作成全了黄州，黄州因苏轼而闪耀于世。

五百年才出一个的天才，这个评价是林语堂先生给苏轼的。这个看似有点偏爱的评价其实一点也不过分。你想想，一个人，能在文学、哲学、绘画、书法等方面取得这么高的成就，这个人不是天才又是什么？

不说别的，就说书法。北宋有四位书法大家，人称"苏黄米蔡"，排在第一位的"苏"就是指苏轼。

还有，对王维诗歌和绘画艺术的神评价"诗中有画，画中有诗"，也是苏轼做出的。若不是在诗歌和绘画艺术上都有着极高造诣，能说出这样的内行话来吗？换作我，就只能对着王维的诗和画说，很好，非常好。到底好在哪呢？说不出。

现在，这样一个天才人物却因为所谓的"乌台诗案"来到了我们黄州。

为什么李定他们要陷害苏轼呢？说起来主要还是怪苏轼自己。

首先，谁让他才华那么出众、光芒那么耀眼呢？这太招惹小人了。

小人最大的特点是什么？就是见不得美好事物的存在，他们的人生就是以毁坏美好事物为最大乐趣。你苏轼礼部考试第二名、制举考试第一名，这还不算，你们家不考就不考，一考还考俩（苏轼和他的弟弟苏辙同科考取制举第三、第四等）？

其次，也怪苏轼自己站错队了。

当时朝廷里的官员大致分为两派：改革派和保守派。改革派的代表人物是王安石，保守派的代表人物是司马光。

严格来说，要怪苏轼站错队还真有点冤枉他了，因为苏轼压根就没想站队——他既不是改革派，也不是保守派。他发表言论完全根据自己的判断走：觉得改革派的有些做法有问题，他发表批评意见；觉得保守派的做法不对劲，他又怼上了保守派。这样一来的结果是，两派都觉得苏轼不是自己人，苏轼两边都不讨好。

当时朝廷里占据上风的是改革派，苏轼因为对改革过程中的有些做法不满，写了一些抨击新法、嘲弄新法人物的诗文，这就给站队改革派的李定他们陷害苏轼留下了口实。

最后，苏轼被陷害还有一个重要原因，就是宋神宗的态度。

宋神宗上台后雄心勃勃，一心想通过改革带领大宋走上富国强兵之路，从而一举奠定自己的历史地位。苏轼的所作所为，完全是缺乏政治敏感性的表现。他反对改革，就是反对当朝皇帝。

这样一来，哪怕皇帝再欣赏他的才华也没用了——传说宋神宗吃饭的时候，只要停下筷子阅读，看的肯定是苏轼的诗文或奏章。如今苏轼反对改革，苏轼写的这些东西就全变成糟粕了。由此，苏轼被针对的命运就基本无法逃脱了。

中国人做事，向来讲究名正言顺。李定他们要给苏轼定罪，总不能定个"我就是看你不爽"罪吧？想来想去，他们陷害苏轼的方式，还是选择了"文字狱"，因为这个用起来最顺手。

苏轼名气大，平时所写的诗词文章流传甚广，搜集起来很容易。没费多大劲，李定他们就找到了苏轼写的《湖州谢上表》等一大堆他们认为有问题的诗文。

苏轼在《湖州谢上表》里说："陛下知其愚不适时，难以追陪新进；察其老不生事，或能牧养小民。"这两句话，其实完全可以理解为苏轼单纯的自谦之词："陛下，您知道我这个人智商一向不高，所以傻头傻脑没什么用处，跟不上您改革的步伐；何况我又这么老了，没有什么作为，完全可以让我告老还乡。"

但监察御史里行何正臣他们，偏偏说苏轼正话反说，在那里装疯卖傻，故意讥讽："愚弄朝廷，妄自尊大，宣传中外，孰不叹惊！"

此外，苏轼有句诗"赢得儿童语音好，一年强半在城中"，意思是说，农民一趟趟往城里跑，就是为了应付越来越多的法令条例，好处没得到多少，跟在大人后面的小孩子反倒学会了城里人的口音。"这完全就是赤裸裸地攻击新法嘛！"

还有"岂是闻韶解忘味，迩来三月食无盐"，说老百姓吃春笋没有味道，原因是三个月没有吃盐了，其实就是埋怨官盐的价格太贵。"阴阳怪气，你以为大家听不出来呀！"

宋神宗开始还有点犹豫，但架不住李定他们轮番上奏，尤其是那个何正臣，他在给神宗的札子中说，从来没见过像苏轼这样一直作恶而不见悔改的人。苏轼谤讪讥骂，无所不为，但凡国家出了点事情，总少不了他嘲讽的声音。对于这种人，不给点颜色看看是不行的，"正宜大明诛赏以示天下"。

于是，宋神宗下定决心："绝不能让改革的大好局面毁于苏轼等人之手！抓！"

有宋神宗支持，李定他们做事的效率就比较高了。他们对苏轼进行突击抓捕审判，很快就给苏轼定了一个死罪，只等宋神宗御笔一挥，就可以结案了。

要不怎么说宋朝是一个可爱的朝代呢。或许是因为苏轼的名气实在太大，尽管李定他们一心想置苏轼于死地，但其他人却并没有对苏轼落井下石。各路人物纷纷对苏轼施以援手，其中包括早已退休的宰相张方平，还有在职宰相吴充，甚至还包括改革派旗手、苏轼的政敌王安石，也包括宋神宗的祖母曹太后。他们都通过各种方式在神宗面前为苏轼求情。

据说曹太后病危，宋神宗想通过大赦天下来保佑她。曹太后就说了："不须赦免那些穷凶极恶之徒，我只要你赦免苏轼一人就够了。当年仁宗皇帝殿试贤良回宫，高兴地告诉我，苏家兄弟是宰相之才啊！现在苏轼因诗入狱，难道不是被仇人中伤吗？"

这么多人为苏轼求情，宋神宗就不得不慎重考虑了。稳妥起见，最后的方案是把苏轼贬往黄州任团练副使。有人考证，所谓团练副使，大致相当于现在的县武装部副部长，并且是一个没有财务开支权的副部长。

但不管怎样，苏轼总算是逃过一劫。带着这种死里逃生、惊魂未定的状态，苏轼来到了黄州。来黄州初期，苏轼连属于自己的住处都没有，只好寓居于黄州东南的定慧院。

今天要讲的《卜算子·黄州定慧院寓居作》，就是苏轼写于寓居定慧院期间。

我还从来没有看到过一首词像《卜算子·黄州定慧院寓居作》这样，写尽了"文字狱"带给人的那种肉体与精神上的双重伤害。

"缺月挂疏桐，漏断人初静。"残月高挂在稀疏的梧桐树枝间，漏声渐断，人声都听不见了，夜开始安静下来。这里，"缺月""疏桐"等意象为我们营造了一种凄清孤寂的氛围，为下面"幽人"和"孤鸿"的出场做好铺垫。

"谁见幽人独往来，缥缈孤鸿影。"有谁看到苏轼像一个孤魂野鬼般在这静夜里徘徊呢？这时，他眼前仿佛掠过一只孤鸿的影子。有人说，这里的孤鸿可能是眼前所见实景，也可能是苏轼心中的一道幻影。但不管怎样，在这里，"幽人"和"孤鸿"两个形象已完全合二为一了——苏轼就是那只孤鸿啊！

"惊起却回头，有恨无人省。"这一句，词人已经完全化身为孤鸿。尽管似乎已经脱离险境，但苏轼心里还是被一种巨大的恐惧攫住，一有风吹草动，仍不免惊起回头。这种身心时刻处于高度戒备的状态，又有谁能知道呢？

"拣尽寒枝不肯栖，寂寞沙洲冷。"他的处境虽然糟糕，但他并不愿随便拣一处寒枝栖息——没有合适的地方，他宁愿选择那寂寞寒冷的沙洲，作为自己的栖身之地。

苏轼的伟大之处，并不在于他能够写几句诗文，而在于他有一颗永不屈服的心，在于他有一个高贵的灵魂——如他在词中所言，哪怕我是一只惊弓之鸟，也要坚持选择自己栖息的地方。

好在苏轼很快就适应了黄州的环境，调整安顿好自己的身心后，迅速迎来了一个诗文创作的高峰期——《赤壁赋》《记承天寺夜游》《念奴娇·赤壁怀古》等千古名作先后问世。

《卜算子·咏梅》
一株特立独行的梅花

卜算子·咏梅

［宋］陆游

驿外断桥边，寂寞开无主。已是黄昏独自愁，更着风和雨。

无意苦争春，一任群芳妒。零落成泥碾作尘，只有香如故。

大家知道，在中国，梅、兰、竹、菊四种植物被称作"花中四君子"，它们的地位相当显赫，早已成了中国传统文化的核心象征。

这里我们来说说四君子里排第一的梅花。

中国诗歌史上最早的梅花诗，据说可以上溯到南梁，当时有一位叫何逊的大诗人就写了"兔园标物序，惊时最是梅"的诗句。意思是，在花园里最容易看出时节变化、最能标志时节变化的就是梅花。

南朝宋的另外一位诗人陆凯，也写有"江南无所有，聊赠一枝春"的句子。诗里写到的友情很浪漫，也很迷人。"一枝春"就是指梅花，在这里，梅花成了春天的代名词。

即便如此，那时的梅花名气却远没有四君子里的菊花那么大。

早在晋朝，菊花就已经因为陶渊明这个诗坛大佬的热捧，成为花中著名网红，以至于人们一提起陶渊明，马上就会想起他那句"采菊东篱下，悠然见南山"。

那时候的梅花，名气也没有四君子里的兰花大。

张九龄写过"兰叶春葳蕤，桂华秋皎洁"，李白写过"孤兰生幽园，众草共芜没"，韩愈也写过"兰之猗猗，扬扬其香。不采而佩，于兰何伤"。

在唐朝，梅花的待遇甚至比不上不在四君子之列的牡丹。

事情的转机发生在宋朝。

到宋朝时，众多诗人才纷纷把目光投向梅花，争先恐后为梅花代言，梅花成功实现逆袭，一举超越兰、竹、菊，坐稳"四君子"里的第一把交椅。这一排名一直延续到现在，再也没有变化过。

你还别说，在宋朝，无论是北宋还是南宋，几乎所有重要诗人，都写过和梅花有关的诗句。

卢钺写：梅须逊雪三分白，雪却输梅一段香。

王安石写：墙角数枝梅，凌寒独自开。

苏轼写：岭北霜枝最多思，忍寒留待使君来。

这些写梅的诗词中，又以林逋和陆游两人写得更好。

林逋的《山园小梅》中，"疏影横斜水清浅，暗香浮动月黄昏"两句，因为成功描绘出梅花清幽香逸的风姿，被人誉为"千古咏梅绝唱"。

但我以为，写梅花，林逋又要逊于陆游一筹——林逋是把梅花

当作赏玩对象来看待的。虽然林逋有"梅妻鹤子"的典故，但即使他把梅花的地位捧得再高,他与梅花之间也好像隔了一层什么似的。而陆游则是身心与梅花融合，就像陶渊明和菊花的关系一样。

你说说，在这两种境界下，谁写出的梅花会更好？

我说这话是有根据的，根据便是今天要讲的这首《卜算子·咏梅》。

这首词基本就是化身为一株梅花的陆游的自我表白。

"驿外断桥边，寂寞开无主。"说的是这株梅花的生长环境：驿站外，断桥边。

我们知道，驿站一般建在比较偏僻的地方。断桥，更说明这个地方人迹罕至——如果人流量大的话，这座桥断了之后，一定会有人加班加点地把它修好。所以，这株梅花只能寂寞地开放，又寂寞地凋谢。它享受不到那些栽种在主人院子里的梅花的隆重待遇：给它围上好看的护栏，精心修剪它的枝丫，主人还会在它开放的时候邀来文人雅士，一边围着它饮酒，一边为它写诗。

说起来，这株梅花的遭遇已经够落寞了吧？但是还没完。

"已是黄昏独自愁，更着风和雨。"好不容易挨到黄昏，偏偏又迎来凄风和苦雨——开在早春的梅花，最怕的就是风和雨，一着风雨，梅花便会凋零。

到这里，我们已经很难把梅花看作单纯的梅花了。从这两句词中，我们很容易看出词人自己的影子：我们仿佛看到陆游此前遭遇的种种不公与挫折，看到他除了要经历心灵的孤独与寂寞外，还要承受身体上的折磨。

如果你以为词的下片会继续沿着上片的意思走凄苦路线，那说明你对陆游的了解严重不足。陆游之所以是陆游，在词的下片中体现得淋漓尽致。

"无意苦争春，一任群芳妒。"下片从一开始，梅花就在大声宣告：我从来就无意炫耀自己的美丽。尽管它美得那样风华绝代，独一无二，但它无意于讨好他人，所以才会早早开放，根本就不与后来开放的百花争夺春色。如果其他花仍然要嫉妒它的美丽，那也随它们去吧！一句话，它开的，就是一个任性！

"零落成泥碾作尘，只有香如故。"这一句是这首词的最强音。没错，它的花是凋谢了，但是即使化成泥土，被碾成尘埃，它的香气也不会消散，而是永驻人间！

这是一种什么精神？这就是传说中"蒸不烂、煮不熟、捶不扁、炒不爆、响当当"的"铜豌豆"精神，这就是"硬骨头"精神。

想要改变我？没门！

读完全词，估计你也会有当年庄周梦蝶时的那种感觉：到底是梅花变成了陆游呢，还是陆游化作了梅花？这写的哪里是梅花，这写的分明就是中年陆游自己嘛！

有人评价，陆游这首词是咏梅词中的绝唱。什么叫绝唱？就是前无古人，后无来者啊！

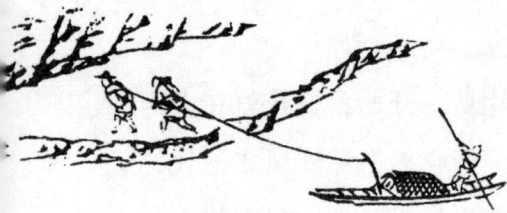

《行路难》（其一）
一条著名励志格言是怎样诞生的

行路难（其一）

〔唐〕李白

金樽清酒斗十千，玉盘珍羞直万钱。

停杯投箸不能食，拔剑四顾心茫然。

欲渡黄河冰塞川，将登太行雪满山。

闲来垂钓碧溪上，忽复乘舟梦日边。

行路难，行路难，多歧路，今安在？

长风破浪会有时，直挂云帆济沧海。

唐玄宗天宝元年（742 年），李白在玉真公主和贺知章的联合推荐下，终于又一次回到朝廷，担任翰林供奉，开始了他梦想已久的大唐公务员生涯。

说起来，翰林供奉也算是高级公务员，专门负责起草文件和为领导写讲话稿，还能经常见到皇帝。

但李白总觉得这种生活离自己的想象有点远。

　　李白的理想是，最好能像管仲、张良、诸葛亮那样，辅佐皇帝干出一番大事业来，像这样天天做文字游戏，李白觉得简直是在浪费生命。

　　当然，在这段时间，李白也有过一些高光时刻。

　　比如有一年，唐朝属国渤海国派使者送来一封书信，这封书信是用蕃文（渤海文）写的，朝廷里专门掌管翻译外族文字的官员没有一个人能认得，大家一时都傻眼了。你猜得没错，渤海国国王这样做，根本就是存心的。原来，渤海国国王想夺占大唐另一个属国高丽国（今朝鲜半岛）的国土，希望唐玄宗能答应，如果不答应，后果很严重！"这封信你们看不懂？那就不能怪我了，我已经在信里和你们提前打过招呼了。"

　　还好关键时刻李白站了出来，他不但读出了信的内容，还以渤海文写了一封义正词严、字字千钧、宣示了大唐国威的回信，吓得渤海国国王赶忙写了一封降表，专门再次派使者入朝来谢罪，还表决心说，以后再也不敢这样了。

　　一场纷争就这样消弭于无形，这就是传说中的"不战而屈人之兵"吧。朝廷里上至唐玄宗，下至众大臣，纷纷为李白点赞。

　　还有一次，唐玄宗与他宠爱的杨贵妃在沉香亭观赏牡丹，一时兴起，让陪同的李白作几首诗。这哪里能难倒李白？他一挥而就，一口气写了三首，这就是我们后来看到的以"清平调"为题的三首诗，其中第一首是这样的：

　　　　云想衣裳花想容，春风拂槛露华浓。
　　　　若非群玉山头见，会向瑶台月下逢。

在诗中，李白大夸杨贵妃，说她就像牡丹花一样美丽，像嫦娥一样出众。唐玄宗龙心大悦，跷起大拇指连声说好——这么看来，李白的情商也挺高的啊！

可惜这样既能出风头，又能展示自己才华的时候太少了，大多数时候，李白感到的除了无聊，还是无聊。

说到底，李白这个人，根本就不适应体制内生活。体制就像一只笼子，关得住金丝鸟，又哪里关得住李白这样热爱自由的大鹏呢？

然而还没有等李白飞走，天宝三年（744年），李白就被"赐金放还"了。

什么叫赐金放还？说白了，就是朝廷给你一点钱，买断工龄，然后你就自谋出路去吧！

至于李白为什么会被赐金放还，我想无非两点。

一是李白工作态度有问题。

由于对翰林供奉这份工作彻底失望，李白就放飞自我了，每次唐玄宗召见李白都要费很大气力。一般情况是这样，李白又在酒店喝得酩酊大醉，太监们好不容易找到他，先用冷水把他泼醒，再带他回宫中。大家可以想象一下当时的场景：一身酒气、浑身湿漉漉的李白，摇摇晃晃地来到唐玄宗面前，话都说不利索，让唐玄宗见了直皱眉头。

二是李白平日里恃才放旷，不经意间得罪了不少人。

一个流传甚广的故事是，有一次，因为奉旨起草一份很重要的诏书，李白一时得意起来，居然让杨贵妃的哥哥杨国忠给他脱靴，让丞相李林甫给他磨墨，一下得罪两个人。这样一来，两人平时在唐玄宗面前没少给李白下药。尽管唐玄宗很欣赏李白的才华，但架不住两人天天说啊！何况还有杨贵妃也天天吹枕边风呢！

所以，最后唐玄宗给李白下的评语是："你虽然有才，但是太骄傲，不能安心本职工作，工作态度极不端正。你不适合公务员工作，还是尽早将你辞退为上。"

听说李白被皇上炒了鱿鱼，平日里那些酒友都来给他送行。就在这次酒宴上，李白写下了今天要讲的这首诗：《行路难》（其一）。

虽说确实不喜欢公务员这份职业，但一旦真被解雇，李白还是有点沮丧，这个可以从诗的一、二句看出来。

"金樽清酒斗十千，玉盘珍羞直万钱。停杯投箸不能食，拔剑四顾心茫然。"金杯中满斟着的美酒啊，一斗就价值十千钱；玉盘里盛着的佳肴啊，一盘价钱也高达一万钱。要搁平时，面对如此美酒佳肴，李白的标准姿势一定是"会须一饮三百杯"。可眼前的李白呢，不但丢下了筷子，还放下了酒杯；拔出了腰间的宝剑，却又四顾茫然。

是啊，想当初，李白高唱着"仰天大笑出门去，我辈岂是蓬蒿人"来到朝廷，那时他心里装的都是丰满的理想，哪里想到现实会这么骨感呢？

鲁迅说过，中国各处是壁，然而无形，像"鬼打墙"一般。鲁迅的痛苦，就是此时呆坐在酒宴上，四顾茫然的李白的痛苦。李白拔出宝剑，却不知道敌人在哪里，如入无人之阵。他想突围，但"欲渡黄河冰塞川，将登太行雪满山"——想渡黄河，却只见坚冰堵住了大川；想登太行山，又只见大雪遍布高山。

这时，极度沮丧的李白忽然想起两位古人："闲来垂钓碧溪上，忽复乘舟梦日边。"遥想当年，姜太公在磻溪垂钓，得遇周文王；

伊尹乘舟梦日，受聘于商汤。想到这儿，李白似乎找到一丝安慰：谁能说我李白就不会是唐朝版的姜尚和伊尹呢？

"行路难，行路难，多歧路，今安在？"人生道路是如此艰难啊，如此艰难！眼看着歧路一条条，真正的大道究竟在哪边？心情刚刚稍好一点的李白一回到现实，再一次陷入茫然。

好在李白天生具有一种自我治愈的能力，刚才的不快只在心头停留一小会儿，他便迅速调整状态，唱出那句著名格言："长风破浪会有时，直挂云帆济沧海。""我相信乘风破浪的时机一定会到来，到那时，我将扬起征帆渡过沧海，直抵理想的彼岸！"这句诗一经写出，迅速成为众人失意时的励志格言。

李白端起酒杯，对着席上的朋友大声招呼："来来来，咱们今天一醉方休！谁也不许提前走！"

在这首诗里，我们能清晰地看到诗人那条激荡起伏、变化复杂的感情曲线：失望与希望、抑郁与追求，急速变化交替。直到最后两句——"长风破浪会有时，直挂云帆济沧海"，李白的感情才达到最高潮。

李白的可爱之处在于，他从不掩饰自己的内心，喜怒哀乐皆形于色。他是率真的，他的痛苦是真痛苦，他的开心也是真开心。

高兴起来，他高呼："人生得意须尽欢，莫使金樽空对月。"

郁闷时，他又会叹息："白发三千丈，缘愁似个长。"

他从不隐藏自己的理想："大鹏一日同风起，扶摇直上九万里。"

他也不掩饰自己对权贵的蔑视："安能摧眉折腰事权贵，使我不得开心颜。"

他不吝惜对朋友的夸赞："吾爱孟夫子，风流天下闻。"

他甚至不遮掩自己的得意之色："当时笑我微贱者，却来请谒为交欢。"

无论遭遇什么打击，他都能喝得下酒；无论混得多惨，他总能以满腔的热情去拥抱整个世界。

外人看李白的人生是失败的，但他这一生，充分地按照自己的意愿去行事和享受，对一切美的事物都有敏锐的感受，把握现实又不满足于现实，投入生活的急流又超越苦难的忧患，总能在一种高扬亢奋的精神状态下实现自身的价值。他以自己的一片赤子之心讴歌理想人生，点燃自己，也点燃别人。

至于李白最后是否真的"直挂云帆济沧海"，这个很重要吗？

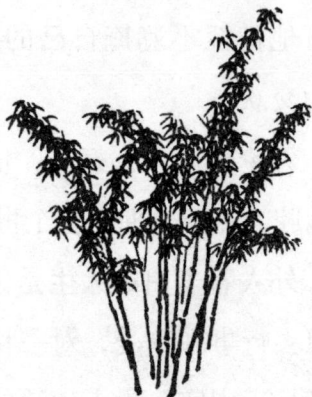

《酬乐天扬州初逢席上见赠》
交友就交刘禹锡

酬乐天扬州初逢席上见赠

[唐]刘禹锡

巴山楚水凄凉地，二十三年弃置身。

怀旧空吟闻笛赋，到乡翻似烂柯人。

沉舟侧畔千帆过，病树前头万木春。

今日听君歌一曲，暂凭杯酒长精神。

大诗人李白一生有很多朋友，但李白这些朋友，很多都是作为李白的粉丝而存在的。李白和他们之间的友谊，基本属于单向友谊，其中最典型的，莫如李白与杜甫的关系。

李白曾经和杜甫一起度过了一段愉快的时光，杜甫对此非常珍惜，在后来的日子里经常拿出来翻检，写诗怀念。

据统计，杜甫为李白写下的诗共有十五首之多，如《春日忆李白》《冬日有怀李白》《天末怀李白》《梦李白二首》《送孔巢父谢病归游江东兼呈李白》等。对李白，杜甫是春天想、冬天想，做梦都想，哪怕在送友人的时候也要想一想。

而李白写给杜甫的诗却仅有区区三首：《戏赠杜甫》《沙丘城下寄杜甫》和《鲁郡东石门送杜二甫》。

两人的友谊完全不对等。

在这一点上，唐朝另一位大诗人刘禹锡就和李白不一样。

刘禹锡一生朋友不多，不过一旦跟他成为朋友，那就是一辈子的交情。

刘禹锡和柳宗元是同榜进士，才华相当；同朝为官后，又都是"永贞革新"的骨干力量。两人惺惺相惜，结下了深厚的革命友谊，时人把他们合称为"刘柳"。

"永贞革新"失败，他们又同遭贬谪。第二次被贬时，刘禹锡被贬至播州（属于今贵州），柳宗元被贬到柳州（属于今广西）。接到这个坏消息时，柳宗元放声大哭："播州非人所居，而梦得亲在堂，吾不忍梦得之穷，无辞以白其大人。且万无母子俱往理。"他不是哭自己，而是哭刘禹锡。因为播州比柳州更远、更偏僻，在当时属于荒凉之地，根本就不适宜人类居住。刘禹锡去也就罢了，可他还有八十岁的老母亲需要人照顾，如果老母亲跟刘禹锡一同到播州，那还不要了她的命？

情急之下，柳宗元向朝廷上书，力请"以柳易播"，说自己愿意代替刘禹锡去环境更艰苦的播州。还好，皇帝读了柳宗元的奏章后，心也软了，于是改贬刘禹锡为连州刺史。

连州在今天的广东，二人一起离开长安，一路相随，直到衡阳才依依不舍地分别。

对于二人的友谊，柳宗元在《重别梦得》一诗中总结道：

二十年来万事同，今朝岐路忽西东。
皇恩若许归田去，晚岁当为邻舍翁。

意思是，我们俩这二十年来，一同走进科举考试的考场，又一同进士及第，一同入朝为官，一同参与革新。但是今天我们却要分开了，一个去广东，一个去广西。这一分别啊，不知要哪年才能再相聚！如果有一天皇帝开恩，放我们回乡，到那时，我们一定要比邻而居。

这是柳宗元对刘禹锡，而刘禹锡也同样没有辜负柳宗元。

柳宗元四十七岁客死柳州，噩耗传来，刘禹锡顷刻泪如雨下。在《祭柳员外文》一文中，刘禹锡写下了"惊号大哭，如得狂病。良久问故，百哀攻中。涕洟迸落，魂魄震越"这样痛彻心扉的句子。甚至柳宗元已去世三年，他还写下了以"伤愚溪"为题的三首诗，表达对柳宗元的哀悼之情。

此后，刘禹锡不仅用毕生心血整理柳宗元的遗作，还自己出钱刊印、发行。可以这么说，如果没有刘禹锡，也许我们今天就看不到柳宗元的《江雪》《捕蛇者说》《黔之驴》《渔翁》这些经典名作了。

更难得的是，刘禹锡还收养了柳宗元的一个儿子，亲自负责他的教育和成长。

两人的友情是不是有一种惊天地、泣鬼神的感觉？是的，这个世界上有一种珍贵的友情就叫刘禹锡和柳宗元。

但我们今天要说的不是刘禹锡和柳宗元，而是刘禹锡和另外一位大诗人的友谊，以及刘禹锡和这位大诗人第一次相见时写下的一首诗。

这位大诗人就是大名鼎鼎的白居易，这首诗就是同样大名鼎鼎的《酬乐天扬州初逢席上见赠》。

刘禹锡和白居易是同年诗友，也是工作上的好搭档。白居易当东都太子少傅时，刘禹锡晚年苦尽甘来，也当了一个叫太子宾客的闲差。两人经常在一起诗酒唱和，交情非常深厚，于是人们又把他们合称为"刘白"。

人生有如此年龄相仿、性情相投、才华相若的朋友，真是一大幸事。白居易和刘禹锡也没有辜负上天的恩赐，上演了一出温馨的夕阳红。

两人在一起不到两年时间，互相赠答唱和的诗就有一百三十八首之多，基本是"每周一歌"。为此，白居易还专门出了一本书叫《刘白唱和集》，先后编集四次，在当年畅销书榜单上长期高居第一，洛阳文艺青年们几乎人手一册。

这本书记录了白居易和刘禹锡晚年交往的很多细节，我们来看其中一首：

> 前日君家饮，昨日王家宴。
> 今日过我庐，三日三会面。
> 当歌聊自放，对酒交相劝。
> 为我尽一杯，与君发三愿。
> 一愿世清平，二愿身强健。
> 三愿临老头，数与君相见。
>
> ——白居易《赠梦得》

这首诗和白居易其他的诗一样，明白如话，一读即懂，连标题都是那样简单直接。读着这些温馨、亲切甚至有些腻歪的诗句，你心里是不是有一点羡慕嫉妒呢？

但你能想到关系如此之好的两位大诗人，竟然会迟到宝历二年（826年）、两人都已五十四岁时才第一次见面吗？

这一年，刘禹锡自和州刺史任上返回洛阳，同时，白居易也自苏州返回，机缘巧合之下，两人相遇于扬州。见面虽迟，却一见如故，相交莫逆。

今天要讲的这首《酬乐天扬州初逢席上见赠》，就是两人这一历史性会面的生动记录。

先看第一联。刘禹锡一上来就表达了对自己长期被贬遭遇的愤激之情："巴山楚水凄凉地，二十三年弃置身。"

"巴山楚水"地处偏远，这是他的被贬之地，而且这一贬就是"二十三年"！这二十三年，正是人生中最美好的一段时光！人生又能有几个二十三年呢？难怪刘禹锡情绪如此激动。

诗的颔联用了两个典故。

一是"闻笛赋"。曹魏时，向秀和嵇康、吕安是好朋友，嵇康和吕安因为不跟司马氏合作，先后被杀害。多年后的一天，向秀经过两人旧居时，听到有人吹笛子，其声慷慨激昂，于是有感而发，写了《思旧赋》一文，表达对嵇康、吕安两位好友的怀念。这里刘禹锡明显是借这个典故，来表达对已经故去的好友王叔文、柳宗元等人的怀念。

"烂柯人"说的是晋人王质。传说王质进山砍柴，看到两个童子下棋，他在一旁观看。一局结束时，他才发现手中的"柯"（斧头柄）已经烂了。王质下山回到村里，知道已经过去了一百年，和

他同时代的人都已去世。这里，刘禹锡借这个典故抒发了对岁月流逝、
人事变迁的感叹。

这么多年过去，刘禹锡对故人还是念念不忘，这是一个多么重
情重义的人啊！

诗的第三联沿袭了刘禹锡一向豁达乐观的精神。看了这联，我
们仿佛看到那个写《秋词》、写《再游玄都观》的刘禹锡又回来了。

"沉舟侧畔千帆过，病树前头万木春。"刘禹锡用沉舟、病树
比喻自己，在一丝惆怅之后，诗人很快释然，因为沉舟侧畔有千帆
竞发，病树前头正万木皆春。个人命运的沉浮在热火朝天、滚滚向
前的历史大势面前，根本不值一提。这是一种多么豁达的情怀！

最后一联"今日听君歌一曲，暂凭杯酒长精神"，刘禹锡既表
达了对白居易的谢意，又表达了自己要振作奋发的感情。

这首诗是一首回赠诗，此前白居易曾在筵席上写了一首《醉赠
刘二十八使君》给刘禹锡：

> 为我引杯添酒饮，与君把箸击盘歌。
> 诗称国手徒为尔，命压人头不奈何。
> 举眼风光长寂寞，满朝官职独蹉跎。
> 亦知合被才名折，二十三年折太多。

在诗中，白居易对刘禹锡被贬谪的遭遇表达了极大的同情和不
平。哪知道刘禹锡根本不需要安慰，反而如此豁达乐观，表现出一
种强大的生命力。

我想，正是这首诗体现出的对朋友的深情以及对命运坚决不屈
服的精神，让白居易感到刘禹锡身上散发着一种迷人的光芒，于是

在心里决定：这个朋友，可以交！

又过了十六年，会昌二年（842年），刘禹锡病逝于洛阳。这对年逾古稀的白居易来说是一个不小的打击，怀着悲痛的心情，他写下两首悼诗《哭刘尚书梦得二首》：

> 四海齐名白与刘，百年交分两绸缪。
> 同贫同病退闲日，一死一生临老头。
> 杯酒英雄君与操，文章微婉我知丘。
> 贤豪虽殁精灵在，应共微之地下游。
>
> 今日哭君吾道孤，寝门泪满白髭须。
> 不知箭折弓何用，兼恐唇亡齿亦枯。
> 窅窅穷泉埋宝玉，骎骎落景挂桑榆。
> 夜台暮齿期非远，但问前头相见无。

《水调歌头》
酒后悟出的旷达

水调歌头

[宋] 苏轼

丙辰中秋，欢饮达旦，大醉，作此篇，兼怀子由。

明月几时有？把酒问青天。不知天上宫阙，今夕是何年。我欲乘风归去，又恐琼楼玉宇，高处不胜寒。起舞弄清影，何似在人间。

转朱阁，低绮户，照无眠。不应有恨，何事长向别时圆？人有悲欢离合，月有阴晴圆缺，此事古难全。但愿人长久，千里共婵娟。

中秋之夜，风雅之士免不了要赏月。在月下吃月饼、喝酒，然后或自己写，或念几首古人写的中秋咏月诗词。

我敢说，他们念的这些诗词中，一定有苏轼的这首《水调歌头》。趁着今夜窗外月色溶溶，我们且来说一说这首词。

先看词前的短序。

这个短序信息量很大。

熙宁七年（1074 年），因与改革派首领王安石政见不合，苏轼主动要求离开朝廷到地方任职。就这样，他来到山东，当了密州太守。

丙辰年（熙宁九年，1076 年）中秋之夜，苏轼很高兴——为什么高兴？苏轼没说，但我们可以猜一猜：因为远离朝廷有关改革纷争的那些事，苏轼眼不见心不烦，所以在密州的日子应该过得比较滋润。州里那点政事，对苏轼来说根本不算什么，处理起来不费吹灰之力，多出来的时间可以用来喝酒，兴致来了，还可以出去打一场猎。

关于这一点，除从这首词的序中"欢饮达旦"一句可以看出，同是写于密州就任时期的《江城子·密州出猎》也可以作为佐证："老夫聊发少年狂，左牵黄，右擎苍，锦帽貂裘，千骑卷平冈。""我姑且来装一回嫩，抒发一下少年人的狂傲之气，左手牵着黄狗，右手托着苍鹰。随从将士们头戴华美艳丽的帽子，身穿貂皮做的衣服，率领随从千骑，像风一样卷过山冈。"这是一种多么肆意的狂欢啊！

中秋这晚，苏轼很高兴。他一高兴就要喝酒，而且一喝就是通宵，结果喝得酩酊大醉。

文化人喝醉酒后就是不一样啊——他们会写作！李白一斗诗百篇啊，李清照东篱把酒黄昏后啊，苏轼醉酒后也写了一首词，就是这首《水调歌头》。

先看这首词的上阕。

要理解词的上阕，我觉得关键要抓住短序里的一个"醉"字。

你看看，上阕里虽然没有一个字提到"醉"，但又每一个字都在写"醉"。

"把酒问青天",一个人若不是喝醉了,哪里会向天发问呢?苏轼不但问了,还一口气说了两个问题:"明月几时有?""不知天上宫阙,今夕是何年。"

"老天啊!你给我说说,挂在天上的明月是从什么时候开始有的呢?我们地上今年是丙辰年,那你们天上今年又是哪一年呢?"

苏轼不但向青天发问,而且还想回到天上去呢!"我欲乘风归去,又恐琼楼玉宇,高处不胜寒",他说他的家本来就在天上,难怪他关心月亮是哪一年开始有的,也关心天上今年是哪一年。之所以还没回去,是他怕天上太冷了。

"你看看,人间也有人间的好处。人间有烟火气,人间热闹。我可以在人间喝酒作诗,也可以在月下潇洒起舞,这些都是天上没法比的。""起舞弄清影,何似在人间。"这哪里是文化人的做派,分明就是一个酒鬼在那里胡言乱语嘛!

但是,且慢!

俗话说:"酒醉心里明。"一切酒话,都是人们平时想说而没说出的话。

这里在天上和人间的进退得失,其实体现的正是苏轼心里对于出世还是入世的矛盾与徘徊啊!

苏轼一生推崇儒学,讲求积极入世,希望有所作为。但他也"龆龀好道",特别是人到中年后,曾表示过要"皈依佛僧"。所以,他经常在儒释两道之间摇摆不定。当他处于失意阶段,心里的老庄思想便冒了出来,帮助他解释穷通进退的困惑。

为避开汴京的政争漩涡,从熙宁四年(1071年)开始,苏轼先以开封府推官转任杭州通判,接着又在熙宁七年(1074年)调任密州知州。这一系列调任，表面上看没什么，但实际上，苏轼仍处于被外放冷遇的地位。所以，丙辰年中秋之夜，身处密州的苏轼表面欢乐，但内心那股失意之情用酒也压不住。醉酒的苏轼说："人间是如此令人失望，所以我要回去，回到我天上的家里。"

再看下阕。

"转朱阁，低绮户，照无眠。"夜色渐深，月亮也经历了先升上天空，然后慢慢西斜的过程。它转过朱红色的楼阁，然后低低地挂在窗户上，照着屋里那些还一丝睡意也没有的离人。这些离人中，当然包括苏轼，也包括他已经七年未见的弟弟苏辙，所以序里有这样的句子——"兼怀子由"。苏轼，字子瞻；他弟弟苏辙，字子由。

"不应有恨，何事长向别时圆？"这时，因遭冷遇而带来的失意和与弟弟分隔两地而引起的思念交织在一起，使得酒意还未完全散尽的苏轼，又开始跟天上的月亮来劲："月亮月亮我问你，你该不会是对地上的人们有什么怨恨吧，否则为什么总是在人们离别伤心的时候变圆呢？"

看着半天不回话的月亮，酒意渐消的苏轼终于想明白了："人有悲欢离合，月有阴晴圆缺，此事古难全。"就如同人有悲欢离合的变迁一样，月亮也有阴晴圆缺的变化，这事是自古以来就很难周全的。既然这样，那他还在这里跟月亮较什么劲呢？

"但愿人长久，千里共婵娟。"所以呢，苏轼还是希望这世上所有的人都能平平安安、健健康康，哪怕是相隔千里的亲人，也照样能一起欣赏这美好的月亮！

这就是苏轼。

在失意时，尽管也有忧愤和悲慨，但他能把这种个人的忧愤和悲慨放在浩瀚的宇宙空间和悠长的历史长河中。这样一来，苏轼的词就有了一种旷达与超脱：这不是我一个人独有的缺憾，而是自古以来大家共有的缺憾啊！

写《水调歌头》的这一年，苏轼三十九岁。仿佛是上天为了彻底考验和成全苏轼，三年后，"乌台诗案"发生，他提前三年做的这场关于宇宙人生以及盛衰荣辱的思考，这种在酒意中悟出的旷达，救了他一命。

"乌台诗案"中，面对轮番进行的刑讯逼供，考虑着生死难料的前途，苏轼的精神多次到达崩溃的边缘。在被押往汴京的途中，他曾想投江自杀；入狱后，他身上也曾藏着预备自杀的丹药。但他终究没有自杀，而是熬了过来。

是啊，既然"人有悲欢离合，月有阴晴圆缺，此事古难全"，那我们为什么不好好活着享受人生呢？

《月夜忆舍弟》
老实人杜甫写了一句"不讲理"的诗，大家纷纷说好

月夜忆舍弟

[唐]杜甫

戍鼓断人行，边秋一雁声。

露从今夜白，月是故乡明。

有弟皆分散，无家问死生。

寄书长不达，况乃未休兵。

在大家的印象中，杜甫是个老实得不能再老实的人，但看了杜甫下面这些表现后，你还会坚持自己的看法吗？

比如说，老实人杜甫会"吹牛"。

他写"致君尧舜上，再使风俗淳"，意思是，我要把我们当朝的皇帝辅佐得像尧舜一样伟大，构建一个人人幸福的和谐社会。

看到贫富不均的社会现实，他气愤地说："朱门酒肉臭，路有冻死骨。"说的是在他们大唐盛世，那些豪门贵族家里的酒肉多得吃不完，以至于都放臭了，而郊野道路上却暴露着因冻饿而死的人的白骨。矛头直指皇帝，一点也不怕因言获罪。

老实人杜甫也会说"肉麻"的话。

他说李白："笔落惊风雨，诗成泣鬼神。""你看我的朋友李白，只要他一落笔，连风雨都要为之感叹；写出来的诗，鬼神都被感动哭了。"夸起好友李白来，杜甫可谓不遗余力！

老实人杜甫还会哄老婆。

他这样表达对老婆的思念："何时倚虚幌，双照泪痕干。""老婆啊，什么时候我们才能一起靠在透光的窗帘旁，让月光擦干我们脸上因彼此思念而流下的泪水呢？"估计杜甫的妻子当时被感动得一塌糊涂，这也解释了为什么杜甫的妻子跟杜甫结婚后，好日子没过几天，却始终对他死心塌地，不离不弃。

这样的杜甫还算老实人吗？

你问我，我的回答是：算！当然算！

因为这些或"吹牛"或"肉麻"的话中，也有杜甫的真情！也就是说，这些话中的感情是老实的。如果感情老实的人还不算老实人，那什么样的人才算老实人呢？

不过，老实人杜甫写过一句根本就"不顾事实、不讲道理"的诗，大家却都觉得他写得好，这句诗就出自今天要讲的《月夜忆舍弟》。

诗的题目已经说得很清楚，这是一首写杜甫在月夜思念几个弟弟的诗。正值759年，安史之乱期间，杜甫带着妻儿好不容易在秦州（今甘肃天水）落下脚来。战争把杜甫的四个弟弟冲得天各一方，时至白露，在月光之下，杜甫不由得想他们了。

"戍鼓断人行，边秋一雁声。"诗的头两句倒是中规中矩，老老实实交代了此诗的写作时间、地点和背景。"边",边塞地区,也就是杜甫寄居的秦州。"秋""雁声",北雁南飞,交代了时间是秋天,准确地说是孟秋时节结束和仲秋时节开始的这个时间段,因为当时正好是二十四节气中的白露。

"戍鼓",戍楼上的更鼓,点明是战争期间;"断人行"说明战事仍然频繁、激烈,所以道路阻隔,行人不敢通行。这是这首诗的写作背景。

三、四两联也没什么问题。

"有弟皆分散,无家问死生。寄书长不达,况乃未休兵。"说的是他虽然有好几个兄弟,却都分散了。因为家已不存在,他也无法探问每个人的生死。寄给兄弟们的书信常常不能送达,何况战乱频繁,仿佛永无休止(安史之乱直至 763 年才结束)。

有问题的是第二联:"露从今夜白,月是故乡明。"

"露从今夜白"还好,既写景,也点明时令。意思是,今夜刚好是白露,露水盈盈,令人顿生寒意。

到了"月是故乡明"一句,他说:"要论月亮,那当然是我们故乡的月亮最明亮!"杜甫的家乡在哪里?在河南巩县(今河南巩义)。"我们河南巩县的月亮才是全世界最大、最圆、最亮的月亮。"

诗人中,写过月亮的人不少。

初唐张九龄说:"海上生明月,天涯共此时。"但人家也只是说大海上升起的这轮明月,让他想起了远在天涯海角的亲友,他们此时都和他望着同一轮明月。看到没,人家并没说家乡的月亮才是最大的。

白居易说:"共看明月应垂泪,一夜乡心五处同。"意思是同看明月，分散在五个地方的亲人都会伤心落泪；此夜大家的思乡心情，五地都是一样的啊！也没有说他们家乡的月亮才是最圆的。

哪怕是一向狂放的李白，也只说"举头望明月，低头思故乡"。人家只是老老实实地承认，看到天上的月亮，他就开始想家了，并没有说家乡的月亮才是最亮的。

偏偏到了著名的老实人杜甫这里，就"月是故乡明"了。

但是，就是这么一句不讲道理的诗，大家却齐声点赞说好。

究其原因，我思来想去，最后觉得，大概只能用著名草根诗歌评论家、《红楼梦》里香菱姑娘的话来解释了。香菱姑娘说："据我看来，诗的好处，有口里说不出来的意思，想去却是逼真的。有似乎无理的，想去竟是有理有情的。"

"月是故乡明"就是香菱所说"似乎无理，竟是有理有情"的最好例证。

全世界人看到的月亮都是同一个月亮，为什么在杜甫心里，只有故乡的月亮才是最亮的呢？这当然是杜甫的主观感觉。家乡有自己的亲人，家乡有自己熟悉的事物，哪怕是一草一木，也都因为有亲人的存在而显得格外美好，就更不用说月亮了。

这月亮里有杜甫和某人一起吃过的某一顿饭、做过的某一件事，再对照他此时潦倒狼狈的惨状，杜甫觉得故乡的月亮比其他任何地方的月亮更亮，也就变得可以理解了。此时此刻，你不但不会觉得他不讲理，反而还会对他心生同情。

千百年来，杜甫这句"不讲理"的诗，不知戳中了多少人心头的那一处思乡之痛。

《长沙过贾谊宅》
每个倒霉文人心里，都住着一个叫贾谊的人

长沙过贾谊宅

[唐] 刘长卿

三年谪宦此栖迟，万古惟留楚客悲。

秋草独寻人去后，寒林空见日斜时。

汉文有道恩犹薄，湘水无情吊岂知？

寂寂江山摇落处，怜君何事到天涯！

今天要讲的这首诗，作者叫刘长卿。

刘长卿是唐朝"李杜"之后的重要诗人之一，和当时另外一个诗人钱起齐名，被合称为"钱刘"。钱起就是那个写了神句"曲终人不见，江上数峰青"的诗人。

刘长卿最擅长的是五言绝句，比如《逢雪宿芙蓉山主人》就是其五绝名篇之一：

日暮苍山远，天寒白屋贫。

柴门闻犬吠，风雪夜归人。

刘长卿诗才高，脾气却不大好。脾气不好也就罢了，关键他还"刚而犯上""多忤权门"。也就是说，脾气来了，他对那些有权有势的人也经常当面开怼，丝毫不给面子。所以他的仕途不可能顺利，以至于"两遭迁谪"。

被贬的刘长卿依然臭脾气不改，贬谪途中稍有停歇，他就要拿起笔来记录自己的心情和感受。当然，这些诗里记录的多是刘长卿一肚子的"不合时宜"，这样的诗反而更能显出诗人的真性情，从而流传久远。

我们今天要讲的这首《长沙过贾谊宅》，就是刘长卿被贬潘州南巴（今广东高州），经过长沙贾谊故居时写的。诗中提到的贾谊，是汉文帝时著名的政论家，著名的政论文《过秦论》就是他写的。贾谊因为被权贵中伤，出任长沙王太傅三年，这就是"三年谪宦此栖迟"中"三年谪宦"的由来。贾谊后来虽然被召回京城，但并没有得到重用，最后抑郁而终。

下面具体来看这首诗。

"三年谪宦此栖迟，万古惟留楚客悲。"意思是，贾谊当年曾在这里谪居三年，如今只留下万古不变的悲哀。"此"指的就是"贾谊宅"，贾谊被贬长沙的三年期间，就住在眼前这所宅子里。"栖迟"，"栖"本来是指鸟儿在树枝上或巢中停息，"迟"指动作迟缓笨重，这里是把贾谊比作翅膀被束缚而动作迟缓、飞不起来的鸟儿，空有一身才华和一腔热血。诗人对贾谊充满了同情，所以才有下句中的"悲"字。"楚客",长沙在古代属于楚地,贾谊被贬到长沙,属于客居在此,所以"楚客"指的就是贾谊。

由诗的第二联"秋草独寻人去后,寒林空见日斜时"中的"秋草"和"日斜时"可以知道,诗人路过贾谊故居正值深秋时节,具体时间则是傍晚时分。虽然斯人已去,但是在秋草中,刘长卿还想找到一点贾谊当年留下的痕迹。结果当然是徒劳的——透过寒林,他只看到一轮夕阳正缓缓西沉。这一联既是叙事,又是写景,而且"秋草""寒林""日斜"等景物都渲染出一种悲凉的气氛,与全诗蕴含的悲伤惆怅的感情相匹配,情景交融。

"汉文有道恩犹薄,湘水无情吊岂知?"

贾谊生活在汉文帝时代,汉文帝在位期间,实行轻徭薄赋的政策,老百姓生活越来越富足。为了加强国力,汉文帝还带头厉行节约,穿打补丁的衣服,并大力减轻老百姓的负担,由此开启了历史上有名的"文景之治",为西汉走向强盛奠定了坚实的基础。但就是这样一个留下了有道明君好名声的汉文帝,对待贾谊却是这样薄恩寡义,在这里,刘长卿已经由贾谊的遭遇联想到自己的遭遇了——我如今碰到的是昏聩无能的唐代宗,我的下场自然更比不上贾谊了。

"湘水无情吊岂知",表面上说的是湘水,其实是在说,当年贾谊在这里凭吊和他身世遭遇相似的屈原,屈原又怎么知道呢?同样,他今天也在这里凭吊和他遭遇相似的贾谊,贾谊也不知道。再想一想,以后会不会有人来这里凭吊他呢?这里很有《红楼梦》里林黛玉《葬花吟》的味道了:"侬今葬花人笑痴,他年葬侬知是谁?""我今天在这里葬桃花,别人笑我是傻瓜,再过几年,还不知道是由谁来埋葬我呢。"

刘长卿和贾谊，贾谊和屈原，一样的身世遭遇，一样的情感。历史总是这样惊人地相似，难道有才华的人不能见遇于当世，真的是他们共同的宿命吗？

"寂寂江山摇落处，怜君何事到天涯！"寂寞的江水静静流过，深山里落叶纷纷。贾君啊，你是因何被贬到此地呢？这句诗，诗人明显是在揣着明白装糊涂。贾谊被贬的原因，他心里像明镜似的，却在这里装模作样地发问。

从题材上看，这是一首怀古诗。

怀古诗，表面上怀的是古人和古事，实际上着眼的是眼前的人和事。这首诗借贾谊和屈原两人的酒杯，浇刘长卿自己心中的块垒。写贾谊也好，写屈原也罢，其实写的都是刘长卿自己啊！

我发现，越是郁郁不得志的人，越是喜欢写怀古诗。杜牧是这样，李商隐是这样，刘长卿也是这样。而且李商隐和刘长卿一样，也借贾谊的故事写过一首《贾生》，表达了自己不被朝廷重用的郁闷和不平。可不可以这样说，每一个落魄文人的心里都住着一个贾谊。

虽然有人说，这首诗因为这种写法而显得含蓄委婉，但其中的怨讽和牢骚，凭谁都能感觉得出来啊！

《左迁至蓝关示侄孙湘》
文人的骨头可以有多硬

左迁至蓝关示侄孙湘

[唐]韩愈

一封朝奏九重天，夕贬潮州路八千。

欲为圣朝除弊事，肯将衰朽惜残年！

云横秦岭家何在？雪拥蓝关马不前。

知汝远来应有意，好收吾骨瘴江边。

一个文人的骨头可以有多硬？看看韩愈就知道了。

大家都知道，韩愈散文写得好，在唐宋两代散文写得极好的八个人中排第一。

苏轼那么骄傲的人，也对韩愈佩服得不得了，说他"文起八代之衰"。确实，韩愈以一人之力（后来有柳宗元的加入）发起声势浩大的古文运动，并一举将骈文拉下长期居于文坛霸主的地位，确实是个牛人。

他的诗虽没有散文名气那么大，但也很厉害！他首创"以文为诗"的写法，将叙事议论大量写入诗歌，成为后来宋诗的鼻祖。

不过，诗歌散文写得好的人多得是，一个文人如果光是诗文写得好，那也没有什么了不起的。我今天要说的是，世界上还有一类文人，他们是在用生命作诗写文，他们的气节就体现在他们的诗文中。这类文人，远的如屈原、嵇康，近的如鲁迅、闻一多。

还有，韩愈。

韩愈的父亲在他三岁时就去世了，韩愈是由他哥哥韩会抚养成人的。孤儿韩愈懂事早，从小读书就很用功，他七岁出口成文，十三岁就能写文章。

但是不久，哥哥韩会又去世了，韩愈只好随寡嫂郑氏避乱宣城，一路颠沛流离，一直到二十五岁时第四次参加科举考试，才好不容易考中进士。文章投递到公卿之间，加上前宰相郑余庆极力为他宣传，韩愈得以出名，然后就顺理成章地当了官。

按说，这样坎坷的人生经历，会让韩愈更加珍惜眼前的拥有。

然而，他"不平则鸣"，路见不平总要发出一声吼，该出手时就出手。于是韩愈的一生基本是这样度过的：怼陋规，被贬；怼昏官，被贬；最后连皇帝都敢怼，并差点因此送命。饶是如此，他却依然无怨无悔，生命不息，怒怼不止。

大诗人"诗鬼"李贺不幸有一个名叫李晋肃的父亲，有人说"晋"与"进"犯讳，所以李贺不能参加进士考试。

韩愈听说后拍案而起，大怒道："这是哪个混蛋定的破规矩？"他立即上书朝廷，写文驳斥，一篇《讳辩》直接刺真相——所谓"犯讳"，不过是有些小人妒忌贤能的借口。他还冒天下之大不韪，以"考之于经，质之于律，稽之以国家之典"的态度，对所谓的"犯讳"

进行了鞭笞。

贞元十九年（803 年），韩愈任监察御史。当时关中地区大旱，百姓流离失所，饿殍遍野，苦不堪言。韩愈赴灾区慰问时，看到老百姓的悲惨样子，流下了伤心的泪水。然而当时的京兆尹李实却瞒报朝廷，说关中粮食丰收了，百姓情绪很稳定。

韩愈听后怒不可遏，写了一篇内参《御史台上论天旱人饥状》，直接送到皇帝手上。代价是，韩愈被李实反咬一口，贬出京城。

说话间到了元和十四年（819 年），这时的老韩已经五十一岁了，好不容易又回到朝廷。孔子都说过，五十而知天命，这回韩愈的暴脾气总该改一点了吧？然而并没有。

这一年，唐朝发生了一件大事，极度信奉佛教的唐宪宗要在首都长安敬迎佛骨，一时间长安城里大兴土木，老百姓叫苦不迭。这种劳民伤财的事，老韩怎能不管？

于是他连夜写就《论佛骨表》，第二天一大早，趁着上朝的机会就送上去了。

这封奏书给韩愈惹下了大祸。

唐宪宗看到奏书后勃然大怒，气得连脖子都红了！他哆嗦着用手指着韩愈说："你……你……你也太不像话了！老子今天要是不杀了你，我就不姓李！"慌得裴度、崔群等一干大臣连忙上前拼命劝谏说："圣明的皇上啊！这老韩平时确实有点不会说话，但他绝对不是坏人，他对大唐的一片忠心，我们都知道啊！"

好说歹说，宪宗最后总算消了点气，对韩愈说："看在大家伙为你讨饶的分上，这次就留你一条命。但是你必须现在、立即、马上从我眼前消失！滚得越远越好。"

韩
愈

"皇上，您让我去哪儿呢？"韩愈退下之前还不忘问宪宗。

"潮州！"宪宗气哼哼地说。

你可能会说，潮州？好啊！潮州就在现在的广东，改革开放的前沿阵地。

你说得没错，但你别忘了，那时可是唐朝。唐朝的首都在长安，也就是现在的西安,而那时的广东根本就是蛮荒之地,还经常闹瘟疫,跟开放和富裕一点都不挨边。

这些情况，韩愈都老老实实把它写在一首诗里，这首诗就是今天要讲的《左迁至蓝关示侄孙湘》，下面一起来看一下。

"一封朝奏九重天，夕贬潮州路八千。"首联写的就是上面说的那件事。他早晨刚刚上奏折，晚上就走在被贬的路上了。

你一定很好奇，韩愈在表文里到底说了什么，能让唐宪宗这么生气。你还别说，这次还真不怪唐宪宗肚量小，韩愈真的有些过分。

他的《论佛骨表》里有这样的句子：

> 汉明帝时，始有佛法。明帝在位，才十八年耳。其后乱亡相继，运祚不长。宋、齐、梁、陈、元魏已下，事佛渐谨，年代尤促。惟梁武帝在位四十八年，前后三度舍身施佛，宗庙之祭，不用牲牢，昼日一食，止于菜果，其后竟为侯景所逼，饿死台城，国亦寻灭。事佛求福，乃更得祸。

什么意思呢？说是那些信佛的皇帝几乎个个都活不长，在位时间也很短。唯一一个梁武帝活得长一点，在位时间久一点，最后却落得一个饿死的下场。"所以要以我老韩说啊，信佛的人不但不能求得福报，反而常多祸乱。"你说这不是在咒宪宗吗？叫宪宗怎么能不生气？把他贬到潮州，那是便宜了他。

"欲为圣朝除弊事，肯将衰朽惜残年！"虽然被贬，但韩愈一点也不后悔。他坚信自己阻止迎佛骨这件事做得对，是利国利民的事，是替皇帝消灾除害的事。所以，哪怕他为此搭上了自己这把老骨头，也在所不惜。

但要说韩愈一点也不伤心、不生气，那也是不符合实情的。即使是英雄也会有常人的恐惧和软弱，只不过他们在大义面前能克服恐惧和软弱而已。

"云横秦岭家何在？雪拥蓝关马不前。"回望长安，秦岭上云遮雾绕，家在哪里？根本看不清。瞻望前路，大雪封住了蓝关，连马都不肯向前走了。这一联，既有对离开长安的难舍，又有对前路难料的不安。

"知汝远来应有意，好收吾骨瘴江边。"就在韩愈老泪纵横之际，侄孙韩湘前来送行，韩愈于悲愤之际，对他细细叮嘱："我这个做长辈的很感谢你这番情意，我这次前往广东，很有可能死在那边，因为人们都说那边经常闹瘟疫。如果我真死了，你就到广东来把我的尸骨带回老家吧！"

看到没有，一直到这里，悲则悲矣，痛则痛矣，韩愈却依然没有一丝后悔之情，态度非常决绝。

这就是一个文人的硬骨头。

人们会在不如意的时候骂老天不开眼，但这次，老天总算是开了一点眼。

好佛的唐宪宗在身体上果真没有耗过韩愈，先韩愈而死。唐宪宗的儿子穆宗上台后，马上把韩愈请回了长安，韩愈得以平安在自家床上终老，而不用烦劳侄孙韩湘大老远地往广东跑——那时没有高铁，从长安到广东，骑马要走好几个月的。

韩愈这首《左迁至蓝关示侄孙湘》写成后，大家评价它沉郁顿挫、苍凉悲壮，我是完全同意的。

《商山早行》
一首诗让一个普通的早晨变得不朽

商山早行

[唐]温庭筠

晨起动征铎，客行悲故乡。
鸡声茅店月，人迹板桥霜。
槲叶落山路，枳花明驿墙。
因思杜陵梦，凫雁满回塘。

台湾女作家张晓风写过一篇散文，叫《不朽的失眠》。

说的是唐代诗人张继参加科举考试失利，在沮丧和落寞中乘船归家，途中夜宿姑苏城外，因失眠——在那样的情况下，换你你也睡不着——而写下《枫桥夜泊》一诗：

月落乌啼霜满天，江枫渔火对愁眠。
姑苏城外寒山寺，夜半钟声到客船。

张晓风说，《枫桥夜泊》这首诗，让我们记住了一千二百多年前，秋夜客船上那个失意的人，也记住了那场不朽的失眠。

一次落第，一个诗人，一首诗，让一次失眠变得不朽。

同样是唐朝，同样是一次落第，同样是一个诗人，同样是一首诗，让一个普通的早晨也成为不朽。

这位诗人叫温庭筠，这首诗叫《商山早行》。

说起温庭筠，大家可能会问，是不是那个行为放荡、专写不健康的词，并且因为跟人合出了一本不健康词集《花间集》，所以被称为花间派鼻祖的温庭筠？

对于这个问题，我的回答是：你说得对，但也不对。

说对，是因为温庭筠确实是词的重要流派花间派的鼻祖；说不对，是因为花间派的词，特别是温庭筠写的，并不都是格调低下、不健康的。

不错，《花间集》里的词大多以男欢女爱、相思离别为主要内容，但是男欢女爱、相思离别不是很正常、很美好的吗？而且，你以为温庭筠的词中写的男欢女爱、相思离别，就仅仅是男欢女爱、相思离别吗？你就没有想到，他的这些写男欢女爱、相思离别的词里，其实寄托了更深、更丰富的意蕴吗？

凭什么屈原能在《七哀》里用美女来表现自己仕宦上的不得志，而温庭筠就不能呢？你不服？那好，我们来看一个例子，就以温庭筠这首《望江南》为例：

> 梳洗罢，独倚望江楼。过尽千帆皆不是，斜晖脉脉水悠悠。肠断白蘋洲。

词里描写的那位精心梳洗打扮、登上望江楼、久等情郎归来而不得的年轻女子，她的失意和惆怅，难道不可以看成是温庭筠对自己仕途不得意的一种含蓄表达吗？年轻女子最终没等到自己的情郎，温庭筠最终也没等到自己被赏识、被任用的那一天。

温庭筠不仅仅是一位词人，在历史上，他首先是作为一个有才华、有个性的诗人而存在的。中国有个传统说法叫"诗言志"，也就是说，要了解一个诗人到底是个怎样的人，最好的方法就是读他的诗，看他在诗里到底抒发了怎样的理想、表达了怎样的意志。

让我们来看看温庭筠的诗吧，看看温庭筠到底是一个怎样的人。

这里有一首诗，是他经过东汉末年文学家、"建安七子"之一的陈琳墓时写的《过陈琳墓》：

> 曾于青史见遗文，今日飘蓬过此坟。
> 词客有灵应识我，霸才无主始怜君。
> 石麟埋没藏春草，铜雀荒凉对暮云。
> 莫怪临风倍惆怅，欲将书剑学从军。

陈琳因为受到曹操赏识，从而建立了一番功业。在《过陈琳墓》这首诗中，温庭筠认为，自己的才能一点也不比陈琳差，却被时代所抛弃，所以他对陈琳表现出毫不掩饰的羡慕和嫉妒："现在哪里还有像曹操一样的明主啊！我只有羡慕老兄你能够展现自己的雄才伟略，而我呢，空有一身本领却无处施展。临风怀古，我是满腹惆怅啊！我只能退而求其次，以书剑从军，走上和你一样的路。但明珠暗投，终究是心里不甘啊！"

整首诗古今对照，"青史"对"飘蓬"，吊古而伤己，放荡悲愤，纵横不羁，读后让人感慨不已。

所以，温庭筠看似放荡的外表下，包裹的其实是一颗不情愿、不妥协的心。这样看来，所谓的"薄于行，无检幅"，所谓生活上的不规矩、不检点，很可能是温庭筠对时代彻底失望后的不作为、不合作，是一种自我放逐。

不被朝廷起用的温庭筠，整日过着放荡不羁、诗酒风流的生活，多余的才情无处安放，正好用来倚声填词，从而成就了他在词坛上的开山地位。

说到这里，我们是不是对温庭筠的印象有所改变，对他有了一丝同情甚至敬佩呢？

说了这么多，我们再回到这首《商山早行》。

这首诗写的是一个看似平淡无奇的清晨发生的事。

一个思乡心切的人，早晨天未大亮就爬起来赶路，而早行旅途中所见的景色，又使他不禁想起昨夜梦到的故乡景物："凫雁满回塘。"

这样的情感实在太过平常，实在是没有什么好写的，但高手的高超之处就在于，能写人人都看到却无法写出来的东西，而且还能写得特别精彩。

这首诗的第二联"鸡声茅店月，人迹板桥霜"就是这样奇妙的诗句。"鸡声""茅店""月""人迹""板桥""霜"，两句诗，六个名词，这六个名词如果单独看，也没有什么出奇之处，但把它们组合在一起，仿佛一下就有了一种神奇的魔力。

"鸡声茅店月"，诗人听见从茅店外传来的鸡鸣声，立刻爬起来看天色。天上有月，说明第二天天气晴好，于是他赶紧收拾行李，准备赶路。"人迹板桥霜"，清冷的深秋早晨，板桥上覆盖着森森白霜，霜上早行人留下的足迹赫然入目。两句诗，将旅人的匆忙与恓惶表达得传神入骨。

传说"唐宋八大家"之一的欧阳修，对"鸡声茅店月，人迹板桥霜"两句诗爱到走火入魔的地步，还模仿它写出"鸟声梅店雨，野色柳桥春"，但未能超过原诗意境。

那有没有成功的模仿之作呢？有，但那已经是几百年以后的事了。它就是元曲大家马致远的那首《天净沙·秋思》：

> 枯藤老树昏鸦，小桥流水人家，古道西风瘦马。夕阳西下，断肠人在天涯。

商山（也叫楚山，在今陕西商洛东南）脚下，一千多年前的一个普通早晨，就因温庭筠的这首《商山早行》，而成为中国诗歌史上一个不朽的清晨。

《咸阳城东楼》
我怀的不只是古，还有千岁忧

咸阳城东楼

［唐］许浑

一上高城万里愁，蒹葭杨柳似汀洲。
溪云初起日沉阁，山雨欲来风满楼。
鸟下绿芜秦苑夕，蝉鸣黄叶汉宫秋。
行人莫问当年事，故国东来渭水流。

我小时候喜欢看书，但找不到什么好书看，往往抓到什么看什么。记得我看过一本反间谍题材的长篇小说《A.P案件》，作者在写谍情紧张时总喜欢来一句"山雨欲来风满楼"，搞得我每次看到这句诗就立马汗毛直立，跟着紧张起来——这句诗的画面感太强，感染力也太强了。

虽然对"山雨欲来风满楼"印象深刻，但这句诗到底出自哪首诗，是哪个诗人写的，我一直不知道，直到《咸阳城东楼》被选进部编版初中语文教材。

因为备课需要，我查了一下资料，才知道这句诗的作者许浑在唐朝就很有名了——我是多么孤陋寡闻啊！资料介绍，许浑和杜牧、李商隐属于同时代，都是晚唐著名诗人。同为晚唐大诗人的韦庄对许浑的诗评价非常高，他说："江南才子许浑诗，字字清新句句奇。十斛明珠量不尽，惠休虚作碧云词。"韦庄不仅夸许浑的诗歌风格清奇，还夸他的诗句就像珍贵的明珠。

许浑善于写五律和七律，有人将他和杜甫的才华串联起来，写了一联诗："许浑千首湿，杜甫一生愁。"说"许浑千首湿"，是因为他的诗中有很多内容都和水有关，我搜了一下，还真是这样。不信请看：

　　　　石燕拂云晴亦雨，江豚吹浪夜还风。

　　　　　　　　　　　　　　　　——《金陵怀古》

　　　　水声东去市朝变，山势北来宫殿高。

　　　　　　　　　　　　　　　　——《故洛城》

　　　　广陵花盛帝东游，先劈昆仑一派流。

　　　　　　　　　　　　　　　　——《汴河亭》

　　　　劳歌一曲解行舟，红叶青山水急流。

　　　　　　　　　　　　　　　　——《谢亭送别》

　　　　自卜闲居荆水头，感时相别思悠悠。
　　　　　　——《送元昼上人归苏州兼寄张厚二首》

我们今天要讲的《咸阳城东楼》是一首怀古诗，这个从诗的题目就可以看出来。诗题里的咸阳是秦汉两朝的都城，曾被称为咸京。

"一上高城万里愁，蒹葭杨柳似汀洲。"这两句说的是诗人登楼所感和远望之景。他一登上高楼，就感到一种铺天盖地的愁绪扑面而来，所谓"万里愁"是也。为什么会这样呢？这愁也来得太快、太无厘头了吧？不要急，第二句诗里有答案。诗人站在楼上远远望去，只见一片白茫茫的芦苇和如烟如雾的杨柳，如同江南汀洲上的景致一样。汀洲，指的是水中的小洲。

这里有什么蹊跷吗？有。因为眼前的这块地方，本来是两朝的都城所在地，现在却被芦苇和杨柳所占领，可见荒凉到了什么程度。原来诗人的"万里愁"是因怀古而起，这愁绪啊，就像眼前这无边无际的芦苇和没完没了的杨柳！

一个"愁"字，奠定了这首诗的感情基调，整首诗基本就是围绕着这个"愁"字来写的。

"溪云初起日沉阁，山雨欲来风满楼"两句，由缓到急，继续渲染愁绪。诗人在傍晚时分登上城楼，只见咸阳城南的磻溪（河川名，又叫璜河，在陕西宝鸡东南）之上，暮云初起，苍茫夜色中，一轮红日划过慈福寺的飞檐，又缓缓下沉。就在诗人沉吟之际，突然冷风四起，整个城楼都被风灌满。风呼呼作响，眼看一场山雨就要到来。眼前的景象，多么像正处于逐渐衰颓之中而又危机四伏的唐王朝啊！诗人怎么能不愁呢？

就在读者以为诗人将要紧锣密鼓，描写满天风雨的画面，将愁绪推向一个高潮的时候，诗人却不走寻常路，把视线投向了暮色中荒废的秦苑和汉宫，投向了历史的深远处："鸟下绿芜秦苑夕，蝉鸣黄叶汉宫秋。"昔日精心营造、布满亭台轩榭的禁苑和深宫，如今只剩绿芜遍地、黄叶满林，鸟雀和秋蝉飞鸣其间，一片荒凉的景象。

历史的沧桑感油然而生。

　　同样，就在读者以为诗人将要顺着"秦苑夕"和"汉宫秋"的意象抒发对历史的感慨时，诗人却又宕开一笔，写道："行人莫问当年事，故国东来渭水流。"来来往往的过客啊，什么也不要说，什么也不要问，你看那渭水，还在一如既往地静静东流。

　　虽然那句"山雨欲来风满楼"红得有点出乎许浑的意料，但如果你仅仅把这首诗当成一首怀古诗来读，那你也太低估它的魅力了。我觉得，这首诗的巨大魅力就在于诗人在怀古的同时，还表达了一种人类对生命、对宇宙、对时空存在的永恒追问。这种愁，让这首诗有了更广泛的意义，从而能拨动更多人的心弦。

　　这种思考集中在"行人莫问当年事，故国东来渭水流"两句中。故国的陈迹还在，渭水还在，当年那些"行人"，那些事，那些爱恨情仇、欢笑悲哀却都不在了。对于宇宙而言，对于历史长河而言，所有的"行人"永远都是一个渺小而短暂的存在。

《无题》
最深情的诗歌是没有题目的

无题

[唐]李商隐

相见时难别亦难，东风无力百花残。

春蚕到死丝方尽，蜡炬成灰泪始干。

晓镜但愁云鬓改，夜吟应觉月光寒。

蓬山此去无多路，青鸟殷勤为探看。

李商隐一生写过很多以"读史"和"有感"为题的诗歌，别的诗人也写过，这两个题目并不是李商隐独创的，但是"无题"这个题目却成了李商隐的名片。我们现在只要一看到"无题"这两个字，脑子里马上就会蹦出李商隐的名字。

李商隐一生写了大量的《无题》，关键是，这些《无题》的质量还超高。

这些《无题》中，大家比较熟悉的有下面这几首：

一

昨夜星辰昨夜风，画楼西畔桂堂东。
身无彩凤双飞翼，心有灵犀一点通。
隔座送钩春酒暖，分曹射覆蜡灯红。
嗟余听鼓应官去，走马兰台类断蓬。

二

来是空言去绝踪，月斜楼上五更钟。
梦为远别啼难唤，书被催成墨未浓。
蜡照半笼金翡翠，麝熏微度绣芙蓉。
刘郎已恨蓬山远，更隔蓬山一万重。

三

飒飒东风细雨来，芙蓉塘外有轻雷。
金蟾啮锁烧香入，玉虎牵丝汲井回。
贾氏窥帘韩掾少，宓妃留枕魏王才。
春心莫共花争发，一寸相思一寸灰。

其中"身无彩凤双飞翼，心有灵犀一点通""刘郎已恨蓬山远，更隔蓬山一万重""春心莫共花争发，一寸相思一寸灰"几句，早成了人们写文章时经常引用的金句。

这些《无题》大都是情诗，当然，也有许多人认为李商隐的这些情诗其实是以情诗之名，行抒政治情怀之实。还有人言之凿凿，说这些《无题》中的女子形象其实代指皇帝，这些诗表现的是君臣之间的遇合，理由是中国自屈原起就有用"香草美人"表达忠君爱国思想的传统。更有一种离奇的说法是，这些诗是李商隐写给少年时的好友令狐绹的，这在我看来基本接近于搞笑了。

依我看，这些《无题》就是情诗，为什么不大大方方地承认呢？今天这首《无题》，我就是完全把它当成情诗来讲的。

首联第一句，"相见时难别亦难"，初一看好像是写诗人和情人未分别时说的话，但从整首诗来看，这句应该是离别之后对两人分别时情景的追忆，整首诗写的是用情至深的诗人和情人别后的相思之苦。正因为别时容易见时难，一别之后不知何时再相见，所以离别时才会"执手相看泪眼"，难舍难分。

第二句"东风无力百花残"，说的是离别时的自然环境。诗人和情人分手时正值暮春，东风渐歇，百花已残，更添离别时的伤心难过。有人说，这一句还暗指青春易逝、容颜易改，我觉得也有道理。情人之间，总希望把自己最美好的时刻留给对方，台湾著名女诗人席慕蓉就写过"如何让你遇见我 / 在我最美丽的时刻"这样的诗句。然而这个最美好的时刻又是那么短暂，所以后面才有"晓镜但愁云鬓改"一句。

诗的第二联"春蚕到死丝方尽，蜡炬成灰泪始干"，用比喻的手法写了诗人对女方的思念之情。这里诗人用蚕丝和烛泪进行比喻，说自己就像那吐丝的春蚕一样，生命不息，吐丝不止；又像那燃烧的蜡烛，烛火不灭，流泪不尽。

有人评价这两句诗"惊天地，泣鬼神"，还真是这样。在这之前，这种至真至深的感情表白，我只在民歌《上邪》里看到过："上邪，我欲与君相知，长命无绝衰。山无陵，江水为竭。冬雷震震，夏雨雪。天地合，乃敢与君绝。"意思是，天啊，我愿和你相爱，让我们的爱情永不衰绝。要想我断绝和你的感情，除非高山变平地，滔滔江水干涸断流，凛凛寒冬雷阵阵，炎炎酷暑雪纷飞，天和地连接在一起。可能吗？当然不可能！只不过两者的语言风格有分别，《上邪》浅俗直白，《无题》文雅含蓄而已。

另外，"春蚕到死丝方尽"里的"丝"，谐"思"音，一语双关。这种用有形的丝来写抽象的感情的写法，中国古诗里有很多。像《子夜歌》里的"理丝入残机，何悟不成匹"，就是这种写法。

但是，"春蚕到死丝方尽，蜡炬成灰泪始干"这两句诗发展到现在，已经被人用来形容老师无私奉献、至死方休的精神，这是李商隐当初没有想到的。

思念到极致，诗人难免会堕入想象。诗的颈联"晓镜但愁云鬓改，夜吟应觉月光寒"，写的就是李商隐在极度思念之下，想象着心上人此时此刻正在干什么。这一联的意思是，早晨的她应该会在对镜梳妆、看着镜子里的自己时，担心容颜不再吧？夜晚的她，应该也会像我一样因思念而失眠，在院子里独自沉吟，感到月冷袭人吧？

用想象来安慰自己，这是李商隐的拿手好戏。前面讲过的他的另一首诗《夜雨寄北》里就用过："何当共剪西窗烛，却话巴山夜雨时。""等到将来我们相见、共同剪烛西窗下时，我一定要和你好好说一说今夜我独自一人思念你的深情。"仿佛这样一想，思念之苦就能消减几分似的。

诗的尾联，诗人在上一联想象的基础上进一步想象："蓬山此去无多路，青鸟殷勤为探看。"蓬山，是指神话传说中的海上仙山，这里借指所思念的女子的住处，当然也有一点把自己的心上人想象成仙女的意思。青鸟，是指神话中为西王母传信的神鸟。这一联的意思是，虽然我思念的人住的蓬莱仙山无路可通，但好在可以请神鸟去为我探看，传递信息。

看到诗人如此自欺欺人的样子，我们除了感动外，也只有深深叹息了——这真是个痴情的傻瓜！

读到这里，大家的心里可能还有一个疑团没解开：包括今天这首，所有这些《无题》中，李商隐苦苦思念的女子到底是谁呢？

关于这一点，有这样一种说法，我们姑妄听之。

说是李商隐十五六岁的时候，就被家里人送到玉阳山学道——这在唐朝是惯常现象，比如大诗人李白就学过道。在学道期间，李商隐和隔壁班的女同学——玉阳山灵都观女道士宋华阳相识相恋，李商隐的《无题》，写的就是自己和宋华阳同学之间的恋情。两人的感情不能被别人知道，因为这是不合当时的礼教和清规的，可是爱情的潮水一旦上来又没法抑制，所以李商隐只能用诗记情，却不给这些诗取题目。

也许，最深情的诗都是没有题目的吧。

以"无题"为题，反而让这些诗显得既朦胧又深情。

《行香子》
当人生好时节遇上人间好时节

行香子

[宋] 秦观

树绕村庄，水满陂塘。倚东风，豪兴徜徉。小园几许，收尽春光。有桃花红，李花白，菜花黄。

远远围墙，隐隐茅堂。飏青旗，流水桥旁。偶然乘兴，步过东冈。正莺儿啼，燕儿舞，蝶儿忙。

这首词的作者是北宋的秦观，他还有一首著名的词叫《鹊桥仙》：

纤云弄巧，飞星传恨，银汉迢迢暗度。金风玉露一相逢，便胜却、人间无数。

柔情似水，佳期如梦，忍顾鹊桥归路。两情若是久长时，又岂在、朝朝暮暮。

词里的"两情若是久长时，又岂在、朝朝暮暮"一句流传很广，一经写出，就长久占据情歌榜榜首的位置，成为异地恋的情人之间互相安慰的首选之句。也因此，秦观在人们的心中留下了一个多情词人的形象，人们还一厢情愿地给他编排出一个他和苏轼的妹妹苏小妹的爱情故事。其中，苏小妹在新婚之夜三难秦观的故事，最为大家津津乐道。

这个故事是这样的。

说是新婚之夜，苏小妹想试试秦观的才华，便将秦观挡在门外，让他对对联。前两副对联都被秦观顺利对出，到最后一联时，秦观犯难了。苏小妹出的上联是："闭门推出窗前月。"

秦观苦苦思索而不得，只好坐在池塘边继续思考。

半夜三更时，苏轼出来打探妹夫的消息，只见秦观在池塘边不停念叨着"闭门推出窗前月"，知道是自己那个刁钻古怪的妹子又在那里作弄人，于是捡起一粒石子朝水池中投去，想悄悄帮秦观一把。

秦少游忽听砰的一声，但见面前水池之中月影散乱，于是心里一动，对出下联："投石冲开水底天。"

秦观回头看那个丢石子帮自己的人是谁，虽然只看到那个做好事不留名的人的背影，但这个背影对他来说太熟悉了。秦观不由感动而感慨："有一个苏轼这样才思敏捷的大舅子，真好！"

但据史料记载，苏轼根本就没有妹妹，秦观是苏轼妹夫的说法完全是人们杜撰出来的。

不过有一点是真的，那就是，秦观的确出自苏轼门下，是著名的"苏门四学士"之一。在众多门生和崇拜者中，苏轼非常欣赏和重视黄庭坚、张耒、晁补之、秦观四个人。他说："如黄庭坚鲁直、晁补之无咎、秦观太虚、张耒文潜之流，皆世未之知，而轼独先知。"因为苏轼的推誉，四个人很快便名满天下。

　　秦观出生在一个普通官吏家庭。他的父亲学位不低，官却不大，但秦观家的日子应该还是过得比较舒服的，没有什么经济上的压力。虽然秦观从小博览群书、抱负远大，但他直到三十岁前后，才第一次入京参加科举考试。名落孙山后，他三年后再考，依旧榜上无名。

　　还好后来遇到恩师苏轼，在苏轼的鼓励下，元丰八年，三十六岁的秦观再次参加科举考试，顺利高中进士，由此踏入仕途。但秦观并没有像童话故事中说的那样，从此就过上了幸福生活。除了在宋哲宗元祐二年（1087 年）时任太学博士（相当于大学教授）一职，接着又任职秘书省正字兼国史院编修官，参与撰写《神宗实录》，风光过一段时间外，他后半生基本和他的恩师苏轼一样，不是被贬，就是在被贬的路上。

　　后来，秦观一度到了怀疑人生的地步，干脆把自己的字改成了"少游"，以示归隐山林之意，不想蹚官场这趟浑水了。

　　元符二年（1099 年），秦观似乎预感自己将走到人生的终点，于是给自己写下了一首挽词，想象自己辞世的凄凉情景：

> 婴衅徙穷荒，茹哀与世辞。
> 官来录我橐，吏来验我尸。
> 藤束木皮棺，槁葬路傍陂。
> 家乡在万里，妻子天一涯。

　　第二年，徽宗即位，秦观去世，终年五十一岁。

　　秦观一生仕途失败，在文学上的成就却很大，尤其是他的词作，是北宋后期婉约派一座创新的碑石，是大宋词坛的独特存在。

　　大约与他的人生遭遇有关，他的很多词，句子里都带有"愁""恨"

这样的字眼。像"自在飞花轻似梦，无边丝雨细如愁""春去也，飞红万点愁如海""放花无语对斜晖。此恨谁知""驿寄梅花，鱼传尺素。砌成此恨无重数"等，抒写的都是一种怎么拂也拂不去的哀愁和悲怨之情。而这些词，据说恰恰是词这种体裁最早期的样子。难怪叶嘉莹先生说，秦观的词才是词人之词，以表示秦观的词与苏轼及后来的辛弃疾词的不同。

其实，秦观也写过那种用语清新浅显、感情轻快明朗的词，比如我们今天要讲的这首《行香子》。

在一个春日，词人乘兴游览了一座村庄。只见绿树环绕着村庄，春水溢满了池塘，春风正好，阳光正好。沐浴着东风，带着豪兴，词人信步而行。小园很小，却收尽春光。不信你看，那桃花正红，那李花雪白，那菜花金黄。

远远一带围墙旁，隐约可见几间草房。青色的酒旗在风中飞扬，小桥矗立在溪水之上。词人一时兴起，走过东面的山冈。只听得莺儿鸣啼，只见那燕儿飞舞，蝶儿匆忙，好一派大好春光。

这首词还真没什么好讲的——寻常的句子，寻常的景象，有什么可讲的呢？但你就是觉得它好，非常好，特别好！不错，这首词也确实用到了一些写作技巧，动静结合呀，远近结合呀，点面结合呀，声色结合呀，但如果真的这样掰开来细细讲的话，那可就一点意思都没有了。

这首词好就好在，词里运用了各种写作技巧，而你完全感觉不到这些技巧的存在，技巧与内容实现了完美的融合。但你要说作者在写这首词时是在有意识地运用这些技巧，我也不信。秦观当时完全是信笔写来，跟着感觉走，这些美好的句子也完全是神来之笔。

我想，最好的文学作品应该就是这样的吧。

　　读着这样的好词，你会觉得整个人都已融化在这醉人的春光里，满眼的桃红柳绿，满耳的莺啼燕语，春日融融，春风习习；你会觉得这个世界是多么美好，这个美好的人间绝对值得你走一遭。

　　词中如作者所写，正是人间最美好的季节，这首词也正写于作者尚未出仕的青年时期。这个时候的秦观还没有经历仕途的挫折，还没有尝到人世的苦味，正处于"少年不识愁滋味"的阶段。人生这本大书在他面前还没有全部打开，他的人生还充满着无限美好的可能性，而秦观也正喜气洋洋地迎接美好的到来。

　　当人生好时节遇上人间好时节，《行香子》这样美好的词就自然而然地诞生了。

　　多年以后，经历过社会的各种花式捶打后的秦观，再想起当年写这首词时的情景，可能会生出一种恍若隔世的感觉。即使再遇上同样的春光，我敢跟你打赌，保管他也再写不出这样的好词来了。因为，当年写这首词时的心境已一去不返了。

《丑奴儿·书博山道中壁》
一位中年大叔对人生的惨痛领悟

丑奴儿·书博山道中壁

[宋] 辛弃疾

少年不识愁滋味，爱上层楼。爱上层楼，为赋新词强说愁。

而今识尽愁滋味，欲说还休。欲说还休，却道"天凉好个秋"！

辛弃疾无疑是南宋词坛最伟大的词人，他在南宋词坛的地位大致相当于苏轼在北宋词坛的地位，他的词代表了南宋词的最高水平。

在世人眼中，辛弃疾是南宋词作家中豪放派的代表，这自然不错。尤其是怒涛排空的南宋爱国词，到辛弃疾这里更是达到巅峰，从而一举成全了辛弃疾南宋词坛老大的地位。

但你要是认为辛弃疾的词只有雄奇奔放、豪壮爱国这一副面孔，就大错特错了。伟大的作家永远不会只有一副面孔，他的作品永远都具有无限的丰富性。

这体现在他的词作中，体现在圆熟高超、出神入化的写作技巧上，体现在包罗万象、丰富多样的写作题材上，尤其体现在五彩缤纷、令人目不暇接、嬉笑怒骂皆成文章的写作风格上。

豪放固然是辛弃疾词作最突出的标签，但他的词作中同样不缺少"稻花香里说丰年，听取蛙声一片"的清新可喜，不缺少"把吴钩看了，栏杆拍遍，无人会，登临意"的抑郁顿挫，以及"蓦然回首，那人却在，灯火阑珊处"的委婉缠绵，还有"昨夜松边醉倒，问松我醉何如。只疑松动要来扶。以手推松曰去"的幽默诙谐。

不多说了，下面带大家看看辛弃疾的《丑奴儿·书博山道中壁》，让大家体会一下他的词作中委婉含蓄的一面，以证明我所言不虚。

《丑奴儿·书博山道中壁》是辛弃疾被弹劾去职、闲居在江西上饶带湖时所作的一首词。

辛弃疾在带湖居住期间，身闲心不闲。这一日他又闲游于博山道中，却无心赏玩风光。眼看国运一天不如一天，他却无能为力。想起之前的北伐宏愿已成一句空话，于是他的一腔愁绪便化作题于博山道中壁上的这首词。

先看上片。

"少年不识愁滋味，爱上层楼。"为什么辛弃疾会"少年不识愁滋味"？有几个方面的原因。

首先是因为少年这一阶段的共性。少年涉世未深，他们对未来充满无限多的美好想象，辛弃疾也不例外。

其次，辛弃疾虽生在沦陷区，但他应该算个官三代，因为他的爷爷辛赞曾任金朝南京开封府知府这一高官，所以年少时的辛弃疾衣食无忧，饱读诗书，游山玩水，当然就"不识愁滋味"了。

最后，更重要的一点是，辛赞虽然身为金朝高官，却怎么看都像是打入金朝内部的宋朝人,他内心的忠义奋发之气始终没有改变。辛弃疾很小的时候,辛赞就常带他到各地去游览,把大好河山指点给他看——这些可都是咱大宋的领土。后来辛弃疾到金朝国都去考试,辛赞还让他一路上仔细察看北方的地理形势,好为将来收复失地做准备。

那时候的辛弃疾真是意气风发,踌躇满志,感觉整个世界都是他的。

至于两个"爱上层楼",前一个"爱上层楼",是说年轻时因为根本不懂什么是忧愁,所以喜欢登楼赏玩。后一个"爱上层楼"表达自己"爱上层楼"还有一个原因,那就是"为赋新词强说愁"。年轻人,生怕别人说自己嫩,说自己浅,所以就喜欢装深沉。装深沉的一个简单方式就是"强说愁",成天故意眉头紧锁,一副心事重重的样子。

以上是辛弃疾回忆自己少年时代不知愁苦,所以喜欢登上高楼,凭栏远眺,然后再写一点轻愁薄赋,表现的是一个典型的对花伤心、见月落泪、无病呻吟的文艺青年形象。

再看下片。

"而今识尽愁滋味,欲说还休。"而今的辛弃疾不再是当年那个志得意满的少年郎,而是一个被残酷的现实多次捶打、满脸胡茬的大叔了。

前面讲过,辛弃疾出生于北方沦陷区,青年时期就参加了义军,献身抗金复国大业。但当他兴冲冲地来到南方,准备好好施展一下才能抱负、报效朝廷时,却发现自己始终得不到朝廷的信任和重用。他中间虽然也当过地方官,每到一个地方总要尽力施展一下拳脚,想多做一点事。但在当时,不做事者不犯错,还总是能挑出做事者的错处来，所以做事者动辄得咎，不做事者反而平安无事。辛弃疾屡官屡罢，正值青壮年大好时光时，竟然被闲置在乡间二十多年，闲得头上都快长出青苔了。

这个时候的辛弃疾已经尝尽了"愁滋味"，这时写词，总不用无故寻愁觅恨，而是一抓一大把，满屏都是愁字了吧？

不，这时候的辛弃疾偏偏"欲说还休"，不想说了。

"欲说还休"，这是什么意思？

我猜应该包含这么几层意思。

一是不能说。当时的南宋朝廷，朝政把握在一帮投降派手里，抒发忧国伤时之情是犯大忌的，"收复中原"属于典型的敏感词，所以不能说。

二是不想说。世事如此，还能说什么呢？说了也白说，所以干脆不说。

三是说不清楚。还记得鲁迅先生的小说《故乡》里的闰土吗？讲起农村见闻来就刹不住话头的农村少年闰土，进入中年以后，变得"只是摇头；脸上虽然刻着许多皱纹，却全然不动，仿佛石像一般。他大约只是觉得苦，却又形容不出，沉默了片时，便拿起烟管来默默地吸烟了"。愁太多了，一句话说不清楚，所以也就不说了。

一定要说？不说不行？那就只好说"天凉好个秋"了。最深的痛以最轻松的语调说出，原来辛弃疾才是糊弄学的老祖宗。

这首《丑奴儿·书博山道中壁》，是辛弃疾词中很能引起大家共鸣的几首之一。

想一想也能理解，每个成年人都能从这首词中读出自己。尽管对愁的理解不尽相同，但每个成年人都有一段不知忧愁为何物的青春年少时光。

《渔家傲·秋思》
有一种英雄主义，叫看清生活的真相后依然热爱生活

渔家傲·秋思

［宋］范仲淹

塞下秋来风景异，衡阳雁去无留意。四面边声连角起，千嶂里，长烟落日孤城闭。

浊酒一杯家万里，燕然未勒归无计。羌管悠悠霜满地，人不寐，将军白发征夫泪。

提起范仲淹，你首先想起的肯定是他的散文名作《岳阳楼记》以及里面的名句：先天下之忧而忧，后天下之乐而乐。

这句话几乎成了范仲淹的名片。

范仲淹虽不是"唐宋八大家"之一，但凭一篇《岳阳楼记》就足以跻身唐宋一流散文大家之列。有没有"唐宋八大家"的头衔并不重要，范仲淹是低调奢华有内涵的实力派，更何况，他还是大名鼎鼎的豪放派词的鼻祖呢！

在范仲淹之前，占据词坛统治地位的是婉约派。词这种文学形式刚出生时，豪放词在唐代民间就已经有了一定数量，在唐五代至北宋前期其他文人的词中也会偶尔露面，但是到了北宋，婉约词这棵大树长得实在太茂盛了，把豪放词这株小草遮得严严实实。一时间，豪放词难以大面积蔓延。

直到范仲淹出现。

范仲淹一出，豪放词立即正式成为文人词的创作倾向。许多词人在向别人介绍自己时都不忘声明，兄弟我是写豪放词的——生怕别人不知道似的。

那么问题来了，为什么会是范仲淹，而不是其他人成了豪放派鼻祖呢？原因有三。

一是有胸怀。范仲淹出身贫寒，小时候曾穷到把一碗粥冷却凝结后划成四块，早晚各吃两块的地步。但范仲淹发达后不忘本，有"先天下之忧而忧，后天下之乐而乐"的博大胸怀，用现在的话讲，就是具有强烈的社会责任感。也是，一个总是心心念念自己那一亩三分地的人，是成不了豪放派鼻祖的。

二是有经历。范仲淹能文能武，曾经亲自率领宋朝军队抗击西夏党项族政权的武装侵略。他治军严谨，日夜练兵，让西夏叛贼闻之胆寒，并称呼他为"小范老子"。回到朝廷后，他又主持过"庆历新政"，属于改革创新派人物。一个锐意改革的人，一个能领兵打仗的人，写起词来当然也充满豪放之气。

三是有才华。范仲淹进士出身，二十六岁就考中进士，注意，那时的进士可不好考，进士学历大致相当于现在的博士后。科举考试也不存在暗箱操作，要是哪个人敢在考试中作弊，那可是要杀头的，所以考试结果具有很强的公信力。范仲淹能考中进士，只能说明一点，他确实很有才华。

范仲淹本无意成为什么派的鼻祖，也没有刻意去写什么豪放词，但胸怀、经历、才华，三者一结合，再加上因缘际会，范仲淹这个豪放派鼻祖就自然而然地当上了，甩都甩不脱。

范仲淹之所以被称为豪放派鼻祖，很大程度上是源自他以"渔家傲"为词牌写的一组词。这组词写于范仲淹在延州平叛期间，即康定元年（1040 年）秋天。

其中流传最广的一首，就是今天我们要讲的这首《渔家傲·秋思》。

延州位于大西北，气候风景跟范仲淹老家江苏迥然不同。所以，这首词一上来就是一句"塞下秋来风景异"。用一个"异"字来概括边塞地区的风景特点，以统领上阕的写景。

那么，塞下秋来的风景到底"异"在哪里呢？

首先是"衡阳雁去无留意"，意思是说，你看那一个又一个雁阵，从头顶掠过，离开边塞，向南方飞去，毫无留恋的意思。"衡阳雁去"是"雁去衡阳"的倒装。衡阳在现在的湖南，境内的南岳衡山有一座回雁峰，相传大雁飞到这里就不再向南飞了。连大雁都对边塞没有留恋之意，可见这里的苦寒程度。大雁可以离开这里，人却不能，这里含有一种无奈之意。

除了南飞的大雁，还有各种与家乡不一样的声音也在提醒着他，这里不是江南，这里是塞北。"四面边声连角起"中的"边声"是边塞特有的声响，比如风吼声、马嘶声、羌笛声，这些声音伴着军中的号角声一同响起，是不是有一种既悲且壮的感觉？

这是白天，到了傍晚呢？"千嶂里，长烟落日孤城闭。"以重重叠叠的山峦和长烟、落日为背景，一座紧闭城门的孤城静静地卧在那里，没有南方城市晚上的灯红酒绿和人来人往，只有严阵以待、防敌侵袭的冷峻。

以上是上阕。

再看下阕，跟大多数词一样，这首词的下阕也是抒情。

"浊酒一杯家万里，燕然未勒归无计。"戍守边关的人谁不想早点回到家乡，但战事长期处于胶着状态，既然"燕然未勒"，归乡也就变得遥遥无期。那怎么办呢？只能借酒浇愁了。"燕然"是一座山名，在今蒙古境内。《后汉书》卷二十三《窦融列传·窦宪》记载，东汉和帝永元元年（89年），车骑将军窦宪率兵大破匈奴，"登燕然山，去塞三千余里，刻石勒功，纪汉威德"，所以后人就用"燕然勒功"代指打了胜仗。"燕然未勒"，也就是说还没有取得最后胜利。

"羌管悠悠霜满地。人不寐，将军白发征夫泪。"深夜里，营帐之外传来悠悠的羌笛声，大地上铺满白霜。此刻，营帐内的将士们哪里能睡得着！非但睡不着，熬白了头发的他们听着羌笛声还流下了思乡之泪。词里的征夫也好，将军也好，既是范仲淹自指，也包含其他广大戍边将士。

这几句词的意境与前面讲过的唐代李益的《夜上受降城闻笛》一诗非常接近：

> 回乐烽前沙似雪，受降城外月如霜。
> 不知何处吹芦管，一夜征人尽望乡。

读到这里，你可能有点失望——说好的豪放呢？如果你想象的豪放是什么壮阔啊，什么豪迈啊，这首词里还真没有。不但没有，我们还感觉到范仲淹内心充满着矛盾，这种矛盾似乎让他和他那些将士们尽失豪迈之气：又是思乡，又是流泪，哪里像一个英雄的做派嘛！

这样的词也算豪放词？

当然算！

正是因为对家乡、对国家的热爱，他们才年复一年忍受孤独寂寞守在边关，也正是因为牢记着军人"燕然勒功"的光荣与梦想，他们才在流泪的同时也不惧流血。

鲁迅曾有《答客诮》诗云："无情未必真豪志，怜子如何不丈夫。知否兴风狂啸者，回眸时看小於菟。""於菟"即老虎的别名，"小於菟"就是指小老虎，这里用来指自己的儿子海婴。这首诗表达了鲁迅对儿子的怜爱之情。他说得明白，一个怜爱孩子的人未必就不是大丈夫。

同理，一首充满着对家乡的思念之情和对将士们的体恤之情的词，并不妨碍它的豪迈，而且唯其苍凉，所以更显豪迈。

还有一句话是法国作家罗曼·罗兰说的："世界上只有一种英雄主义，就是看清生活的真相之后依然热爱生活。"是的，范仲淹等边塞将士身上就有着这种英雄主义的气质。

这样看来，范仲淹这首《渔家傲·秋思》就是一首豪放派词作，你真的不用怀疑。

《江城子·密州出猎》
看我怎样将一首小词写出大片的感觉来

江城子·密州出猎

[宋]苏轼

老夫聊发少年狂，左牵黄，右擎苍，锦帽貂裘，千骑卷平冈。为报倾城随太守，亲射虎，看孙郎。

酒酣胸胆尚开张。鬓微霜，又何妨！持节云中，何日遣冯唐？会挽雕弓如满月，西北望，射天狼。

北宋熙宁四年（1071年），一代天才苏轼，为躲避朝廷中围绕变法的种种是非（苏轼对王安石主持的变法中的一些过激做法持反对意见），主动向皇帝申请："我想离开朝廷，到地方上去做官。"

积极支持变法的神宗皇帝乐得做顺水人情，在苏轼递来的申请书上大笔一挥："同意！"

苏轼这一去就是十年。十年中，苏轼先后担任过杭州通判，密州、徐州、湖州知州，直到在湖州任上因"乌台诗案"获罪下狱。

十年地方官生涯，苏轼充分展示了他过人的治理才能。

在杭州，他疏浚西湖的淤泥，建了苏堤；在密州，他救过旱灾；在徐州，他治理过黄河的水灾。他真的做到了为官一任，造福一方。

在做地方官期间，苏轼也开始了词的创作，在这之前，他是不写词而只写诗和散文的。

为什么苏轼之前不写词呢？因为没工夫！

是的，你没看错，的确是因为没工夫。那时的苏轼，全副心思都在如何帮皇帝治国安邦这件大事上。你看看，他洋洋万言的《上神宗皇帝书》，他《制策》里的那些策论，写的都是治国平天下的大计。那时的苏轼，哪里还有工夫写这种在当时被认为是歌筵酒席间歌唱的小词呢？

现在则不同了，治理一个小州，对苏轼来说基本属于杀鸡用牛刀。有了大把的闲暇时间的苏轼开始思考人生，开始写词，这一写不要紧，居然把范仲淹开创的豪放词写出了一番新天地，写成了与婉约词对峙的另一座文学高峰。

今天要讲的这首写于密州任上的《江城子·密州出猎》，可以算作苏轼豪放词的代表作之一。

大家有没有觉得，这首词完全是一部大片风格的电影。

大片要有英雄人物，苏轼这首词里也有英雄人物，这个英雄人物就是苏轼自己。

"老夫聊发少年狂"，词的开头这一句用一个"狂"字，便将一个豪气十足的太守形象推到了我们面前。虽然苏轼自称"老夫"，其实这一年他还不到四十岁，根本谈不上老，他这样称呼自己有调侃的意思，也有作为一方主官的自尊。有人说，一个内心足够强大

的人才会敢于调侃自己，已经经历杭州通判历练的苏轼，有着足够的地方治理能力自信，这种自信在"老夫"这个称谓里表露无遗。

"聊发少年狂"的苏轼，这是要干什么去呢？打猎！我们且看他怎样装备自己。

"左牵黄，右擎苍"，苏轼左手牵着黄毛猎犬，右臂驾着猎鹰，全副武装的苏轼是不是给人一种英气逼人、丝毫不输少年的感觉？

大片要有宏大的场景，《江城子·密州出猎》里的场景就足够宏大。

"锦帽貂裘，千骑卷平冈。"苏轼这次出猎不是少数几个人的出猎，而是一千多人的大部队集体出猎！"锦帽貂裘"，苏轼这一千多个随从，也一个个都是头戴锦缎做的帽子，身着貂鼠皮做的衣服，够精神，够威风！"千骑卷平冈"，他们骑在马上紧跟着太守苏轼，像一阵风一样卷过平阔的山冈。一个"卷"字是不是写得特别有气势？

仅这一千多人的大部队已经让我们觉得场景够宏大了，但苏轼觉得还不够！

"为报倾城随太守，亲射虎，看孙郎。"看到没，随同苏轼出猎的除了他那一千多个随从，还有全城的老百姓！为了报答全城的百姓跟随自己出猎，苏轼还要表演真人秀，像孙权一样亲自拉弓射杀猛虎！这下是不是有点惊到你了？传说那些大导演拍电影时，为体现场景的宏大，都会请许多群众演员，但跟苏轼这全城老百姓都来充当群众演员的场景比，再大的导演也只能甘拜下风。

"倾城随太守"，表明整个密州的百姓都是苏轼的粉丝。也是，这样一个文能写词，武能射虎，有才、有趣、有勇的太守，哪个老百姓不喜欢呢？当然，这也是因为苏轼在密州太守任上有所作为，百姓安居乐业，如果百姓都饿着肚子，谁还有闲心来围观他这个太守打猎呢？

《三国志》记载，孙权曾经"亲乘马射虎于凌亭，马为虎伤。权投以双戟，虎却废"。"亲射虎，看孙郎"，这里苏轼以孙权自比，含有自己也要像孙权一样有所作为的意思。

大片最重要的一点是，要有豪情和壮志，而《江城子·密州出猎》这首词最不缺的就是这一点。

"酒酣胸胆尚开张"，打猎归来，高兴之下，喝酒是必须的。酒喝得很尽兴，喝醉了，胸怀很开阔，胆气很豪壮。

"鬓微霜，又何妨！"就算两鬓有少许的白发，又有什么关系呢！和开头的"老夫"相反，作者认为自己还不算老，还能为国出力。所以，他渴望朝廷能早日派遣"冯唐"来召回自己。

"持节云中，何日遣冯唐？"这里用了汉代云中太守魏尚被汉文帝赦罪的典故。作者把自己和魏尚相比，魏尚犯的是小错，而自己只是政见和改革派有所不同，他希望朝廷能像汉朝皇帝信任魏尚一样重新起用自己，让自己回到朝廷。

"会挽雕弓如满月，西北望，射天狼。"词的最后直接表明了作者想要为国立功效命的愿望。如果能有机会重获重用，他一定把雕弓拉得像满月一样圆，使尽力气去射杀那天狼星。"天狼"指代正在进犯大宋西北边境的西夏军队。作者虽是文臣，却有一腔报国豪情，愿意为国家贡献自己最大的力量。

这般让人感到血脉偾张的豪情壮志，是不是妥妥的大片感觉？

《江城子·密州出猎》写成后，苏轼颇为得意。

　　好东西要与人分享。于是有一天，他终于按捺不住，给朋友鲜于子骏写了一封信，信中说："近却颇作小词，虽无柳七郎风味，亦自是一家。呵呵，数日前猎于郊外，所获颇多，作得一阕，令东州壮士抵掌顿足而歌之，吹笛击鼓以为节，颇壮观也。"意思是："近来我很喜欢作小词，所作虽然没有柳七郎那种风味，却也自是一家风格。哈哈！几天以前，我在郊外打猎，猎获的东西很多。我作了一首小词，让密州的壮士一边击掌、一边用脚叩地来唱，同时让人吹笛敲鼓应合节拍伴奏，景象很是宏伟。"这里的"柳七郎"是指当时风头正劲的婉约派大词人柳永；"自是一家"，是说自己将要开创一种完全不同于"柳七郎风味"的词作风格。

　　得意之情溢于言表。

　　苏轼是有资格得意的，因为这首词把词从花间柳下、浅斟低唱的靡靡之音中解放了出来，让词走向了更广阔的天地。到了苏轼这里，以后凡是可以写诗的内容，无一不可以入词，词与诗并驾齐驱的地位从此得以确立。

　　当然，要说苏轼豪放词的真正巅峰之作《念奴娇·赤壁怀古》，那还要等苏轼经历真正的劫难——"乌台诗案"之后。"乌台诗案"让苏轼差点丢掉性命，后来他好不容易死里逃生被贬黄州，在那里，他才真正实现了生命的超越，真正做到了放达超脱。

　　然后，《念奴娇·赤壁怀古》就出来了，这首《江城子·密州出猎》仅仅是开了一个头。

《破阵子·为陈同甫赋壮词以寄之》

我明明练就了一身本领，国家却跟我说：谢谢，不用了

破阵子·为陈同甫赋壮词以寄之

[宋]辛弃疾

醉里挑灯看剑，梦回吹角连营。八百里分麾下炙，五十弦翻塞外声，沙场秋点兵。

马作的卢飞快，弓如霹雳弦惊。了却君王天下事，赢得身前身后名。可怜白发生！

宋朝是一个古怪的朝代。

它特别优待文人。有宋一朝，文人的日子大都过得优哉游哉，即使文人犯罪，也不会被判死刑。

但它时不时又逼得文人不得不走出书斋，奔赴杀敌前线冲锋陷阵，从而造就宋朝历史上一个又一个文武全才的人物。

其代表，有前面刚刚讲过的范仲淹。

范仲淹最为人津津乐道的光荣事迹是，当年他镇守西北边陲时，面对虎视眈眈的西夏政权，他精选将帅、积极练兵，使得西夏面对北宋这块肥肉，虽垂涎欲滴却迟迟不敢下口，还说是因为"小范老子胸有十万甲兵"。"小范老子"就是指范仲淹，能被敌人称作"老子"，可见范仲淹是真牛。老百姓也编了一句民谣夸他："军中有一范，西贼闻之惊破胆。"

范仲淹是北宋的，南宋的代表人物则是辛弃疾。

辛弃疾就更厉害了。他曾率五十骑兵夜袭金兵大营，于数万敌人中活捉叛徒张安国，然后又连夜狂奔一千余里，将其押解到建康正法。而辛弃疾其时，才不过区区二十二岁，搁现在，也就是大学刚毕业呢！

其实要真论起来，辛弃疾应该是金国人，因为他出生时，他的家乡山东已沦陷金国多年，他的祖父辛赞当时还当着金国的知府呢！

但辛弃疾不但不感激金国，好好地当他的金国官三代，反而参加了当时山东地区一个叫耿京的人领导的抗金队伍，然后还成功劝说耿京跟他一起南下投宋。

宋高宗见到辛弃疾时很高兴，紧紧握着他的手不放："小伙子不错啊！我将来一定要重用你！"

宋高宗重用辛弃疾的方式是不断地给他官做。

从淳熙七年（1180年）开始，他被开玩笑般地频繁调任将近四十次！嗯，他当过的官有江西安抚使、绍兴知府、镇江知府、枢密都承旨……往往是在一个位置上屁股还没坐热，啥都没来得及干，新的任命书又到了。面对如此重用，辛弃疾失望极了——说好的金戈铁马、抵御外敌、报效大宋呢？

好在才华这个东西，不在此处闪光，就会在彼处发亮。二十余年间，虽然辛弃疾无日不想着北伐大业，但朝廷并不给他机会，于是他只好借填词作赋来打发时光，书写胸中志气，所以词中多带金戈之声。

这一写，辛弃疾就把自己写成了南宋豪放词的代表人物，他和北宋豪放词代表人物苏东坡一起，被人们合称为"苏辛"。

今天要讲的这首《破阵子·为陈同甫赋壮词以寄之》就是辛弃疾豪放词的代表作。

这首词的题目里提到了一个人，叫陈同甫。陈同甫，名亮，婺州永康（今浙江）人，他曾经中过状元，是有真才实学的人。和辛弃疾一样，陈亮也喜欢谈论军事，喜欢作词，而且词作风格也同样超拔豪迈，所以两人迅速成为好友，经常互通信件。

淳熙八年（1181年）春，陈亮对辛弃疾说，要到辛弃疾当时驻扎的江西上饶访问，把两人的关系由线上聊天变为线下见面。但这次线下约会后来却因故泡汤了，为了弥补遗憾，陈亮给辛弃疾写了一封信，让辛弃疾抄录一首自己的词作送给他，辛弃疾便把这首得意之作抄给了陈亮。这就是词的题目里"为陈同甫赋壮词以寄之"的由来。

词的第一句是引子，以引出后面对军营生活的描写。

"醉里挑灯看剑，梦回吹角连营。"说的是词人在一次喝醉酒后，挑灯去看挂在墙上的宝剑。这把宝剑曾取过偷印信的和尚义端的头颅，也取过叛将张安国的首级——这把宝剑记录了辛弃疾早年英勇杀敌的英雄往事。如今，这把宝剑只能被静静挂在墙上，仿佛之前它经历过的战场硝烟都不存在了。但也因为这把剑，词人在梦中重回军营。

诚如题目里提到的另一个词"壮"所言，这首词的大部分内容都围绕一个"壮"字来写。

首先是场面的壮阔。

词里先写的是一场盛大的阅兵式："八百里分麾下炙，五十弦翻塞外声，沙场秋点兵。"

"秋点兵"，点明阅兵时间在秋天。秋高气爽，云淡风轻，正好阅兵。"沙场"就是战场，也就是说，阅兵地点就安排在战场。

"八百里分麾下炙"，阅兵前，要让广大将士吃得饱饱的。据《世说新语》记载："王君夫（恺）有牛，名'八百里驳'，常莹其蹄角。"说的是一个叫王恺的人，有一头牛叫"八百里驳"，王恺把这头牛看得非常宝贵，经常把它的蹄和角磨得晶莹发亮。这里的"八百里"就是牛，泛指酒食。

阅兵怎么能没有音乐呢？"五十弦翻塞外声"，伴着雄壮的带有边塞地区特色的乐曲，部队迈着整齐的步伐经过，接受作为主帅的辛弃疾的检阅。

想一想，蓝天下，沙场上，猎猎的军旗，整齐的步伐，响亮的口号，场面何等壮阔！

其次是声音的雄壮。

不必说阅兵式上五十弦奏出的塞外声，也不必说将士们震天响的口号声，"马作的卢飞快，弓如霹雳弦惊"，单是大战开始时那骑在的卢马上的将帅，向敌人射出箭矢时响如霹雳的弓弦声，就已经足够夺人心魄。

句中提到的的卢马，是三国时刘备的坐骑。据说当年刘备在樊城驻扎时，刘表忌惮刘备的才华，不但不敢重用他，还想趁请他吃饭的时候除掉他。还好刘备有所防备，借假装上卫生间的机会，骑上的卢马跑了，不料在逃跑途中，连人带马一起掉进了城西的檀溪中。紧急时刻，刘备对着的卢马大喊："的卢马啊的卢马，你今天一定要努力啊！"的卢马受到激励，长嘶一声，一跃而起，跳出檀溪，带着刘备成功脱险。

这里提到的卢马，明显是辛弃疾在以刘备自比：想我辛弃疾也是一条如刘备一样响当当的好汉啊！

最后是感情的豪壮。

"了却君王天下事，赢得生前身后名。""要问我的最高人生理想是什么？那当然是帮助君王了却北伐中原、统一全国的大事啊！我也借此赢得生前身后的英名。"是啊！大丈夫生天地间，的确应该这样。

要说"壮词"，到这里为止，这首词确实当得起一个"壮"字。读着这样的词，真是热血沸腾！哪知道在词的结尾，辛弃疾却一个急转弯，来了这么一句："可怜白发生！"原来前面的"壮词"，都是为这最后一句的叹息做铺垫啊！理想有多丰满，就越发衬得现实有多骨感。

人生悲哀的事是什么？辛弃疾回答说，就是在国家需要我的时候，我却啥也不会。人生最悲哀的事是什么？辛弃疾继续回答，就是我明明练就了一身本领，国家却跟我说：谢谢，不用了！

《破阵子·为陈同甫赋壮词以寄之》的"壮词"外表下，包裹的是如此深沉的一声叹息！想必陈亮也能听得懂这声叹息吧。

《满江红》
何用身居男儿列

满江红

秋瑾

　　小住京华，早又是中秋佳节。为篱下黄花开遍，秋容如拭。四面歌残终破楚，八年风味徒思浙。苦将侬强派作娥眉，殊未屑！

　　身不得，男儿列，心却比，男儿烈。算平生肝胆，因人常热。俗子胸襟谁识我？英雄末路当磨折。莽红尘何处觅知音？青衫湿！

　　鲁迅一生都对秋瑾这位同出于浙江绍兴的女同乡保持着极高的敬意。

　　而且，他还专门写了一篇小说来表达自己对秋瑾的敬意。这篇小说的名字叫《药》，《药》中那个始终未正式出场的主人公，名字叫夏瑜。

　　这个夏瑜就是以秋瑾为人物原型的。不说别的，单是从两个人的名字上就可以看出来：夏对秋，都是季节；瑾对瑜，都是美玉。对仗工整，所指已经非常明显了。不同的是，小说中的夏瑜是个男的，而现实中的秋瑾则是女儿身。

当然，秋瑾完全对得起鲁迅的敬意。我也觉得，身为女性的秋瑾，比一般男性不知强了多少倍。

我们先来看看秋瑾的简介。

秋瑾，1875年11月8日出生，女，初名闺瑾，乳名玉姑，字璿卿，号旦吾，东渡后改名瑾，字竞雄，自号"鉴湖女侠"，笔名秋千，曾用笔名白萍。祖籍浙江山阴（今浙江绍兴），生于福建云霄，中国女权和女学思想的倡导者，近代民主革命志士。秋瑾是华夏杰出先烈、民族英雄，她把自己的生命奉献给反封建主义和争取民族解放的崇高事业。她是第一个为推翻数千年封建统治而牺牲的女英雄，为辛亥革命做出了巨大贡献；她提倡女权女学，为妇女解放运动的发展起到了巨大的推动作用。1907年7月15日凌晨，秋瑾从容就义于绍兴轩亭口，年仅三十二岁。

短短几句话，浓缩了秋瑾惊心动魄、电光石火的一生。

请注意其中的"第一个为推翻数千年封建统治而牺牲的女英雄""提倡女权女学，为妇女解放运动的发展起到了巨大的推动作用"，仅此两点，就值得我们把秋瑾的名字隆重刻在我们中华民族的史册上。

可以说，秋瑾天生就是一个革命家，她是上天专门派下来帮助灾难深重的中国百姓打破封建帝制的，是专门来拯救深受男尊女卑思想迫害、受苦受难几千年的中国广大妇女同胞的。

她是一个大英雄。

她的一生虽然只有短短的三十二年，但精彩无比。"我是宝剑，我是火花，我愿生如闪电之耀亮，我愿死如彗星之迅忽。"当时另一位革命者高君宇的这首短诗，正是秋瑾一生的生动写照。

说起来，秋瑾其实也是一位作家，只不过她并没有想过要成为一位作家。

世上有这样一类人，他们根本就没想过以诗文名世，因为他们志在其他，诗文只是他们兴起时聊以遣怀的工具，但他们偶尔写出的诗文却能流传后世，经久不衰。

我觉得，他们是真作家，因为他们是在用生命写作。

一说秋瑾的诗，估计大多数人和我一样，首先想到的是她临刑前写下的那句"秋风秋雨愁煞人"。其实这句诗并不是秋瑾写的，而是清朝一位叫作陶宗亮的诗人写的，秋瑾只是顺手拿它来表达自己当时的心情而已。

下面来看一首真正属于秋瑾的词，它就是我们今天要讲的《满江红》。

请注意词中的"身不得，男儿列，心却比，男儿烈"，秋瑾说："今生我虽然不能身为男子，加入他们的行列，但是我的心比男子的心还要刚烈。"秋瑾在这里虽也有不能身为男儿的不甘心，但更多的是心比男儿更刚烈的豪情。这才是我想象中秋瑾的样子！

下面来详细谈谈这首词。先看上阕。

"小住京华，早又是中秋佳节。""我在京城小住一段时日，转眼又到了中秋佳节。"1903年，秋瑾的夫家——湖南王家花大钱在北京为秋瑾的丈夫王廷钧捐了个户部主事的官职，于是秋瑾跟着丈夫迁到了北京。这两句说的就是这件事。

"为篱下黄花开遍，秋容如拭。"篱笆下面的菊花都已盛开，秋色明净，景色就像刚刚被擦洗过一般。这两句是写景，引出下面秋瑾对当时自身境况的回顾。

"四面歌残终破楚，八年风味徒思浙。苦将侬强派作娥眉，殊未屑！""四面的歌声渐歇，我也终如汉之破楚，突破了家庭的牢笼，如今一个人思量着在浙江那八年的生活况味。上天将我强派作一个女人，家里人也希望我好好地做一个女人，我的内心是多么不屑啊！"

心怀救国救民大志的秋瑾理所当然看不起不学无术、见识短浅的丈夫，他们二人可以说是毫无共同语言，最终走向分手成为必然。

终于，在这个中秋节，秋瑾与丈夫王廷钧又一次发生冲突，这次秋瑾毅然离家出走，寓居在北京阜成门外的泰顺客栈。

以上主要写的是秋瑾初离家庭时的矛盾心情。

再看下阕，下阕主要是抒情。

其中有"算平生肝胆，因人常热"的自我表白，也有"俗子胸襟谁识我？英雄末路当磨折。莽红尘何处觅知音？青衫湿"的人海茫茫、知音难觅的感叹。

尤其"身不得，男儿列，心却比，男儿烈"四句，更是秋瑾发自内心的呐喊，喊出了她身为女子的不甘心，以及自信胜过男子的最强音，有一种穿云裂石、动人心魄的效果。

写完这首词后的秋瑾，从东渡日本到参加革命，从创办报纸、发起争取女权运动到领导组织起义，直至在绍兴轩亭口英勇就义，无一不是在印证上面这十二个字。

写到这里，我忽然对鲁迅有点意见：为什么在小说里非要将夏瑜写成一个男的？

试问，秋瑾的词也好，做的事也好，哪一点曾略输于男子？

这正是：为人但得如秋瑾，何用身居男儿列！

《定风波》
淋过黄州的这场急雨，就再也没有什么能打倒我了

定风波

[宋]苏轼

三月七日，沙湖道中遇雨。雨具先去，同行皆狼狈，余独不觉。已而遂晴，故作此词。

莫听穿林打叶声，何妨吟啸且徐行。竹杖芒鞋轻胜马，谁怕？一蓑烟雨任平生。

料峭春风吹酒醒，微冷，山头斜照却相迎。回首向来萧瑟处，归去，也无风雨也无晴。

大家都知道，苏轼是在黄州这样一座偏僻小城完成他的精神成人礼，走向思想人格的成熟的。

他在黄州留下的一系列诗文，生动记录了这个过程。

初来黄州，"乌台诗案"的巨大心理阴影，让苏轼惶恐如一只惊弓之鸟。《卜算子·黄州定慧院寓居作》中"惊起却回头，有恨无人省"，刻画出的苏轼是如此恐惧、孤独、凄苦。

经过一番休养，身心暂时安稳下来，苏轼开始思考人生了。在《赤壁赋》中，苏轼借自己和客人的一番模拟对答，梳理了自己的前半生，并努力说服自己：

> 逝者如斯，而未尝往也；盈虚者如彼，而卒莫消长也。盖将自其变者而观之，则天地曾不能以一瞬；自其不变者而观之，则物与我皆无尽也，而又何羡乎？

这个自我说服的过程对苏轼来说很重要，在这里，我们不妨把这段话的意思整理一下。

它说的是，不断流逝的如这江水，其实并没有真正逝去；时圆时缺的如这月亮，最终也并没有增加或减少。可见，从事物易变的一面而言，天地间没有一瞬间不在发生变化；而从事物不变的一面看来，万物与自己的生命无穷无尽，又有什么可羡慕的呢！

正因为想明白了这一点，苏轼才能在被贬黄州的五年中，保持一种豁达、超脱、乐观和随缘自适的精神状态，从人生无常的怅惘中解脱出来，理性对待生活。

别看《赤壁赋》中写得轻松，其实这个自我说服的过程是艰难又痛苦的，和新生儿从母体娩出的过程没有两样——你有没有看到，每一个新生儿身上都带着血污？而娩出这个新生命的母体又经历了怎样的痛苦撕裂？

终于，在《念奴娇·赤壁怀古》这首词中，苏轼借赤壁这杯浓酒，彻底完成了对生命的超越——自由的灵魂，根本不受时间和空间的束缚！"人生如梦，一尊还酹江月。"人生就像一场大梦，既然这样，那我就把这杯酒献给江上的明月，让它和我同饮共醉吧！

彻悟生命后的苏轼，浑身上下表现出来的那股潇洒劲，如此让人着迷。

他在这时期写下的《定风波》，里面的每一个字都散发着如成熟的稻谷般迷人的金色光芒，每一个字都仿佛有一种魔力一般，以至于我第一次读它就无可救药地喜欢上了它。读完第一遍读第二遍，读完第二遍读第三遍，根本停不下来。

三遍读完，词中的每一个句子都毫不费力地占据了我的心。

这首词，写的是苏轼的一次遇雨经历。

先看词前短序。

"三月七日，沙湖道中遇雨。雨具先去，同行皆狼狈，余独不觉。已而遂晴，故作此词。"说的是三月七日这一天，苏轼和友人外出，正走在沙湖道中，突然遇到一阵急雨。原本带来的雨具被仆人先带走了，于是一群人被淋成了落汤鸡。大家都觉得很狼狈，唯独苏轼觉得没什么。一会儿，天晴了，苏轼就写下了这首词。

据说，这是词这种体裁第一次有了序，序中写作时间、地点、缘由俱在。苏轼以这种方式来宣示这首词的著作权，以示它与之前那种在酒宴之上写给歌女并让她们演唱的词不同。词到苏轼这儿，已经成为一种与诗同样重要的文学体裁了。

再来读词。

"莫听穿林打叶声，何妨吟啸且徐行。"不要在意那穿林打叶的雨声，何妨一路走来一路歌，正好让雨声成为歌唱徐行的伴奏。这态度，怎一个潇洒了得！

"竹杖芒鞋轻胜马，谁怕？""虽然我拄着竹杖、穿着草鞋，却轻捷得比骑马还快，这点雨又有什么可怕的呢？"也是，没有了声名这些身外之物的负累，走起来当然轻快。

"一蓑烟雨任平生。""一身蓑衣罩着我，任凭风吹雨打，我就这样过完我的一生。"苏轼这次被贬黄州，完全是因为跟神宗政见不合。而此时的神宗正值三十多岁的盛年，苏轼要想重新得到重用，回到朝廷，除非改变自己的政治态度。这对苏轼来说，基本是不可能的。所以，此时的苏轼已经做好了在黄州终了此生的心理准备，至于神宗后来的英年早逝，则是苏轼意料之外的事。

"料峭春风吹酒醒，微冷，山头斜照却相迎。""春风微凉，吹醒我的酒意，身上微微觉得有点冷，但没关系，因为那山头初晴的斜阳正及时相迎。"

"回首向来萧瑟处，归去，也无风雨也无晴。""回望刚走过来的那一片风雨吹打的树林，我只管信步归去，管它是风雨还是放晴。"聪明的你一定明白，这里的风雨绝不仅仅是指自然界的风雨，正如张志和《渔歌子》里"青箬笠，绿蓑衣，斜风细雨不须归"中的"斜风细雨"也指人生中的风风雨雨一样。

所以，"回首向来萧瑟处"里"回首"的，也包括苏轼经风历雨的前半生。所谓"也无风雨也无晴"，就是指没有什么人生的波折能打倒他了。

写完这首词后的苏轼，从此以更坚定潇洒的脚步，迈向更广阔的人生。多年以后，苏轼再次被贬海南时，还能以老迈之躯，面带微笑地写下"云散月明谁点缀，天容海色本澄清"这样超拔豪迈的句子。

《临江仙·夜登小阁，忆洛中旧游》
回忆有多美好，现实就有多惊心

临江仙·夜登小阁，忆洛中旧游

[宋]陈与义

忆昔午桥桥上饮，坐中多是豪英。长沟流月去无声。杏花疏影里，吹笛到天明。

二十余年如一梦，此身虽在堪惊。闲登小阁看新晴。古今多少事，渔唱起三更。

在宋朝文坛上，陈与义虽然也写词，但更多是作为一个诗人形象而存在的。

他流传下来的诗作有八百多首，不但数量多，而且风格鲜明。尤其是他的七言律诗，有人评价说有杜甫之风。这个评价相当高。杜甫是什么人？是"诗圣"！估计陈与义听了也会非常高兴。原来使用的初中语文教材中选有一首陈与义的七律，《登岳阳楼》(其一)：

洞庭之东江水西，帘旌不动夕阳迟。
登临吴蜀横分地，徙倚湖山欲暮时。

万里来游还望远，三年多难更凭危。

白头吊古风霜里，老木苍波无限悲。

不得不说，在这首诗中，陈与义把自己的遭遇和国家的命运融合在一起，其沉郁顿挫、雄阔慷慨的风格，跟经历离乱后的杜甫写下的七律名作《登高》确实相似。

跟陈与义的诗歌比，他的词留存下来的就少得可怜，只有区区十九首。

但就是这十九首词，也让他留下了很大的名声。有人甚至认为，他的词表现出来的豁达豪放之气直追苏轼。

这样看来，一诗一词，陈与义都达到了很高的水平，确实厉害。

我们要讲的这首《临江仙·夜登小阁，忆洛中旧游》，许多人就说它是陈与义的词作中最接近苏轼词的，比如清朝的陈廷焯曾说，陈与义的词如《临江仙》，"笔意超旷，逼近大苏"。

下面我们就来一起看看这首词。

先看上阕第一句："忆昔午桥桥上饮，坐中多是豪英。"

陈与义的一生跟他的偶像杜甫一样，可以分为前后两个截然不同的阶段。

宋徽宗政和三年（1113年），时年二十三岁的陈与义就考上了进士。唐人说"三十老明经，五十少进士"，意思是三十岁考取明经科是年龄比较大的了，而五十岁考取进士却还是很年轻的，可见进士之难考。北宋的情况虽然没这么极端，但像陈与义这样才二十三岁就考中进士的，还是不多见。

前面讲了，陈与义考中进士是在宋徽宗当政时期，对，就是那个被当皇帝耽误了成为画家和书法家的宋徽宗。宋朝，尤其是北宋徽宗时期，那可是文人的黄金年代。中进士后的陈与义，不久就当上了一个叫作文林郎的小官。这是个闲职，专门负责开德府（今河南濮阳）的文学教育工作。陈与义只干了三年就辞职了，回家后他整日与一帮好友喝酒、吟诗、赏画、听音乐，好不快活。

这首词的上阕，回忆的正是当年这段美好时光。

"忆昔午桥桥上饮"，回忆当年在午桥上畅饮的情景；"坐中多是豪英"，在座的都是一时的英雄豪杰啊。

午桥，位于洛阳城南十里。说起这个午桥，那也是一座有故事的桥。说是在唐朝时，朝廷重臣裴度不满于当时的朝政，便产生了退隐的想法。于是，裴度便在东都（今河南洛阳）午桥附近建了一座别墅。闲暇时，他和诗人白居易、刘禹锡等"酣宴终日，高歌放言，以诗酒琴书自乐，当时名士，皆从之游"。

一直生在长在洛阳的陈与义，当然知道跟午桥有关的故事，所以也想效仿一下裴度和他的朋友们的诗酒风流。

"长沟流月去无声。杏花疏影里，吹笛到天明。"月光映在河面，随河水悄悄流逝。在杏花的淡淡影子里，悠扬的竹笛声一直响到天明。

有人说，这几句词的意境太美了。是的，你看，在这春风沉醉的晚上，有桥，有流水，有花，有月，有酒，有笛声。这画面，这意境，根本不用想象，光是读一下就觉得很美。更重要的是，其中还有一群处于最好年龄的年轻人，他们正纵情狂欢，一起痛饮生命的琼浆。

"二十余年如一梦，此身虽在堪惊。"这两句是说，二十多年的岁月仿佛一场梦，他身体虽然还在，却时常感到心惊。

让陈与义心惊的当然不是上阕写到的那些欢乐时光，而是逃难这些年的经历。

靖康二年（1127年），金军大举南下，靖康之难爆发，北宋灭亡。

陈与义夹在浩浩荡荡的难民队伍中，如一只丧家之犬，从河南陈留一路向南逃过去，经湖北襄阳，转湖南，绕广东、福建，经历四年的辗转，才于绍兴元年（1131年）抵达当时的南宋国都绍兴（今浙江绍兴）。这期间遭受的种种磨难，让陈与义想起来就感到心惊。

让他感到心惊的除了个人的遭遇，还有国事。

陈与义是高宗的旧臣，皇帝见到他不但没有责怪，还给他大官做。陈与义最高居然做过参知政事（相当于副宰相），可以说，高宗是非常信任他的。但是这些年来，陈与义心里并没有真正高兴过，因为高宗对陈与义虽好，但高宗这个人没有什么大抱负，一心只想偏安于江左这块小地方，根本就没有收复中原的想法。

陈与义很失望，多次以身体不好为借口，向高宗提出辞职。

"闲登小阁看新晴。古今多少事，渔唱起三更。"国事既不可为，那就在百无聊赖中登上小阁楼，看一看雨后初晴的景致吧。何必跟自己过不去呢？你看，古往今来的那些历史事迹，不管当年如何惊心动魄，最后不都一样让渔人编排成歌词，在半夜里当歌来唱吗？

所有的光荣与梦想，所有的爱恨和情仇，最后也只能淹没于历史的长河中，有时甚至连一点浪花都不会溅起，不为后人所知。

这样一想，陈与义似乎心里又变得轻松起来。我想，可能也正因为这几句词，大家才说陈与义像苏轼吧。人家苏东坡被贬黄州期间，不也在《念奴娇·赤壁怀古》中写过"人生如梦，一尊还酹江月"这样的句子吗？这样看来，两人是一样豁达啊！

但我要说，陈与义和苏轼还是有差距的。陈与义的豁达并不是真豁达，他没有完成对眼前事物的超越，他的豁达是强装出来的。

写完这首词后没几年，陈与义就在郁郁寡欢中去世了，年仅四十九岁。

《太常引·建康中秋夜为吕叔潜赋》
被李白和苏轼附体的辛弃疾

太常引·建康中秋夜为吕叔潜赋

[宋] 辛弃疾

　　一轮秋影转金波，飞镜又重磨。把酒问姮娥：被白发，欺人奈何？

　　乘风好去，长空万里，直下看山河。斫去桂婆娑，人道是，清光更多。

　　辛弃疾仿佛就是为主张抗金、收复中原而生的。他的一生，心心念念就是如何渡过长江、抗击金兵、收复被占领的中原大地。

　　可惜他这种思想跟南宋朝廷主张妥协投降、苟且偷安的主流思想格格不入，主张抗金甚至一度成了政治不正确的代名词。所以，辛弃疾的一生是爱国的一生，也是心情郁闷的一生。一腔爱国之情郁结于心，找不到出口，最后全部化成诗词。

　　一个战士，就这样被坚硬的现实生生逼成一位高产词人。理所当然，他的这些词作中有大量篇幅是以爱国为主题的，辛弃疾也极不情愿地以"南宋著名爱国词人"的身份留在了中国文学史上。

辛弃疾的词作，因此成了爱国主义教育取之不尽的资源宝库。人教版初中语文教材里一共选编了四首辛弃疾的词，《丑奴儿·书博山道中壁》《破阵子·为陈同甫赋壮词以寄之》《南乡子·登京口北固亭有怀》以及今天要讲的《太常引·建康中秋夜为吕叔潜赋》。

读辛弃疾的这首词，我很疑心他写词时被李白和苏轼附了体。

我们知道，月亮是李白的爱物，李白一生为月亮写了大量诗歌。李白写月亮时，延续了他一贯的浪漫主义色彩。

在他的笔下，月亮或化身为白玉盘，"小时不识月，呼作白玉盘"；或化身为镜，"月下飞天镜，云生结海楼"。

在他的笔下，月色如霜，"床前明月光，疑是地上霜"；月色可赊来买酒，"且就洞庭赊月色，将船买酒白云边"。

在他的笔下，月亮能解人意，传递友情，"我寄愁心与明月，随君直到夜郎西"；可以邀来一起喝酒，"举杯邀明月，对影成三人"。

苏轼写月亮则是以少胜多，一篇《水调歌头》成了咏月词作中的千古绝唱。

《太常引·建康中秋夜为吕叔潜赋》这首词也是写月亮的，在写法上则可以看成李白和苏轼诗词的完美结合。

"一轮秋影转金波，飞镜又重磨。"这一句直接写月亮。中秋之夜的月亮又大又圆，洒下万里金波，好似那刚磨亮的铜镜飞上了天空。李白写的"月下飞天镜"一句，是说月亮映在江水中，就像天上的镜子飞下来了一样。辛弃疾在这里则反其意而用之，说月亮像是飞上了天的镜子。一个"磨"字，突出了月亮之亮。

"把酒问姮娥：被白发，欺人奈何？"接下来的这两句与苏轼《水调歌头》一词中的句子何其相似。"明月几时有？把酒问青天，不知天上宫阙，今夕是何年。"他们都在醉意朦胧的状态下发问，只不过一个问的是青天，一个问的是嫦娥。当然，他们问的内容也不同。苏轼问的是："苍天啊！这天上的明月是从什么时候开始有的呢？按天上的纪年，今年又是哪一年呢？"而辛弃疾则问："嫦娥姐姐啊！你看连白发也来欺负我，眼看着它一天比一天多，我拿它怎么办啊？"

辛弃疾一生以收复中原为己任，但南归后的种种现实，让他感到理想的实现遥遥无期。写这首词时，辛弃疾才三十四岁，他说自己的白头发一天天增多，有夸张的成分，更多的是借此突出自己对虚度光阴的愤懑与焦虑。

"乘风好去，长空万里，直下看山河。斫去桂婆婆，人道是，清光更多。"词的下阕，辛弃疾开始展开李白式的天才想象。既然现实令人失望，他就只有借助想象来表达自己实现理想的坚定意志了。在辛弃疾的想象中，他将乘着风，飞驰天外，在太空中俯视山河，接着直入月宫，挥斧砍去那遮住月光的桂树。

在以往的神话传说里，人们主要是借吴刚斫桂的故事，表达对吴刚这个倒霉蛋悲剧命运的同情，桂树只是悲剧故事中的一个道具而已。但在这首词里，辛弃疾则赋予了桂树崭新的寓意。

辛弃疾之所以要砍去桂树，不是因为他想破坏月宫的自然环境，而是因为他在空中"直下看山河"时，发现桂树的枝叶遮住了月亮的光辉，使得清辉不能普照大地。既然这样，当然要砍掉桂树了！

辛弃疾在长空中俯瞰的大地，应该不仅包括南宋的领土，还包括被金人占领的广大中原地区，作者希望的是，整个大地都能普照清辉。明白了这一点，我们就能想到，词里婆娑的桂影其实是有所指的。是谁使得大宋的国土金瓯残缺？首当其冲当然是金人的势力，也有南宋朝廷内外的投降势力。辛弃疾当时想的，就是要扫荡这一切，把光明和希望带给人间啊！

这首词中，辛弃疾以金波泻影、飞镜明丽、长空万里等形象，为我们构筑了一个瑰丽宏大的艺术境界。而把酒问姮娥、乘风凌太虚、直下看山河、斫去桂婆娑，气象又是如此磅礴，形象又是如此生动。

有人说，这首词是辛弃疾词中难得一见的富有浓厚浪漫主义色彩的优秀之作，词中许多句子完全是神来之笔。我对此表示完全同意，所以我才说，辛弃疾写这首词时，是被李白和苏轼这两大天王巨星附体了。

《浣溪沙》
为什么我的眼里常含泪水？因为我对这宇宙和人生充满悲悯

浣溪沙

[清]纳兰性德

身向云山那畔行，北风吹断马嘶声，深秋远塞若为情！

一抹晚烟荒戍垒，半竿斜日旧关城。古今幽恨几时平！

第一次接触纳兰性德的词，是在武侠小说名家梁羽生的一本小说中。

不知是哪部小说，梁羽生以"人到多情情转薄，而今真个悔多情"一句作为书中一个回目的题目。我感觉这两句中透着悲苦绝望，是一种彻骨的痛，稍一细想，不由痴绝，于是心下对梁羽生大为佩服。

后来才知道，这两句并不是梁羽生的原创，而是引自纳兰性德的一首悼亡词——《摊破浣溪沙》。这首词是纳兰性德在他的第一任夫人卢氏因难产而死后写下的，全词是这样的：

> 风絮飘残已化萍，泥莲刚倩藕丝萦。珍重别拈香一瓣，记前生。
>
> 人到情多情转薄，而今真个悔多情。又到断肠回首处，泪偷零。

再后来我更发现，原来这个纳兰性德还挺有名的，是我这个乡巴佬太孤陋寡闻了。

纳兰性德有着显赫的身世。他的父亲是清朝大学士明珠，母亲是英亲王阿济格第五女爱新觉罗氏，他的老姑奶奶则是皇太极的生母。这出身，真是不看不知道，看了吓一跳。

他在清朝词坛的地位很高，被誉为清朝第一词人、"第一学人"，王国维称赞他"以自然之眼观物，以自然之舌言情……初入中原未染汉人风气……北宋以来，一人而已"。他的词集《饮水词》影响力巨大，在当时曾有"家家争唱《饮水词》，纳兰心事几人知"的说法。

他成名很早。十七岁入国子监，十八岁中举人，十九岁成为贡士，二十二岁参加殿试，中二甲第七名，赐进士出身。

就是这样一个天才，却只活了三十一岁。不过这也很容易理解，多情的天才往往命不长久，古今中外都是这样——雪莱、济慈、普希金、莱蒙托夫、仓央嘉措、徐志摩……更何况，纳兰性德天生就是一个充满悲悯之心的人，这从他的几乎所有词作透露出的悲苦之情中，都可以看得出来。

"人生若只如初见，何事秋风悲画扇。"

"我是人间惆怅客，知君何事泪纵横，断肠声里忆平生。"

"半世浮萍随逝水，一宵冷雨葬名花。"

哪怕是他写的边塞词，也不像其他人写的似的充满豪情壮志，而是透着一种萧索寂寥，比如这句"聒碎乡心梦不成，故园无此声"。

今天要给大家讲的这首边塞词也是如此，我们一句一句来看。

"身向云山那畔行"，作者向着北方边疆一路前行。纳兰性德在另一首词里有"身向榆关那畔行"一句，"云山那畔""榆关"都是指边塞地区。"云山那畔"点明了此行的目的地。

"北风吹断马嘶声"，凛冽的北风吹散了骏马的嘶鸣，让人听不真切。"北风"点明时节是秋天，边地的北风把"马嘶声"都吹散了，可见风有多么强劲。此时作者的心境可想而知，难怪他会说"深秋远塞若为情"。

"深秋远塞若为情"，在遥远的边塞，萧瑟的深秋季节，他的心久久不能平静。为什么心情久久不能平静？当时的纳兰性德，心里在想些什么呢？我们可以在词的下片找到一点答案。

"一抹晚烟荒戍垒，半竿斜日旧关城。"只见夕阳下，一缕荒烟飘荡在废弃的营垒和关隘之上。很多边塞诗里都写过烟和日，但给人的感觉却和纳兰这首词里的完全不一样。比如王维在《使至塞上》里写道："大漠孤烟直，长河落日圆。"这里的"孤烟"和"落日"配上大漠和黄河，给人一种奇特壮观的感觉，让人震撼。再比如范仲淹在《渔家傲·秋思》里写道："长烟落日孤城闭。"在战事紧张的背景下，也给人一种冷峻悲壮的感觉。

纳兰性德这首词里的"晚烟"和"荒戍垒"，也就是荒凉的营垒搭配；而"斜日"又和"旧关城"，也就是废弃的关隘搭配。怎么看都给人一种凄凉萧索的感觉，没有丝毫豪壮可言。

按说纳兰性德少年得意，深受康熙皇帝的信任和重用，而康熙一朝又正处于开疆辟土、蓬蓬勃勃的上升状态，纳兰性德奔赴边关地区时，应该是春风得意、雄心勃勃、壮怀激烈，充满着建功立业的强烈渴望才是。这首词给人的感觉完全不是这么回事，到底是为什么呢？

我想，答案都集中在词的最后一句——"古今幽恨几时平"里。

原来，此时此刻，面对此景，纳兰性德心里想的是，在这片古战场上，古往今来曾发生过多少金戈铁马的故事，当年那些鼓角争鸣、人喊马嘶的场景，早已淹没在历史的烟尘之中。如果不去翻看史书，又有几人能够知晓呢？

想到这里，纳兰性德不禁悲从中来，眼角淌下一滴泪。这是作为一个纯粹的词人的纳兰，对浩渺的宇宙、纷繁的人生以及无常的世事的独特感悟，是一种特殊情境下产生的特殊体会，是纳兰与生俱来的对宇宙、对人生的大悲悯。

这种感悟，我们在陈子昂的《登幽州台歌》里曾经见过，"念天地之悠悠，独怆然而涕下"；在曹操的《短歌行》里也见过，"对酒当歌，人生几何"。不同的是，这种感悟于陈子昂和曹操而言，只是惊鸿一瞥，而对纳兰性德而言，则贯穿了他的一生，贯穿了他的几乎全部作品。

难怪有人称纳兰性德是"诗人中的诗人"。为什么我的眼里常含泪水？因为我对这宇宙和人生充满悲悯！

《十五从军征》
那个复员老兵悲伤的泪水，透过千年历史滚滚而下

十五从军征

《乐府诗集》

十五从军征，八十始得归。

道逢乡里人："家中有阿谁？"

"遥看是君家，松柏冢累累。"

兔从狗窦入，雉从梁上飞。

中庭生旅谷，井上生旅葵。

舂谷持作饭，采葵持作羹。

羹饭一时熟，不知贻阿谁。

出门东向看，泪落沾我衣。

这首诗的主人公是一名老兵，一名复员回乡的老兵。

老兵有多老？诗里写得明白，"十五从军行，八十始得归"。

十五岁就出去当兵，好不容易等到复员，但这时老兵已经八十岁了！

"人生七十古来稀"，六十五年的军旅生涯，他居然还能以八十高龄活着回来，也算是一个奇迹。

在这六十五年间，老兵到底经历了什么，诗中一个字都没有提。亲爱的读者，你尽管发挥想象去进行补充吧！

重要的是，老兵回来了！诗歌就从这里开始写起。

老兵心里早就明白，家里的父母应该去世多年了，即使是兄弟姐妹，怕也是寥落无几了。但侄辈们总还有人在吧？尽管他们很可能不认识他。

"道逢乡里人：'家中有阿谁？'"心里这样想的时候，路那边正好走过来一个同乡，老兵急忙迎上去，牵着来人的手结结巴巴地问道："老乡啊！我是我们村的阿良啊，你可知道我家里还有些什么人啊？"

"'遥看是君家，松柏冢累累。'"老乡看着眼前这个头发和胡须都白了的老人，好不容易才弄清楚眼前这个老兵的身份后，用手指给他看："你往那边看，喏，就是那几棵松柏下面，几座坟墓相连的地方，就是你们家！"

尽管有心理准备，听了乡人的回答后，老兵还是有点发蒙：家里居然一个人也没剩下！

早就在心里演练过好几百遍的抱头痛哭的场景，早就在心里默念过好几百遍的秉烛夜话，现在统统都用不上了！

老兵用力定了定神，迈着有点迟缓的脚步，走向那个在梦里出现过千万遍、眼前却只剩断壁残垣的家。

"兔从狗窦入，雉从梁上飞。中庭生旅谷，井上生旅葵。"看到有人过来，只见一只兔子嗖地一下从房屋原先的狗洞钻了进去，一只野鸡被惊得扑棱着翅膀从屋梁上飞起。屋前的院子中间长出了庄稼，水井边则长满了青青的葵菜。葵菜曾经是中国古人常种常食的一种蔬菜，我们在古诗中常可以看到它的身影，比如"青青园中葵，朝露待日晞"，但现在，人们已经很少种和吃它了。

大自然的生机勃勃衬托出人丁稀落，这是一道残酷的风景。

老兵绕着老房子的遗址缓缓走了一圈，然后在井台上坐了下来。坐够了，老兵才慢慢站起身来开始做饭——这些都不在话下，一个人长期在外，已经有了超强的生活自理能力，何况做饭的材料都是现成的："舂谷持作饭，采葵持作羹。"割下院子中的野谷，捣去谷壳做成饭，再采来井边的野葵做成菜羹。

"羹饭一时熟，不知贻阿谁。"不一会儿，简单而富有农家特色的饭菜就好了，尝一下，跟小时候妈妈做的饭菜味道是一样的。老兵的心里不由得泛起一丝得意，他还像小时候一样，习惯性地喊道："妈，开饭了！"

喊完老兵才发觉，院子里只有他一个人，根本就没有回答声了。做好了饭菜却不知道跟谁分享，世间还有比这更令人悲伤的事吗？

至此，一直表现得还算平静的老兵，再也控制不住自己感情的闸门："出门东向看，泪落沾我衣。"积蓄了六十多年的泪水，瞬间滚滚而下，打湿了衣裳。

有人说，战争是人类最大的瘟疫，因为它吞没了不计其数的生命，耗尽了许多人的青春，制造了一场又一场人间悲剧。所以我讨厌战争，讨厌那些为了一己私欲而发动战争的人，也讨厌那些疯狂叫嚣用战争摆平一切争端的人。

这首诗当然可以看成对战争的一种控诉,而且是非常有力的控诉。江曾祺在他的散文《葵·薤》中这样评价这首诗:

> 诗写得平淡而真实,没有一句迸出呼天抢地的激情,但是惨切沉痛,触目惊心。词句也明白如话,不事雕饰,真不像是两千多年前的人写出的作品,一个十来岁的孩子也完全能读懂。我未从过军,接触这首诗的时候,也还没有经过长久的乱离,但是不止一次为这首诗流了泪。

我觉得,老兵的泪水中当然包含对战争造成的亲人死别的悲伤,但也应该有作为一位历经沧桑的老人对时间残酷性的认识——家里的亲人有可能熬过了战争,却熬不过时间。八十岁的老兵,活成了一个哲人。

如果能穿越到那个老兵生活的时代,我愿意陪这个孤独的老兵坐一会儿,抽一袋烟,喝两杯酒,然后拍一拍他的肩膀。

我之所以不说话,是因为我知道他的忧伤有多重。

在这样的时刻,所有的话语都太轻,太苍白。

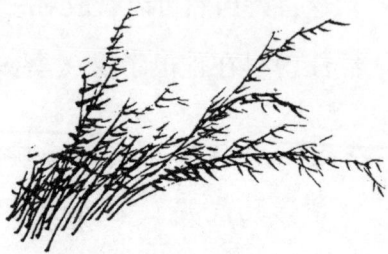

《白雪歌送武判官归京》
唐诗中最盛大的一次送别

白雪歌送武判官归京

[唐]岑参

北风卷地白草折，胡天八月即飞雪。

忽如一夜春风来，千树万树梨花开。

散入珠帘湿罗幕，狐裘不暖锦衾薄。

将军角弓不得控，都护铁衣冷难着。

瀚海阑干百丈冰，愁云惨淡万里凝。

中军置酒饮归客，胡琴琵琶与羌笛。

纷纷暮雪下辕门，风掣红旗冻不翻。

轮台东门送君去，去时雪满天山路。

山回路转不见君，雪上空留马行处。

前面讲过，中国古人特别重视送别，因为在交通极不发达的年代，好朋友之间一旦分别，不知猴年马月才能再见，所以隆重一点也就可以理解了。

尤其是文化人，送别时还要郑重互写诗词作为纪念，于是我们就有机会从这些诗词中欣赏到古人各式各样的送别形式。

这些送别，有的表面豪迈，实则是安慰：

> 莫愁前路无知己，天下谁人不识君。
>
> ——《别董大》

有的假装豁达，实际上刚送走朋友就在暗暗垂泪：

> 海内存知己，天涯若比邻。
>
> ——《送杜少府之任蜀州》

有的是老老实实地表达伤感与不舍：

> 劝君更尽一杯酒，西出阳关无故人。
>
> ——《送元二使安西》

有的则直接因伤心而哭得说不出话来：

> 执手相看泪眼，竟无语凝噎。
>
> ——《雨霖铃》

在一众送别诗中，有一首诗显得格外清奇，特别引人注目，它就是我们今天要讲的岑参的《白雪歌送武判官归京》。

大家都知道，岑参以写边塞诗而著称。他不但是个货真价实的进士，还是个在军方任职多年的高级军官，曾有两次出塞的经历。所以，岑参写边塞诗便有地利与人和之便，往往能触景生情，信手拈来。

　　岑参的边塞诗，完全抛弃喊打喊杀的套路，而是完全走了另一条路：将边塞地区的民俗风情和异域风光纳入诗中，从而达到一种"陌生化"效果，给人带来全新的审美体验。岑参这种创新写法大获成功，激起了广大读者极大的阅读兴趣。岑参和另外一位边塞诗人高适一度成为唐朝边塞诗的代言人，二人被人们合称为"高岑"。

　　哪怕是在边地送别友人，岑参也没有忘记渲染边地的奇异环境，所以他的送别诗别具风味。

　　从题目看，《白雪歌送武判官归京》似乎分为两个独立的部分："白雪歌"写雪景，"送武判官归京"写送别。实际上，这首诗的中心思想就是送别，前面写景是为后面的送别设置背景，也就是说，"白雪歌"和"送武判官归京"是一个密不可分的整体。

　　这次背景独特的送别，注定成为唐诗史上最盛大的一次送别。

　　这首送别诗的背景有三大特点。

　　一曰奇。

　　"北风卷地白草折，胡天八月即飞雪。"北风呼啸着席卷大地，把白草都吹折了；时间还是八月，中原地区还在过中秋呢，胡地的天空居然飘起了大雪。

　　"将军角弓不得控，都护铁衣冷难着。"因为天气寒冷，任将军和都护力气再大也拉不开弓，穿不上铠甲——他们的手都冻僵了，铠甲太冰冷了！

　　"纷纷暮雪下辕门，风掣红旗冻不翻。"时间已近黄昏，只见大雪纷飞，但奇怪的是，尽管风刮得依旧猛，辕门上的红旗却一动也不动，原来它已经完全被冰雪冻住了！

　　以上景观，你说奇不奇？这是与中原地区完全不同的气候。冬天来得又早又快，天气寒冷得超乎你的想象。

二曰美。

"忽如一夜春风来，千树万树梨花开。"不用我说，大凡提到写雪的诗词名句，我相信很多人脑子里首先蹦出的就是这句诗。

这句写雪的诗实在是太不同凡响，太美了，堪称神来之笔，不是一般人能写得出来的。呼呼的北风刮了一夜，第二天早晨起来，走出军帐，只见挂满枝头的积雪晶莹洁白，仿佛是一树树盛开的梨花，让人有一种错觉——难道美丽的春天提前到来了吗？这种美，美得出人意料，美得新奇。

当然，也有人检举说，这句诗不是岑参首创，而是从萧子显《燕歌行》里"洛阳梨花落如雪"一句洗稿"洗"出来的。洗稿行为当然为人所不齿，但我要说，岑参的这句诗"洗"得好，"洗"得妙！"洗"出来的句子比原句更壮美，更惊人！

三曰壮。

"瀚海阑干百丈冰，愁云惨淡万里凝。"浩瀚的沙海，目光所及之处都是冰雪；雪压冬云，浓重稠密，仿佛凝住了一样。这样的景象何等磅礴，何等壮丽，这是只有边塞地区才能见到的景象。

好了，铺垫得差不多了，在这奇特壮美的背景下，计划中的送别该开始了。

送别怎么能没有饯别宴会呢？宴会上又怎么能没有音乐呢？于是"中军置酒饮归客，胡琴琵琶与羌笛"，中军帐里正大开筵席，作为送别对象的武判官端坐正席，大家纷纷举杯向他敬酒，已经喝得醉醺醺、脸红红的武判官却仍旧来者不拒，一杯接一杯地饮尽杯中的酒。

觥筹交错间，胡琴、琵琶、羌笛奏出与中原迥然不同的热烈音乐来助兴，大家开怀畅饮，宴会一直持续到暮色来临方罢。

送别之地选在轮台的东门，大家簇拥着即将回京的武判官走出帐外。"轮台东门送君去，去时雪满天山路。"大雪封山，路可怎么走啊！

但是该走的人还是要走。"山回路转不见君，雪上空留马行处。"峰回路转，武判官一行已经消失在雪地里，但是作为送别人群中一员的岑参依旧伫立在原地，目光停留在雪地里的马蹄印上。

这场唐诗史上最盛大的送别以"北风卷地白草折，胡天八月即飞雪"的奇景开始，新奇而热烈；又以"山回路转不见君，雪上空留马行处"结束，深情款款，引人回想。

《南乡子·登京口北固亭有怀》
望不断的神州，消不尽的愁

南乡子·登京口北固亭有怀

[宋]辛弃疾

何处望神州？满眼风光北固楼。千古兴亡多少事？悠悠。不尽长江滚滚流。

年少万兜鍪，坐断东南战未休。天下英雄谁敌手？曹刘。生子当如孙仲谋。

连辛弃疾自己都不知道，这是他第几次登北固楼了。他只知道，只要心里的愁闷无法消释，就要一个人来到这座位于镇江东北的北固山上的楼亭，扶着栏杆静静地站一会儿。

自二十一岁那年渡淮投奔南宋，转眼已是四十四年。虽说目前他的身体似乎还好，诗也写得，酒也喝得，剑也舞得，但又有什么用呢？这么多年来，他的心情从未好过。

他献上去的那些抗金策略，那些收复中原的主张，从来就没被朝廷认真采纳过。而且一次又一次，朝廷总是以这样那样的理由，不是任命给他一个闲职，就是把他放到远离前线的地方。心情郁闷的他难免要发点牢骚，这些牢骚话传到皇帝的耳朵里，更导致他一度被罢官，在江西上饶农村过了近二十年的闲居生活。时间一长，他几乎都快忘了当初率军南渡的初心了。

时间到了嘉泰三年（1203 年），朝廷里主张北伐的韩侂胄得到皇帝重用，作为北伐派旗帜的辛弃疾也跟着得到重用，这时他已六十四岁。

辛弃疾先是被任为绍兴知府兼浙东安抚使。他想，等了这么多年，北伐的机会难道真的被他等到了？

不管怎样，辛弃疾决定还是要搏一搏。

嘉泰四年（1204 年），辛弃疾分析了金国当时的形势后，晋见宋宁宗，认为金国"必乱必亡"。宁宗听后似乎很振奋，于是派辛弃疾去了更靠近抗金前线的镇江府，还赐给他一条金带。

但是来到镇江后不久，敏感的辛弃疾隐隐感到事情有点不对劲：韩侂胄也好，宁宗也好，所谓北伐好像只是一句口号，只不过是上位者收买人心的"工具"。但是他又能怎样呢？他能做的只是一次又一次地登上北固楼，拍一拍栏杆，看一看长江，望一望江北的神州大地。

"何处望神州？满眼风光北固楼。"这是一个倒装句。意思是："我登上北固楼极目远眺，本来是要望望中原故土的，但哪里能看得到？能看到的只有眼前北固楼这一带的风光。"

这里所谓的望不到，既有目力所限的原因，更深的意思是："中原大地已非我所有，早就姓金不姓宋了。不是不能看，而是不忍看！既然这样，你让我去哪里望我记忆中的神州呢？"

这一问，语气何其沉痛！

"千古兴亡多少事？悠悠。不尽长江滚滚流。"神州不可看，那就看看眼前的长江吧！只见那悠悠不尽的长江水滚滚而下，不知流了几千年。

北宋苏东坡在黄州赤壁，面对江水写出了"大江东去，浪淘尽，千古风流人物"的词句。和苏东坡当年一样，辛弃疾面对这滔滔江水，心中感叹翻滚的也是：兴也好，亡也罢，有多少英雄豪杰都被湮没在这历史的长河中。

说起英雄人物，辛弃疾自然首先想起三国时期的一代霸主孙权，因为镇江当年正是孙权统领的吴国地盘。

这一句承上启下，引出下阕对孙权的赞美。

"年少万兜鍪，坐断东南战未休。"遥想孙权当年，年仅十八岁就继承了父兄创立的大业，统率千军万马，西征黄祖，北拒曹操，牢牢占据着东南一方。即使是赤壁之战大破老谋深算的曹操时，也才二十六岁！

辛弃疾对孙权是充满赞美之情的，对三国时期的吴国也是无比神往的。

想起孙权，辛弃疾也一定想起了自己年轻时那段激情燃烧的岁月。

二十二岁那年，金兵大营里，叛军头领张安国正和部下饮酒作乐，突然，辛弃疾率领的五十多人从天而降。张安国还没有反应过来，就已经被辛弃疾他们抓住绑到马上。然后，他们摆脱金兵追击，押着张安国一路向南，把张安国交给朝廷正法。

每当想到这些，辛弃疾的脸上总会不自觉地露出笑意。

辛弃疾文武兼备，曾写出《美芹十论》和《九议》这样的军事著作，他对敌我双方的形势有着精准清晰的分析判断，并提出了详细的作战规划，绝不是那种"只识弯弓射大雕"的莽夫。

想想当年的自己，和孙权是多么相似！

"天下英雄谁敌手？曹刘。生子当如孙仲谋。"要问天下英雄，谁才能配得上成为他的对手呢？只有曹操、刘备两个人。如果真有英雄的话，孙权当然算一个，他辛弃疾也绝对可以算一个。

辛弃疾从小就以英雄自诩，所以他在词中写了这么多英雄的形象，他的词中也出现了这么多带"英雄"的句子。

> 千古江山，英雄无觅、孙仲谋处。
>
> ——《永遇乐·京口北固亭怀古》

> 倩何人唤取，红巾翠袖，揾英雄泪？
>
> ——《水龙吟·登建康赏心亭》

> 英雄事，曹刘敌。
>
> ——《满江红·江行和杨济翁韵》

辛弃疾作词喜欢用典，并因此一度遭人诟病。但辛弃疾用典都用得恰到好处，绝不是故意卖弄。

比如这首词中的典故。

最后一句"生子当如孙仲谋"中的典故是，曹操有一次与吴军对阵，看到站在船头的孙权仪表堂堂、威风凛凛，不由赞叹："生子当如孙仲谋，刘景升（刘表）儿子若豚犬耳！"他说，生儿子就要生孙权这样的儿子，和孙权比，刘表的儿子就是猪狗啊！因为刘表的儿子刘琮面对来犯之敌，不战而降，这样的人在曹操看来就是猪狗。

辛弃疾在这里引用"生子当如孙仲谋"，妙就妙在只引用曹操的前半句话，把后半句省略了。辛弃疾的意思是明白的，当朝怕战主和的衮衮诸公，就跟刘景升的儿子是一类货色！辛弃疾这是骂人不带脏字啊！

辛弃疾知道，自己也只能借登楼写几句词，吐口气而已，实际上什么问题也解决不了。

登楼啊登楼！望不断的神州，消不尽的愁！

辛弃疾的直觉是准确的。写下这首《南乡子·登京口北固亭有怀》后，辛弃疾果然又因谏官的攻击被接连降职。开禧三年九月初十（1207年10月3日），辛弃疾因病去世，享年六十八岁。据说，他临终时还在大呼："杀贼！杀贼！"

和陆游一样，辛弃疾至死都没有看到北定中原的那一天。

《过零丁洋》
投降是不可能的，这辈子都不可能投降

过零丁洋

[宋]文天祥

辛苦遭逢起一经，干戈寥落四周星。
山河破碎风飘絮，身世浮沉雨打萍。
惶恐滩头说惶恐，零丁洋里叹零丁。
人生自古谁无死？留取丹心照汗青。

在宋朝众多文人中，文天祥绝对是一个传奇般的存在。

他是个大帅哥。传说他身高一米八，体态挺拔伟岸，连当年的皇帝宋理宗第一次在大殿上见到他，都忍不住一边念叨他的名字，一边啧啧称赞："文天祥，文天祥，嗯，此天之祥，乃宋之瑞也！"文天祥遂改字为宋瑞。

他少年成名。他二十一岁就一举高中状元，在集英殿面对宋理宗时，以"法天不息"为题议论策对。这篇文章有一万多字，他居

然连草稿都不打，一口气写完。理宗亲自选拔他为第一名，考官王应麟上奏给理宗说："文天祥的试卷以古代事情作为借鉴，他的忠心肝胆好似铁石，陛下能得到这样的人才，真是可喜可贺！"

同宋朝其他许多文人一样，文天祥也是个能文能武的人。

德祐元年（1275 年），因耻于与贾似道一班误国宦官为伍，在前一年已主动内退的文天祥，心却被谢太后的一篇《哀痛诏》深深刺痛。话说德祐元年初，元朝大军攻破湖北襄阳（读过金庸《神雕侠侣》的同学对这个地方一定不陌生），顺江东下，直取建康（今江苏南京），临安（今浙江杭州）危在旦夕。垂帘听政的谢太后携四岁的恭帝颁布了《哀痛诏》，号召天下勤王，援助临安。

看到《哀痛诏》后的文天祥，慷慨赴国难，当即决定自费抗元。他散尽家财，组织了一支三万人的部队，与元军展开正面交锋。此后三年，文天祥辗转于苏、浙、闽、粤一带，开始了艰苦卓绝的抗元斗争。

祥兴元年（1278 年）十二月，文天祥不幸在广东五坡岭（今广东海丰北）被一支偷袭的元军俘获。他当场吞下二两龙脑（冰片，一种药材）自杀，不料药力失效，他未能以身殉国。

我们要感谢那二两药力失效的龙脑，否则，我们今天就看不到文天祥在被俘后近五年中，留给我们的大量精彩诗篇了。估计当时的文天祥这样想："既然没死成，那我就一天一首诗，把诗当日记来写，记录被俘后的时光，也给后人留下一点历史资料。"文天祥的《过零丁洋》《南安军》《金陵驿二首》《建康》《真州驿》，就是在这样的情况下写出的。

被俘后的文天祥被押往北方，边走，元朝的镇国大将军张弘范边劝文天祥："你就从了我们吧！之后自会有许多你想不到的好处在等着你。"他还给文天祥友情建议："你要是觉得一个人投降不好意思，那就邀个伴儿吧！比如说邀一下张世杰（也是抗元名将）那小子？"

文天祥冷笑一声说："你也太损了吧，我不能保护自己的父母，难道还能教唆别人背叛父母吗？告诉你，我文天祥是不可能投降的，这辈子都不可能投降！"张弘范一再请求，文天祥想，如果不表示一下，这家伙恐怕会一直这样骚扰下去，好吧，那就将前些日子写的一篇日记《过零丁洋》抄给他。

说来也怪，当张弘范读到诗中"人生自古谁无死，留取丹心照汗青"两句时大受感动，从此不再逼迫文天祥投降了——毕竟张弘范也是文人出身，文字的魔力一至于斯！

下面我们就来一起看看这首神奇的《过零丁洋》。

"辛苦遭逢起一经，干戈寥落四周星。"诗的一、二句是回忆往事。往事那么多，文天祥只选了两件重要的：一是自己以明经入仕这件事，正是因为参加科举考试而得中状元，他才蹚进了政治这趟浑水，十几年来，他把自己和国家紧紧捆绑在一起；二是"勤王"，这是关系宋朝生死存亡的大事。"干戈寥落"，当初读过谢太后《哀痛诏》的南宋将领绝不止文天祥一个人，但像文天祥一样应声而起、为国捐躯者却寥寥无几。"四周星"，这样孤军奋战的生涯居然转眼就四年了！

"山河破碎风飘絮，身世浮沉雨打萍。"这两句继续从国家和个人两方面来写，不同的是，这两句用柳絮和浮萍两个比喻来写国家的命运和个人的经历。大宋江山已经像风中柳絮一样，无法主宰自己的命运；而自己也像无根浮萍一样漂泊在水上，无依无靠。这两个比喻非常形象，画面感极强，感染力极强，那种无比沉痛的感情一下子就抓住了读者的心。

"惶恐滩头说惶恐，零丁洋里叹零丁。"当年第一次读这两句诗时，我就深刻感受到什么是天才，以至于此后，只要我看到"神来之笔"这个词时，脑子里首先想到的就是文天祥的这两句诗。

惶恐滩，在现在江西万安的赣江中，赣江十八滩之一，水流湍急，是最险的一滩，人们乘船过此滩时都非常惶恐，所以称它为"惶恐滩"。景炎二年（1277年），文天祥在江西被元军打败，他的部下死伤惨重，妻子儿女也被元军俘虏。文天祥经惶恐滩撤往广东。零丁洋即伶仃洋，在广东珠江口外。祥兴元年年底，文天祥率军在广东五坡岭与元军激战，兵败被俘，他被囚禁在船上并经过零丁洋。

"惶恐滩"与"零丁洋"两个地名自然相对，同时又被作者用来表现他昨日的"惶恐"与眼前的"零丁"，真是天衣无缝，可谓绝唱！当然，这样的千古绝对如果不是文天祥的亲身经历和他出众的才华相结合，是产生不了的。

"人生自古谁无死？留取丹心照汗青。"国破家残，且又被俘的文天祥将如何抉择？

诗的最后，文天祥直接表明了心迹："自古有谁能长生不死？既然这样，那我就选择留一片爱国丹心来映照史册吧。"文天祥之所以把这首诗抄给张弘范，就是因为诗中的这最后两句是他对张弘范劝降的最好回答："我死志已决，你就别费神了！"

此后的文天祥，在元朝的监狱中度过了三年的非人生活。这三年的阶下囚生活，是对文天祥意志的充分考验。其间，来劝降的有南宋的旧帝，有元朝的新皇，更有原来的同僚，但他都没有动摇。在这段时间，文天祥遭受了严刑拷打，精神上也被妻女为奴的悲惨遭遇所折磨，但他仍坚贞不屈，还写下了那首荡气回肠、流传千古的《正气歌》。

元至元十九年十二月（1283 年 1 月），文天祥被押解到北京菜市口刑场。临刑前，行刑官问："文大人，您还有什么话要说？如果回奏的话，还能免死。"文天祥道："死就死了，还有什么可说的。"接着他问行刑官："请问哪边是南方？"没等行刑官回话，边上当即有人给他指了方向。

文天祥向南方的南宋国都方向长跪拜首，涕泪俱下，高声喊道："我的事情完成了，心中无愧了！"于是引颈从容就义。

文天祥用自己的实际行动表明，他在《过零丁洋》中所写的"人生自古谁无死？留取丹心照汗青"，绝对不是一句沽名钓誉的漂亮话。

文天祥，乃真英雄也！

《山坡羊·潼关怀古》
从来受苦是百姓

山坡羊·潼关怀古

〔元〕张养浩

峰峦如聚，波涛如怒，山河表里潼关路。望西都，意踌躇。伤心秦汉经行处，宫阙万间都做了土。兴，百姓苦；亡，百姓苦。

谈到朝代兴替带给老百姓的痛苦，大家经常会引用元朝张养浩的"兴，百姓苦；亡，百姓苦"。可以这么说，张养浩基本代表了元朝统治阶层的良心。今天我们就来谈谈张养浩和他的这首曲。

说起张养浩，那也是大有来头的。据说他是唐朝名相张九龄的弟弟张九皋的第二十三代孙，所以自带文人和官员的基因。他少年成名，十九岁就被推荐为东平学正，此后仕途顺风顺水，官越做越大，先后当过堂邑县尹、监察御史、翰林学士、礼部尚书、参议中书省事等官，其中最大的是参议中书省事，大致相当于副宰相，属于核心决策阶层，是货真价实的高官了。

　　中间有一段时间，张养浩因看不惯元朝上层统治集团的黑暗腐败，便以家里有年迈的父亲需要照料为由，于英宗至治二年（1322年）辞官归家了。尽管此后朝廷多次让他回去，但他都没有理睬，就是这么硬气。

　　时间到了文宗天历二年（1329年）正月，元廷召张养浩为陕西行台中丞，这次他没有再推辞，而是星夜赴任。

　　他此时已年近六十，但这次的情况与前几次完全不同：关中出现大旱，此番赴任，他当的不是官，而是"救火队长"。

　　张养浩一路西行，沿途只见大地一片焦枯，到处都是饿死的百姓的尸体。他的心中如油煎一般难受："遇饿者则赈之，死者则葬之……有杀子以奉母者，为之大恸，出私钱以济之。"碰到饥饿的灾民就赈济他们，看到饿死的灾民就埋葬他们。有人为了奉养母亲而杀死自己的儿子，张养浩为此大哭了一场，然后拿出自己的钱救济了这户人家。

　　就是在这次赴任途中经过潼关时，张养浩难抑心中悲苦，写下了《山坡羊·潼关怀古》这首良心之作。

　　下面我们来看这首曲。

　　"峰峦如聚，波涛如怒，山河表里潼关路。"开头先写景，写的是潼关险要的地势。"峰峦"指西岳华山的峰峦，"波涛"则指黄河的波涛。这两句说的是："我一路前行，看到的是华山的山峰一座接着一座飞奔而来，就像参加聚会一般；黄河的波涛则像生气了一样，奔腾汹涌，发出巨大的响声。"这两句用了拟人修辞，一个"聚"字化静为动，写出了峰峦的众多；一个"怒"字，写出了波涛的汹涌澎湃，更写出了黄河撼人心魄的气势。"山河表里潼关路"，而通向潼关的路，就夹在华山和黄河这两道天堑之间。由此可见，潼关地势险要，潼关成为历代兵家必争之地也就是必然的了。

面对此景，张养浩并没有如其他人一样，生出建功立业的豪情壮志，而是心情沉重地思考历史与现实："望西都，意踟蹰。伤心秦汉经行处，宫阙万间都做了土。"

"西都"指的是关中一带，历史上周、秦、汉、北朝、隋、唐等朝都在这里建都。这几句写作者遥望古都长安，凭吊古迹，思绪万千。长安作为曾经的六朝古都，当年是何等繁华，但现在只剩下一片残垣断壁。尤其是秦朝所建的阿房宫，规模宏大，绵延几百里，后来也被项羽一把大火烧了。

张养浩虽然也为王朝兴替、都城毁灭而感到可惜，但更让他难过的是在这个过程中，老百姓所遭受的苦难。"兴，百姓苦；亡，百姓苦。"而这，正是张养浩的可贵之处。

朝代的变换往往伴随着战争，战争带给百姓的苦楚自不必说，但一个朝代兴起后，为什么百姓还是受苦呢？

仔细一想，其实也好理解。一个朝代建立后，必定要大兴土木，修建豪华的宫殿，从而给人民带来沉重的负担。当年秦王朝为彰显皇权，集全国之力建阿房、未央之宫，因为工程浩大，民众苦不堪言。后来又修长城、开驰道、造宫室，劳役繁重，百姓更是死伤无数。

有人可能会说，你这举的是极端例子，生在盛世的百姓，日子就没这么苦了。你要真这样说的话，我只能说你很傻很天真。盛世是统治者们的盛世，和普通百姓基本无关。哪怕是历史上大名鼎鼎的开元盛世和康乾盛世，也仍有大量百姓连饭都吃不饱。

可是，作为既得利益集团中的一名高级成员，张养浩不是站在利益集团的"镰刀"一边，而是站在被收割的"韭菜"一边。他帮"韭菜"们说话，指出历代王朝的或兴或亡，带给百姓的都不是什么好处，而是无尽的灾祸和苦难。如果没有深切的人文关怀，没有对老百姓处境的同情与体贴，是看不到这一点的。

据史书记载，张养浩这次赴陕西赈灾，在到任的四个月时间里，从来没有在家里安安稳稳住过一晚，从来没有好好吃过一顿饭。夜里，他和地方官一起向上天求雨，白天则忙着赈济饥民，整天忙得团团转，根本没有休过周末，真是做到了"白加黑"和"五加二"。

也正因为如此，天历二年七月，张养浩积劳成疾，一病不起，逝世时才六十岁。

消息传出，百姓哀之如失父母。

《南安军》
我心已定，宁死不屈

南安军

[宋] 文天祥

梅花南北路，风雨湿征衣。

出岭同谁出？归乡如此归！

山河千古在，城郭一时非。

饿死真吾志，梦中行采薇。

让我们再来温习一下文天祥生命最后几年的轨迹吧。

德祐元年（1275 年），元军南下，文天祥在江西赣州组织义军，向东进入浙江，保卫南宋当时的都城临安。

景炎元年（1276 年），文天祥被任命为右丞相，出使元军议和，不料被元军扣留。还好后来他趁隙逃脱，跑到温州。

景炎二年（1277 年），文天祥率军进兵江西，虽然最初收复了好几个州县，但不久又败退广东。

祥兴元年（1278 年），文天祥在五坡岭不幸被俘。第二年，南宋最后一个据点崖山被元军攻陷，大臣陆秀夫背着少帝赵昺投海自尽，宋朝灭亡。

被俘后的文天祥被元军押着一路向北，到达元朝的都城大都（今北京），三年后被杀害。

在杀害文天祥之前，元朝统治者一直对文天祥抱有幻想，希望他能投降元朝，因为文天祥的影响力实在太大了——文天祥投降了，宋朝的残余支持者也就失去了精神领袖，抗元势力就会土崩瓦解，所以元军一直没有杀他。

元军的如意算盘算是打错了，因为从被俘的那一刻起，文天祥就已经下定了必死的决心。在文天祥这里，其他事都好商量，唯独慷慨赴死这件事，是没有什么好商量的。在《过零丁洋》一诗里，他就说过："人生自古谁无死？留取丹心照汗青。"

被俘后不久，他就实施过一次自杀行动。他吞食了龙脑，结果因药力失效没有死成，所以只好随元军北行，伺机再次自杀殉国。

这一年（1279年）的五月初四，押送文天祥的元军队伍出大庾岭，到达南安军（南安军的治所在今江西大余），这个地方离文天祥的家乡江西吉州庐陵（今江西吉安），按正常速度，还有六七天的行程。就在这个时候，文天祥在心里觉得，是时候再次安排自己赴死了，他把这次安排的结果写在了《南安军》一诗里。

诗题中的"军"，是宋代的行政区划名，大致相当于现在的地级市。南安军在宋代的管辖范围包括南康、大庾、上犹三县。

"梅花南北路，风雨湿征衣。"这两句的意思是说："我被押着由南往北走过大庾岭口，一路的风雨打湿了我的衣裳。"大庾岭上多梅树，所以人们又称大庾岭为梅岭。梅岭的南边是广东南雄，北边是江西大庾，所以说"梅花南北路"。

文天祥在这里提到梅岭是广东和江西的分界线，很有深意，因为一过梅岭就进入江西的地界了，而文天祥的家乡就在江西。唐朝诗人宋之问说"近乡情更怯"，这是因为他长期贬居岭外，又长期没有家人的音讯，一方面固然日夜思念家人，另一方面又时刻担心家人的命运，所以越接近故乡，离家人越近，担忧也就越深。这是一种非常复杂微妙的心理。文天祥这时的心情也照样复杂，他不是作为一个打了胜仗的将领衣锦还乡，而是作为一个败军之将，以俘虏的身份经过家乡，所以他有一种无颜见江东父老之感。加上风雨又打湿了他的征衣，他的心情也越发沉重。

所以他才像自言自语一般说："出岭同谁出？归乡如此归！""此前随我一道征战的将士死的死、伤的伤，现在有谁能与我一起越过梅岭呢？没想到我竟是如此狼狈地以俘虏的身份回到家乡！与其这样，还不如战死沙场，不回到家乡！"

文天祥心里的沉痛可想而知。

"山河千古在，城郭一时非。"但文天祥并没有一直沉浸在悲愤之中，他的感情在这里有一个转折。这两句诗在语序上是倒装的，意思是，虽说故乡的城郭暂时落入敌手，但是大宋的山河永远存在。文天祥认为，宋朝一定还会复兴，到那时，山河就会重现光明。

想到这里，文天祥脑子里灵光一闪，一个想法渐渐变得清晰起来：他要再次以死殉国，而且要恰好死在自己经过家乡的那一天。

不过这次他选择的是一种比吞龙脑更残酷的死法——活活饿死。"饿死真吾志，梦中行采薇。""绝食而死是我此时的真正意愿，因为我要效仿那周朝的伯夷和叔齐。"这里涉及一个典故，伯夷和叔齐指责周武王代商是"以暴易暴"，所以对周武王采取不合作的态度。他们隐居在首阳山，坚决不吃周朝的粮食，最后都饿死了。文天祥用这个典故表达了自己誓死也不投降的决心。

大概是由于时间计算有误，或者由于元军突然加快了行军的步伐，再或是文天祥没想到自己那么能扛饿，总之，在文天祥绝食的第五天，他们一行就已经行过了庐陵——文天祥没能按计划饿死在经过家乡的路上。而且在经过庐陵后的第三天，押送文天祥的元军士兵强行撬开了文天祥的嘴巴进行灌食，文天祥只好暂时恢复进食。

但是，一个人既然已经下定了必死的决心，绝对不会苟且偷生。

文天祥被送至大都，接着被元军囚禁了整整三年。三年间，尽管元军各种威逼利诱，但文天祥在狱中编写《指南录》，写作《正气歌》，就是不投降！

元至元十九年（1283 年），文天祥终于用鲜血兑现了他以死报国的誓愿。

《别云间》
宁愿英雄不少年

别云间

[明]夏完淳

三年羁旅客，今日又南冠。

无限山河泪，谁言天地宽。

已知泉路近，欲别故乡难。

毅魄归来日，灵旗空际看。

读完这首诗，估计大家和我的感觉一样，对作者夏完淳心里除了敬佩，更多的是痛惜。

是的，痛惜，因为夏完淳写这首诗时才十六岁，而且写完这首诗后不久，他就在南京英勇就义了，十六岁的生命就此画上句号。

生于崇祯四年（1631 年）的他，五岁知经，七岁能文，九岁就出版了人生第一本诗集《代乳集》，虽然是自费的，那也很厉害啊。

厉害的夏完淳还有一个厉害的爹。他的父亲夏允彝是明代著名文学家，著有《夏文忠公集》《私制策》《幸存录》等作品，在明代文坛是排得上号的人。

夏允彝三十五岁才得了夏完淳这个儿子，所以宝贝得不得了，除了从小就教他读书识字外，出游也经常把他带在身边，让他从小就阅历山川，接触天下豪杰之士，对他进行全方位培养。

此外，夏完淳还有一个厉害的老师。他的老师陈子龙不但是和他爹齐名的文学家，而且和他爹还是好朋友，别人把他们合称为"陈夏"。

生在明末清初这样一个特殊的时代，作为抗清义士的夏允彝和陈子龙，日常就是聚在一起写诗，谋划反清复明起义之事。可惜的是，明朝气数已尽，任他们如何努力也挽回不了明朝灭亡的命运。起义失败后，他们先后投水自杀，以同样的方式以身殉国。可以想见，夏完淳会深受他们二人影响。

弘光元年（1645年），夏允彝殉国后，夏完淳跟随老师陈子龙投身义军首领吴易军中，想将父亲的抗清之路进行到底。不幸的是，永历元年（鲁监国二年，1647年）夏，夏完淳被捕，然后立刻被押赴南京受讯。

今天要讲的《别云间》这首诗写于夏完淳被俘期间。云间是松江的古称，夏完淳是松江华亭（今上海松江）人，这首诗就是夏完淳被俘后诀别故乡时所作。

"三年羁旅客，今日又南冠。"夏完淳十三岁就跟随父亲和老师起兵抗清，是货真价实的"童子军"，到被俘时，他参军刚好三年。这三年是辗转漂泊、躲躲藏藏的三年，所以夏完淳才说自己是"三年羁旅客"。"南冠"出自一个典故，据《左传·成公九年》记载，楚人锺仪被俘时，仍然戴着楚国的冠——"南冠"，所以后人就用"南冠"作为俘虏的代称。这两句看似语气平静,但细细品味,其中却包含着无限辛酸苦痛。

"无限山河泪,谁言天地宽。"这一联写的是诗人被俘后的满腔悲愤。大明江山在清兵践踏下已是支离破碎,爱国之士看了都会掉泪。但自己身为俘虏,恢复故土、重整河山的一腔宏愿已成泡影,所以夏完淳不禁发出悲愤的质问:"苍天啊!都说天高地阔,可哪里有我的一块容身之地呢?"其实容身之地是有的,只要夏完淳答应投降,就有享不尽的荣华富贵,不过这根本就不在他的考虑之列。

"已知泉路近,欲别故乡难。"英雄之所以是英雄,并不是说他们天生就是铁石心肠。真正的英雄比常人更多情,夏完淳也一样。自被俘那一刻起,他就在心里做好了牺牲的准备,所以他才说"已知泉路近"。"泉路"就是地下,指阴间。一旦真要永远离开故乡,夏完淳还是有很多牵挂和不舍,想起来就肝肠寸断:父亲已经为国捐躯,自己是家中唯一的男人,这次被俘身死,对生母(夏完淳的亲生母亲)和嫡母(夏完淳父亲的正妻)都不能再尽孝于堂前,何况家里还有结婚才两年的妻子,不知道妻子有没有怀孕(那时夏完淳的妻子已经怀孕,可惜这个男孩生下后不久就夭折了)。俗话说"不孝有三,无后为大",如果自己没有子嗣,夏家无后不说,父亲和自己的一腔报国之志就再也无人继承了!

"毅魄归来日,灵旗空际看。"英雄之所以是英雄,就在于他们坚定的意志和不屈的灵魂。最后一联,诗人充分发挥想象:"我虽然死了,但我的魂魄一定要回来看一下,看看后继者是如何率部起义,恢复大明江山的。"这样的铮铮誓言,让敌人胆寒,让后来人气壮。

永历元年九月十九日（1647 年 10 月 16 日），夏完淳在南京英勇就义。临刑时，他站立不跪，神色不变，反而是刽子手战战兢兢、不敢正视，过了很久，才持刀从喉间断之而绝。夏完淳死后，友人收殓了他的遗体，归葬于松江区小昆山镇荡湾村他父亲夏允彝的墓旁。

夏氏父子墓，1961 年，曾由上海市文物保管委员会进行修葺，碑文由时任国务院副总理陈毅亲笔题写。

巧的是，陈毅曾于 1934 年因伤奉命留守江西革命根据地，开展游击战争。在被国民党四十六师围困、形势危急的情况下，陈毅写了组诗《梅岭三章》，其中第一首是这样的：

> 断头今日意如何？创业艰难百战多。
> 此去泉台招旧部，旌旗十万斩阎罗。

它的内容、感情和写法跟夏完淳的《别云间》多有相似之处。想当年陈毅在给夏完淳父子墓题写碑文时，应该会有很多感慨吧。

夏完淳无疑是一位少年英雄，但我还是忍不住要想，如果不是生错朝代，夏完淳完全可能会和同学们一样，正在读中学，在追星、追剧的同时，也会为某一次考试成绩不佳而懊恼。而这，才是一个少年应该有的样子。

十六岁，世界的精彩还没来得及在他面前展现，夏完淳已走完了他全部的人生。以他的才能，如果生在现在，他可能是著作等身的学者，也可能是政绩卓著的官员，还有可能是优秀的歌手、演员。

所以，我宁愿夏完淳这样的少年英雄少一点，再少一点。

《山坡羊·骊山怀古》
给统治者的善意提醒

山坡羊·骊山怀古

[元]张养浩

骊山四顾，阿房一炬，当时奢侈今何处？只见草萧疏，水萦纡。至今遗恨迷烟树。列国周齐秦汉楚。赢，都变做了土；输，都变做了土。

张养浩的一生可以用波澜壮阔来形容。

他生活于元朝，一生经历了六位皇帝，是政坛常青树。作为政治家的他，几乎把元朝所有重要职位干了个遍。

他直言敢谏。至大三年（1310年）任监察御史时，他给皇帝写过一封万言书，直陈时政"十害"，因为"言皆切直"，也就是话说得比较不留情面，把皇帝气得直哆嗦，结果被罢掉了一切官职。还好下一任皇帝脑子比较清醒，即位后又把他召回了朝廷。

他积极推动恢复科举。在他和其他人，尤其是他的好朋友元明

善的共同努力下，元朝于仁宗延祐二年（1315 年）三月七日，在都
城大都皇宫举行殿试（廷试），这是元朝开国以来举办的第一次科
举考试。科举考试为元朝招纳了大量治国理政的优秀人才，改善了
元朝的国家治理水平。

张养浩编写的《三事忠告》一书，可以算作他为元朝公务员培
训所编的教材，对于提高元朝官员的整体行政能力、纯正官场风气
起到了重要作用。

他勤政爱民，天历二年（1329 年），关中大旱，他紧急出任陕
西行台中丞。也是在这一年，他积劳成疾，逝世于任上。是的，他
是为老百姓累死的，他真正做到了"鞠躬尽瘁，死而后已"，是封
建时代难得的一个好官。

作为文学家的他，是元代散曲豪放派的代表作家，他在元朝曲
坛的地位大致相当于苏轼在宋朝词坛的地位。他的散曲，流传下来
的有一百五十多首。同时，他的诗歌和散文成就也非常高，尤其是
他的诗，能和"元诗四大家"（指虞集、杨载、范梈、揭傒斯四人，
他们是元朝的代表性诗人）的相媲美，他是毋庸置疑的文坛大佬。

张养浩用"山坡羊"这个曲牌写过两首怀古曲：《山坡羊·潼
关怀古》和《山坡羊·骊山怀古》。

第一首是站在老百姓的角度写的，曲中的"兴，百姓苦；亡，
百姓苦"一句经常被人用来表达对朝代兴替带给老百姓悲苦命运的
同情。

第二首是站在王朝统治者的角度写的，可以这么说，《山坡羊·骊
山怀古》是张养浩写给皇帝的善意提醒。张养浩希望元朝的皇帝们
能少做一点骚扰老百姓的事，多做一点名留后世的善事。可以说，

张养浩是一个难得的良心写作者。

上次我们已经讲过《山坡羊·潼关怀古》，这次讲《山坡羊·骊山怀古》。

"骊山四顾，阿房一炬"，登上骊山往四处看，曾经的阿房宫早已被一把火烧没了。

骊山位于今陕西临潼东南。统治者立朝之初，总喜欢大兴土木，尤其喜欢修建规模宏大的宫殿，以此来显示自己至高无上的权力。所以汉朝有未央宫、长乐宫和建章宫，唐朝有大明宫。秦始皇当年统一六国，建立起秦帝国也不能免俗，兴建了阿房宫。阿房宫的宫殿群从骊山建起，再向西直达咸阳，规模宏大，设施奢华。但是这座耗费了大量人力物力的恢宏建筑，却被项羽一把火给烧了。这两句写的就是这个史实。

"当时奢侈今何处？"当年那些繁盛和繁华，现在都去哪了呢？一个沉甸甸的问句，引发人们沉甸甸的思考，也引出曲的下两句。

"只见草萧疏，水萦纡。"眼前能看到的是萧疏的衰草和回旋流过的河水，简直让人怀疑，那个曾经兴盛一时的大秦帝国真的在历史上存在过吗？

"至今遗恨迷烟树。列国周齐秦汉楚。"说的是直到现在，那烟雾缭绕的树林间仿佛还留存着遗憾。想一想，自周朝起，这片土地上曾经兴盛过多少朝代啊！但是最后的结果都一样："赢，都变做了土；输，都变做了土。"一个朝代，无论是兴盛还是衰败，最后都难免和秦朝的阿房宫一样——化为灰烬后，变成一片泥土。

最后两句看起来似乎消极低沉，但实际上是这首曲的中心所在。张养浩是在尽一个臣子的本分，他给当朝皇帝，也给了所有统治者一个善意的提醒：既然化为荒土是必然，那就歇歇吧！对老百姓好一点，多休养，少折腾。

元朝统治者夺取政权后挥霍无度，全然不顾国库空虚，社会经济亟待恢复。他们还将各民族分为不同等级，向汉人收取各种名目繁杂的赋税，民族压迫十分严重。非但如此，统治阶级内部也经常为争权夺利互相征战，老百姓苦不堪言，纷纷揭竿而起，大大小小的农民起义从没有间断。

联系到这首曲的写作背景，我们会觉得，张养浩真是用心良苦啊。

《朝天子·咏喇叭》
中国古代文人是怎样骂人的

朝天子·咏喇叭

[明]王磐

喇叭，唢呐，曲儿小腔儿大。官船来往乱如麻，全仗你抬声价。军听了军愁，民听了民怕。哪里去辨甚么真共假？眼见的吹翻了这家，吹伤了那家，只吹的水尽鹅飞罢！

电影《九品芝麻官》里，有一段包龙星骂宦官李公公的台词，堪称经典：

你娘把你养大了，你跑去当太监，就是不孝；不尊重老佛爷，就是不忠。

……

我身为八府巡抚，在这公堂之上我最大，你区区一个内务总管五品官，只是来旁听的，我站在这边你竟敢坐着，我不骂你我骂谁啊我？

······

你要是能走得出这个大门就请便吧！来人，关门，放狗！

电影里李公公吃了这一通疾风骤雨般的痛骂，说出半句"我······你······"后落荒而逃，差点被活活气死。

这个电影情节我看一次笑一次，觉得特别痛快，特别过瘾。李公公作为一个身体和人格都不完整的太监，狗仗人势，狐假虎威，坏事做尽，活该被骂。

但电影毕竟是电影，历史上真有敢骂那些权倾一时、气焰嚣张的宦官，而且也骂得这样痛快淋漓的人吗？还真有，这个人就叫王磐。

王磐，江苏高邮人，和北宋著名词人秦观、当代著名作家汪曾祺是老乡，明代著名散曲家、画家，曾被称为"南曲之冠"。

王磐从小厌恶科举，所以真的不参加科举考试，一次也没参加！他一生没有做过官，而是尽情放纵于山水之间。他还在城北造了一座楼，整天和一帮文艺中青年饮酒、写诗、作画，日子过得潇洒自在。

我怀疑王磐家很有钱，否则在经济上是很难支撑这样奢侈的生活的。

王磐不在官场混，说话做事无需看人脸色，所以写起曲来也是无所顾忌。

话说明朝正德年间，宦官当道，他们的船经常沿运河南下，一路骚扰百姓。这一日船到高邮，王磐看得心烦，一怒之下，提笔一挥而就，写了一首散曲小令痛骂他们一顿。

下面我们来看看这首《朝天子·咏喇叭》。

前面讲过，王磐除了是一名散曲作家外，还是一名画家。在这首曲里，王磐用文字给这些宦官画了一幅漫画像——他就地取材，把这些宦官直接画成喇叭、唢呐。官船每次载着宦官出行都要吹起喇叭，哇啦哇啦的喇叭一响，百姓们就知道太监来了！真是神联想！

所以，在王磐心里，喇叭、唢呐长什么样，宦官就是什么样。喇叭、唢呐长什么样呢？喇叭、唢呐用来吹奏的那一头很小，但另一头，也就是用来扩音的口很大。然后吹奏时"曲儿小腔儿大"，吹奏的虽然都是一些短小的曲子，但是声音大啊！

"曲儿小腔儿大"，喇叭、唢呐是这样，宦官也是。

宦官本是宫中的奴仆，按理根本没有参政议政的资格。但历史有时很吊诡，自打有了宦官，历朝历代常有宦官不正常地掌握了大权的情况发生。他们往往得意忘形，耀武扬威，本事很小却官腔十足。唐朝的高力士、明朝的魏忠贤、清朝的李连英，莫不如是。

那喇叭、唢呐平时是用来干什么的呢？曲里写道："官船来往乱如麻，全仗你抬声价。"原来是为来往如麻的官船抬声价的，给他们宣传造势的。喇叭、唢呐自身没什么价值，它的价值就体现在为它的服务对象虚张声势上，仿佛声音越大，它们的身价就越高似的。

这些宦官当然不是来为人民服务的，而是来扰民的。所以喇叭一响，"军听了军愁，民听了民怕"。一听到他们来了，军民都胆战心惊，可见当时的阉党已成一害，都让老百姓对他们有心理阴影了。

"哪里去辨甚么真共假？"前面说了，宦官本来是没有权力的，可是现在他们有权力了，所以"一朝权在手，便把令来行"，专干那些假公济私、中饱私囊的坏事。可怜的老百姓又哪里敢去分辨他们的搜刮令是真还是假呢？

最后一句写喇叭、唢呐吹奏的结果："眼见的吹翻了这家，吹伤了那家，只吹的水尽鹅飞罢！"吹翻了这家，吹伤了那家，直吹得民穷财尽、家破人亡。喇叭、唢呐当然没有这样大的威力，像喇叭、唢呐一样的宦官才有这样的威力，不对，宦官也没有这样大的威力，隐藏在宦官背后的至高无上、肆无忌惮的权力才有这样大的威力。所谓"苛政猛于虎"是也。在这里，王磐已经把矛头指向当时的统治者了。

这首曲的妙处在于，它不是为咏喇叭而咏喇叭，而是借咏喇叭来批判宦官害民，又没有点破。这样一来，既痛快淋漓，又含蓄有力；既骂了人，又让人抓不住把柄，没人能把他怎么样。

这种骂人方法和电影片段里包龙星的骂法是两种路数。包龙星的骂叫荤骂，王磐的骂叫素骂，或者说文骂，是一种文雅的、专属于文人的骂法。

虽说是文骂，但我还是非常佩服王磐，因为要是放到别的不讲理的朝代，管你荤骂素骂，给你来个造谣滋事，或者干脆给你定个"莫须有"的罪名，都会让你吃不了兜着走。

准确地说，王磐这首《朝天子·咏喇叭》其实是一首讽刺曲。我们中国人温柔敦厚，那得是没人招惹我们，一旦把我们惹毛了，我们讽刺起人来那可是毫不含糊、句句见血的。所以在中国，讽刺类的诗文也是有着悠久历史的。从《诗经》里的《魏风·硕鼠》到唐朝白居易的《卖炭翁》等讽喻诗，从宋朝林升的《题临安邸》到近现代鲁迅的《南京民谣》，无不尽显批评讽刺的锋芒。

说起散曲里的讽刺名作，除这首《朝天子·咏喇叭》外，还有元朝睢景臣的一组散曲套曲《哨遍·高祖还乡》，它们一长一短，相映成趣。

般涉调·哨遍·高祖还乡

社长排门告示，但有的差使无推故。这差使不寻俗。一壁厢纳草也根，一边又要差夫，索应付。又言是车驾，都说是銮舆，今日还乡故。王乡老执定瓦台盘，赵忙郎抱着酒葫芦。新刷来的头巾，恰糨来的绸衫，畅好是妆幺大户。

[耍孩儿] 瞎王留引定火乔男女，胡踢蹬吹笛擂鼓。见一彪人马到庄门。匹头里几面旗舒。一面旗白胡阑套住个迎霜兔，一面旗红曲连打着个毕月乌。一面旗鸡学舞，一面旗狗生双翅，一面旗蛇缠葫芦。

[五煞] 红漆了叉，银铮了斧。甜瓜苦瓜黄金镀。明晃晃马鞭枪尖上挑，白雪雪鹅毛扇上铺。这几个乔人物，拿着些不曾见的器仗，穿着些大作怪衣服。

[四煞] 辕条上都是马，套顶上不见驴。黄罗伞柄天生曲。车前八个天曹判，车后若干递送夫。更几个多娇女，一般穿着，一样妆梳。

[三煞] 那大汉下的车，众人施礼数。那大汉觑得人如无物。众乡老展脚舒腰拜，那大汉挪身着手扶。猛可里抬头觑，觑多时认得，险气破我胸脯。

[二煞] 你身须姓刘，你妻须姓吕。把你两家儿根脚从头数。你本身做亭长耽几盏酒，你丈人教村学读几卷书。曾在俺庄东住，也曾与我喂牛切草，拽坝扶锄。

[一煞] 春采了桑，冬借了俺粟。零支了米麦无重数。换田契强称了麻三秆，还酒债偷量了豆几斛。有甚胡突处？明标着册历，现放着文书。

[尾] 少我的钱差发内旋拨还，欠我的粟税粮中私准除。只通刘三谁肯把你揪捽住？白甚么改了姓更了名唤做汉高祖？